Politik im Taschenbuch

Band 18

Thilo Sarrazin

Der EURO

Chance oder Abenteuer?

Verlag J.H.W. Dietz Nachfolger

Die beiden Graphiken auf der Titelseite:
Jean Widmer, Frankreich,
aus form – Zeitschrift für Gestaltung, Heft 153

Die Geldscheine zeigen Dokumentarisches und Fragmentarisches aus der
Geschichte der Kunst, der Technik und der Erfindungen, z.B. den Flugapparat
von Leonardo da Vinci oder die moderne Raumkapsel, die die Eroberung des
Weltraums symbolisiert (vgl. ZEITmagazin Nr. 45/96, S. 10)

Die Deutsche Bibliothek – CIP-Einheitsaufnahme

Sarrazin, Thilo:
Der Euro : Chance oder Abenteuer? /
Thilo Sarrazin. - 2. Aufl. 1997 - Bonn : Dietz, 1997
(Politik im Taschenbuch ; Bd. 18)
ISBN 3-8012-0244-5

2. Auflage (20.-26.Tsd.) 1997

Inhalt

Einleitung

Am 7. Februar 1992 unterzeichneten die Staats- und Regierungschefs der Europäischen Union den zuvor in Maastricht ausgehandelten »Vertrag über die Europäische Union«, der nach der Ratifikation durch alle Mitgliedstaaten Anfang 1993 in Kraft trat.

Dieser Vertrag, der als »Maastricht-Vertrag« in der breiteren Öffentlichkeit vor allem wegen seiner Bestimmungen über die Europäische Währungsunion bekannt wurde, geht tatsächlich weit über die Währungsfragen hinaus[1]. Er gibt der Europäischen Gemeinschaft zusätzliche bzw. erweiterte Kompetenzen, stärkt die Stellung des Europäischen Parlaments und sieht eine gemeinsame Außen- und Sicherheitspolitik sowie eine verbesserte Zusammenarbeit auf dem Gebiet der Justiz und der Innenpolitik vor.

Kernstück des Vertrages aber ist die Europäische Wirtschafts- und Währungsunion, die nach dem neugefaßten Artikel 2 des EWG-Vertrages »ein beständiges, nichtinflationäres und umweltverträgliches Wachstum, einen hohen Grad an Konvergenz der Wirtschaftsleistungen, ein hohes Beschäftigungsniveau, ein hohes Maß an sozialem Schutz, die Hebung des Lebensstandards und der Lebensqualität, den wirtschaftlichen und sozialen Zusammenhalt und die Solidarität zwischen den Mitgliedstaaten ... fördern soll.«

Zu diesem Zweck sollen die Mitgliedstaaten ihre Wirtschaftspolitik eng koordinieren, die Geldpolitik vorrangig am Ziel der Geldwertstabilität ausrichten, aber auch auf stabile

---

1 Vgl. die zusammenfassende Darstellung: Die Beschlüsse von Maastricht zur Europäischen Wirtschafts- und Währungsunion, in: Monatsberichte der Deutschen Bundesbank, Februar 1992, S. 45 ff.

Wechselkurse achten. Bei den öffentlichen Finanzen soll Haushaltsdisziplin gewahrt werden. Der marktwirtschaftliche Wettbewerb soll gefördert und die Kapitalmärkte sollen auch gegenüber Drittländern liberalisiert werden.

Die ärmeren EU-Staaten haben außerdem im Maastricht-Vertrag die Einrichtung eines »Kohäsionsfonds« verankert, der zu den schon bestehenden Strukturfonds für Agrar-, Sozial- und Regionalpolitik hinzutreten soll und mit dessen Mitteln der wirtschaftliche und soziale Zusammenhalt gefördert werden soll.

Um die Annäherung der Wirtschafts- und Finanzpolitik zu verbessern, soll die Europäische Kommission ihre regelmäßige Berichterstattung über die entsprechende Politik der Mitgliedstaaten intensivieren und dabei auf die Haushaltspolitik ein besonderes Augenmerk richten.

Zum 1. Januar 1999 soll eine Europäische Währungsunion errichtet werden, an der allerdings zunächst nur jene Staaten teilnehmen dürfen, die sich anhand der sogenannten Maastricht-Kriterien – Inflationsrate, staatliche Neuverschuldung sowie Schuldenstand in % des Bruttosozialprodukts – dafür qualifiziert haben.

Die Europäische Währungsunion soll sich in 4 Stufen vollziehen, wovon die erste Stufe abgeschlossen ist. Stufe 2 begann am 1. Januar 1994 mit der Gründung des Europäischen Währungsinstituts (EWI) in Frankfurt. Stufe 3 sieht spätestens zum 1. Januar 1999 die unwiderrufliche Fixierung der Wechselkurse und die Errichtung einer unabhängigen Europäischen Zentralbank vor, die dann allein für die einheitliche Geldpolitik in allen Staaten der Währungsunion zuständig ist. In Stufe 4 werden spätestens zum 1. Januar 2002 in den Teilnehmerstaaten der Währungsunion die nationalen Noten und Münzen gegen Noten und Münzen der neuen Europäischen Währung ausgetauscht.

Soweit in dürren Worten Konzept und Zeitplan der Europäischen Währungsunion, die als Projekt ohne historisches Beispiel ist. Zwar hatte auch der allgemeine Gold- oder Silberstandard vor dem 1. Weltkrieg über Jahrzehnte oder teilweise Jahrhunderte hinweg wenn schon keine einheitlichen Währungsräume, so doch große Gebiete mit festen Wechselkursen geschaffen. Niemals aber ist es bisher geschehen, daß sich ansonsten souverän bleibende Staaten ihrer Währungshoheit begeben, um für ihr Gebiet eine einheitliche moderne »Papierwährung« neu zu schaffen.

Auch der häufig zu hörende Vergleich mit der deutsch/deutschen Währungsunion geht fehl. Diese beschritt einerseits Neuland auf ganz anderem Gebiet, indem sie zwei Staaten mit völlig unterschiedlichen Wirtschaftssystemen kurzfristig zusammenführte, andererseits aber ging sie mit der vollständigen Vereinheitlichung der wirtschaftlich relevanten Rechtsgebiete Hand in Hand und eilte der Deutschen Einheit nur um 3 Monate voraus. Außerdem löste die deutsche Währungsunion einen Transferstrom aus Westdeutschland von zunächst 200 Mrd. DM und sodann 150 Mrd. DM jährlich aus, der die öffentlichen Finanzen Gesamtdeutschlands und insbesondere die Bundesfinanzen mittlerweile an den Rand des Zusammenbruchs führt.

Vor diesem Hintergrund erstaunt die große Ruhe, ja fast schon Gleichgültigkeit, die der deutsche Bürger 1991/92 der Aussicht auf eine weitere Währungsunion und den Verlust der DM entgegenbrachte. Dieses vergleichsweise Desinteresse war wohl nur durch die Abstumpfung der öffentlichen Meinung aufgrund des gewaltigen Veränderungsdrucks dieser Jahre erklärbar: Fall des Eisernen Vorhangs und der Mauer, Sturz aller kommunistischen Regime im Ostblock, Einführung der DM in der DDR, Deutsche Einheit, Ausdehnung der Nato an die Oder, Golfkrieg, Bürgerkrieg in Jugoslawien und Zerfall der Sowjetunion – das alles fegte über Deutschland und Europa

11

in nur 24 Monaten hinweg. Eine neue Welt war in kürzerer Zeit geboren, als es in Deutschland dauert, eine Baugenehmigung zu erwirken. Was machte es da schon aus, wenn Europäische Staatsmänner bei einem ihrer zahllosen Gipfel, auf denen sie sich so gerne zur Schau stellen, den vielen europäischen Luftschlössern noch ein weiteres, nämlich das einer gemeinsamen Währung um die Jahrtausendwende, hinzufügten. So dachte wohl die Mehrheit der deutschen Bürger im Winter 1991/92, soweit sie überhaupt darüber nachdachte. Auch der Verfasser fühlte so und war der Meinung, zunächst einmal solle man jetzt das gemeinsame deutsche Haus bauen und solide finanzieren, ehe man sich in neue europäische Währungsabenteuer stürze. Außerdem waren ja bis dato noch alle Europäischen Zeitpläne durch Europäische Wirklichkeiten zur Makulatur gemacht worden, und bis zur Jahrtausendwende schien es 1991 noch sehr lang hin zu sein.

In anderen Europäischen Ländern war man da sensibler. Mitterrand ließ eine Volksabstimmung durchführen, die die Befürworter des Maastricht-Vertrages nur knapp gewannen. Auch ohne Margaret Thatcher, die kurz vorher gestürzt worden war, blieben die britischen Konservativen – wie die Mehrheit der britischen Bevölkerung und Presse – Gegner der Währungsunion und setzten für Großbritannien eine »opt out«-Klausel durch, die die endgültige Teilnahme von der Zustimmung des britischen Parlaments abhängig machte. Bei der Volksabstimmung in Dänemark fiel die Ratifikation des Vertrages zunächst durch und hatte erst Erfolg, als die opt out-Klausel auch für Dänemark geöffnet wurde.

Selbst in Deutschland wurden die Gegner während des Ratifikationsprozesses aktiv, und schließlich entschied das Verfassungsgericht, vor dem endgültigen Beitritt zur Währungsunion seien Bundestag und Bundesrat nochmals zu beteiligen und dürften nur zustimmen, wenn Gefahr für die Währungsstabilität ausgeschlossen werden könne.

Schon im Ratifikationsverfahren zeigt sich, daß der ganze Prozeß des Werbens für die Währungsunion unter einem großen Manko litt und leidet: Während die möglichen Nachteile vielen Völkern Europas je nach Nationalcharakter sehr klar und deutlich auf der Hand zu liegen scheinen, sind die Vorteile für den normalen Bürger allenfalls nebelhaft erkennbar: So sehr fühlt sich der Durchschnittsdeutsche durch das Geldwechseln bei der jährlichen Urlaubsreise nicht beschwert, und warum es mehr Wohlstand und Arbeit bringen soll, wenn er in Duisburg sein Bier ebenso wie ein Spanier in Sevilla seinen Wein in Euro bezahlt, das will ihm auch nicht so ohne weiteres einleuchten. Und da selbst von den Experten niemand genau sagen kann, wie sich konkret die Währungsunion auf Wohlstand und Beschäftigung auswirkt, gewinnen gefühlsbetonte Überlegungen umso mehr Gewicht: Der Bürger soll von etwas Abschied nehmen, mit dem er groß geworden ist: der stabilen Deutschen Mark. Und in bezug auf die neue Währung soll er einer noch nicht existierenden europäischen Zentralbank vertrauen – weshalb eigentlich?

In vielen anderen Ländern, insbesondere in England und Frankreich, herrschen aus anderen Gründen ähnliche Vorbehalte: Die Engländer fürchten eine kontinentale, vor allem aber eine deutsche Fremdbestimmung. Die Franzosen sind fasziniert von der Möglichkeit, mit Hilfe der Europäischen Währungsunion die währungspolitische Führungsrolle der DM zu beseitigen, und fürchten gleichzeitig eine verstärkte Europäische Integration als Gefahr für die französische Souveränität. Sie haben den Wunsch, ein für ihren Geschmack zu mächtiges Deutschland noch stärker europäisch einzubinden, andererseits fürchten sie, ihrerseits zu stark europäisch gebunden zu werden, während in der EU die französische Dominanz zurückgeht.

Gleichzeitig sieht die ältere Generation der deutschen Politiker, jene, die eine wesentliche Prägung noch in der Kriegs- oder Nachkriegszeit empfangen haben und in den fünfziger und sechziger Jahren von der Begeisterung für die deutsch-französische Freundschaft und das vereinte Europa geformt wurden, in einer gemeinsamen Europäischen Währung den entscheidenden Schritt in Richtung einer Unumkehrbarkeit der Europäischen Integration. Dieser Schritt muß aus ihrer Sicht vollzogen werden, ehe die Fliehkräfte aus einem schleichenden Verfall der Nato und aus der neuen europäischen Mittellage eines erstmals seit 1945 wirklich souveränen Deutschlands zu wirken beginnen. Aus demselben Grunde sind auch die meisten kleinen Nachbarstaaten Deutschlands Befürworter der Währungsunion und treffen sich hier mit den Motiven der historisch gebildeten politischen Klasse Frankreichs. Deshalb machen die Eile, mit der der Maastricht-Vertrag geschlossen wurde, und der enge Zeitplan bis zur gemeinsamen Währung ein wenig den Eindruck einer überstürzten Heirat von Partnern, die sich ihrer Attraktivität nicht sicher sind und darum dem Sinneswandel oder der Untreue des anderen durch vollendete Tatsachen vorbeugen wollen.

Die ärmeren Staaten der EU andererseits sehen es als eine Prestigefrage an, möglichst früh an der einheitlichen Währungsunion teilzunehmen, und sie hoffen außerdem, daß in einer unauflösbaren Währungsunion die Finanztransfers aus der EU-Kasse, die bereits heute gerade in den ärmeren Ländern eine sehr große Rolle spielen, noch weiter steigen werden. Dies wiederum nährt das Mißtrauen deutscher Euroskeptiker, die fürchten, in einer Währungsunion werde Deutschland noch stärker zur Kasse gebeten als schon heute in der EU.

Man sieht, unter den vielfältigen Motiven für oder gegen eine schnelle Währungsunion finden sich währungs- und wirtschaftspolitische Argumente nur ganz am Rande. Tatsächlich geht es in erster Linie um die künftige politische Gestaltung Europas, um die künftige Machtbalance in der Europäischen Union, um nationales Prestige, also um Außenpolitik. Auch dies erhöht das Mißtrauen.

14

Nun schien der Zeitpunkt verbindlicher Entscheidungen bei Vertragsabschluß Ende 1991 noch in ganz weiter Ferne zu sein. Das hat sich schnell geändert. Der Zerfall des Ostblocks und die Deutsche Einheit rücken bereits in die Distanz der jüngeren Zeitgeschichte. Die dritte Stufe der Währungsunion mit der unwiderruflichen Aufgabe der geldpolitischen Souveränität der Teilnehmer ist dagegen nur noch wenig entfernt. Nur die gemeinsame Feststellung des Europäischen Rates, daß Deutschland oder Frankreich die Konvergenzkriterien nicht erfüllen, könnte die gemeinsame Währung noch aufhalten.

Bei den Konvergenzkriterien aber läßt das Vertragswerk soviel Interpretationsspielraum, daß auch ihre unzureichende Erfüllung – wenn nur »die Richtung stimmt« und die Verfehlung nicht übermäßig ist – noch als vertragskonform gelten kann. Endgültig will der Europäische Rat zwar erst im Frühjahr 1998 über den Eintritt in die dritte Stufe entscheiden, weil dann für 1997 die Ist-Zahlen über Staatsverschuldung, Inflationsraten usw. vorliegen werden. Zu diesem Zeitpunkt sind aber die technischen Vorbereitungen insbesondere in der Bankenwelt soweit gediehen, daß eine Verschiebung mit erheblichem politischem Vertrauensschaden verbunden wäre. Das ist in bezug auf den Zeitablauf auch die zentrale Logik des Vertrags von Maastricht: in zunächst unmerklichen Stufen am Ende solche Zwänge schaffen, daß ein Ausstieg nicht mehr möglich ist.

Die Erbitterung, die insbesondere bei den britischen Gegnern der Währungsunion, aber nicht nur bei ihnen, herrscht, rührt wesentlich aus dem Gefühl, diesem schleichenden Sachzwang ohnmächtig gegenüberzustehen, und aus dem Verdacht, daß das gemeinsame Europäische Geld von seinen heftigsten Befürwortern nicht als Ziel aus eigenem Recht, sondern als Instrument für eine weitergehende Förderung der Europäischen Einheit angestrebt wird.

Damit wird etwas instrumentalisiert, was für die meisten Menschen eine zutiefst emotionale Bedeutung hat: die eigene

Währung, die heute neben der Sprache zum wichtigsten Symbol für die nationale Identität geworden ist. Die Regierungen haben die Gefahr erkannt, die sich aus den Gefühlen der Völker für die Währungsunion ergeben können, und berücksichtigen dies bei ihrer Werbung. Die Werbebroschüre des Bundesfinanzministeriums »Der Euro. Stark wie die Mark«[2] spricht mit dem Titel unmittelbar die in Deutschland besonders ausgeprägte Angst vor Inflation und Währungschaos an. Selbst das eigentlich der Sachlichkeit verpflichtete Europäische Währungsinstitut (EWI) in Frankfurt schlägt geradezu lyrische Töne an, wenn eine Ausarbeitung über technische Fragen des Übergangs zur einheitlichen Währung mit der Beschreibung eines gesamteuropäischen Paradieses beginnt, als dessen Schlüssel der Euro dienen soll:

» Der Prozeß der Wirtschafts- und Währungsintegration wird dazu beitragen, eine harmonische und ausgeglichene Wirtschaftsentwicklung im gesamten europäischen Währungsraum zu fördern, dauerhaftes und inflationsfreies Wachstum zu erreichen und damit ein hohes Beschäftigungsniveau zu erzielen. Mit der Einführung einer einheitlichen europäischen Währung erhält die bestehende Freizügigkeit des Geld- und Kapitalmarkts eine neue Dimension; die Abschaffung des Wechselkursrisikos bei Geldtransaktionen zwischen den beteiligten Mitgliedstaaten wird zur Bildung eines einheitlichen – den bisherigen an Tiefe, Liquidität und Wettbewerbsfähigkeit übertreffenden – Finanzmarkts führen. Die Spar- und Anlagemöglichkeiten werden sich erweitern… Gesichert wird die Kaufkraft der europäischen Währung durch die stabilitätsorientierte Geld- und Währungspolitik des ESZB.«[3]

---

2 April 1996.
3 Europäisches Währungsinstitut (EWI): Der Übergang zur einheitlichen Währung, November 1995, S. 5.

Ein Tor wäre da doch jeder, der nicht einer schnellen Einführung der europäischen Währung zustimmt – oder?

Mit dem vorliegenden Buch möchte der Verfasser dem interessierten, aber nicht notwendigerweise einschlägig vorgebildeten Leser die Möglichkeit geben, sich ein eigene Meinung über die Europäische Währungsunion zu bilden. Die Fakten und Argumente werden dargeboten und bewertet werden. Auch wird der Verfasser das eigene Urteil nicht zurückhalten, wohl aber wird er der Versuchung widerstehen, den Leser in eine bestimmte Richtung zu drängen. Wie bei fast allen großen politischen und persönlichen Entscheidungen gibt es kein eindeutiges Falsch oder Richtig, sondern die eigene normative Vorstellung von der Welt prägt am Ende das persönliche Urteil. Auch Demokratie und Marktwirtschaft können mit durchaus unterschiedlichen Zukunftsentwürfen einhergehen, die bis zu einem gewissen Grade legitimerweise über den vermeintlichen politischen und wirtschaftlichen Sachzwängen stehen.

Die ersten drei Kapitel des Buches enthalten einen knappen – aber, wie der Verfasser hofft, gleichwohl hinreichend anschaulichen – geldpolitischen und historischen Aufriß sowie eine gewisse theoretische Grundlegung. Damit soll es auch dem fachlich nicht einschlägig vorgebildeten Leser erleichtert werden, die langen Linien sowohl in der historischen Entwicklung als auch in der aktuellen sachlichen Diskussion besser zu erkennen. Die meisten aktuell vorgetragenen Argumente pro und contra gewinnen erst im Lichte dieser langen Linien ihren gebührenden Platz und ihre richtige Färbung.

Die Kapitel 4 und 5 befassen sich mit der Vorgeschichte und den Eckpunkten des Vertrages von Maastricht. Kapitel 6 setzt sich mit den Konvergenzkriterien näher auseinander. Kapitel 7 erörtert die Fragen der Funktionsfähigkeit einer einheitlichen Währung, und in den Kapiteln 8 bis 12 werden Pro und Contra einer Europäischen Währungsunion näher diskutiert.

1. Geld- und währungspolitische Grundlagen

Eine ganz kurze Geschichte des Geldes

Es gibt die griechische Sage vom phrygischen König Midas, der wegen seines sagenhaften Reichtums berühmt war, aber nie genug bekommen konnte. Schließlich gewährte ihm der Gott Dionysos den Wunsch, daß alles, was er anfaßte, in Gold verwandelt wurde. Midas merkte bald, daß er nicht einmal mehr essen konnte, weil auch das Eßbare in seiner Hand sofort zu Gold wurde. Der Wert des Goldes war für ihn in ein Nichts zerronnen, ja zum Fluch geworden, als er es nicht mehr gegen anderes eintauschen konnte.

Den gleichen Irrtum begehen viele Menschen, unbewußt selbst viele Ökonomen. Geld gerinnt ihnen zum Wert an sich. Dabei war Geld zu allen Zeiten für sich genommen völlig wertlos. Auch Gold und Silber als Grundlage der früheren Edelmetall-Währungen bezogen ihren Wert immer nur daraus, daß sie knapp waren. Sie waren weder für Waffen oder Werkzeuge noch für andere nützliche Zwecke brauchbar. Selbst ihre Beliebtheit als Material für Schmuck rührte vor allem aus ihrer Knappheit. Auch »Muschelwährungen« auf Südseeinseln konnten nur funktionieren, wenn die dazu verwendeten Muschelarten knapp und nicht beliebig vermehrbar waren. Ebenso ist der Wert des modernen »Papiergeldes« nicht denkbar ohne seine Knappheit. Deshalb (und nicht etwa, weil die Scheine der Geldfälscher weniger schön wären) steht Geldfälschung unter Strafe.

Dies führt uns zu einer zentralen Feststellung: Geld ist eine soziale Konvention, die sich aus der Entwicklung der menschlichen Arbeitsteilung ergeben hat. In jeder Volkswirtschaft, die über die Produktion des allernotwendigsten Nahrungsmittelbedarfs hinausgeht, stellen der einzelne, seine Familie oder der engere soziale Verband nur einen Teil ihres Lebensbedarfs selber her, den Rest beziehen sie durch Tausch: teils im unmittelbaren Umfeld – der Bauer baut das Getreide an, der Schmied sorgt für die Werkzeuge, der Müller mahlt, der Bäcker backt –, teils durch Handel mit dem näheren und weiteren Umfeld. Das reicht von der benachbarten Stadt bis hin zum Fernhandel. Es ist nun sehr umständlich und dem freien Austausch hinderlich, dem Tauschpartner, von dem man ein Gut begehrt, als Voraussetzung für den Tausch selbst das spezifische Gut beschaffen zu müssen, das jener zufällig gerade begehrt. Deshalb haben sich bestimmte, besonders gängige Waren, etwa Getreide oder andere Rohstoffe, schon früh als besonders gern akzeptierte Tauschmittel etabliert, weil sie unkompliziert weitergetauscht werden können. Mit dem Anstieg der Arbeitsteilung sowie mit der Intensivierung und größeren räumlichen Ausdehnung der Handelsbeziehungen gewannen bei den bevorzugten Tauschmitteln die Frage der Haltbarkeit und des im Verhältnis zum Wert niedrigen Gewichts mehr und mehr an Bedeutung. Dies führte zu einer Bevorzugung der Edelmetalle und von daher allmählich zum Geld. Der endgültige Schritt zum Geld wurde im Perserreich mit der Prägung von Münzen vollzogen, scheibenförmige kleine Edelmetallbarren, auf denen der Staat durch einen Stempel den Edelmetallgehalt garantierte. Das Vertrauen in die staatliche Autorität sicherte auch das Vertrauen in die Korrektheit der Münzprägung.

Die Akzeptanz der staatlichen Münzen als soziale Konvention aber funktionierte dauerhaft nur, wenn der Staat Gewicht und Edelmetallgehalt der Münzen glaubhaft garantierte. Zu allen Zeiten gerieten Staaten in Versuchung, ihre finanziellen Möglichkeiten zu verlängern, indem sie den Edelmetallgehalt in Münzen herabsetzten, und für Geldfälscher war es immer attraktiv, durch unterwertige Fälschungen sich ihrerseits zu bereichern.

Voraussetzungen für »gutes«, also wertstabiles und allgemein akzeptiertes Geld waren also seit Beginn der Geldwirtschaft
– Vertrauen in die Qualität des staatlichen Geldes und
– wirksame Bekämpfung der Geldfälschung.
Die Verwerflichkeit der staatlichen Ausbringung unterwertigen Geldes oder der Geldfälschung lag nicht im Vorgang an sich. Da Geld eine soziale Konvention war, konnte ja sein Edelmetallgehalt scheinbar gleichgültig sein, solange sich nur alle an die soziale Konvention hielten. Die Verwerflichkeit lag darin, daß dadurch eine unabdingbare Voraussetzung des Geldwertes unterlaufen wurde, nämlich seine Knappheit.

Die irdische Welt unterscheidet sich vom Paradiese bekanntlich dadurch, daß bis auf Sonne, Luft und unkultivierbares Land fast alles im Verhältnis zu den menschlichen Bedürfnissen irgendwo auf der Welt knapp ist, d.h. nur mit Kosten gewonnen, produziert oder verarbeitet bzw. überhaupt nicht vermehrt werden kann. Nur für knappe Güter besteht überhaupt ein Tauschbedürfnis. Wasser und Holz waren in den Wildnissen des Nordens stets im Überfluß vorhanden und deshalb kein Tauschgegenstand. Umgekehrt war in den Hochkulturen Mesopotamiens und Ägyptens das Wasser knapp. Die sozialen Regeln und technischen Vorrichtungen für seine Zuteilung mit entsprechenden Gegenleistungen waren wesentliche Quellen und Antriebskräfte der Zivilisationsentstehung und Staatenbildung.

Die Knappheit des Tauschmittels Geld ist die elementare Voraussetzung dafür, daß die Tauschpartner überhaupt bereit sind, gegen Geld andere knappe Güter herzugeben, seien es Fertigwaren, Rohstoffe oder fruchtbares Land. Wenn sich das Gleichgewicht zwischen Geld- und Warenmenge verschiebt, führt die wachsende Kaufbereitschaft der Geldbesitzer zusammen mit einer allmählichen Warenverknappung dazu, daß die Warenbesitzer von den Geldbesitzern höhere Preise verlangen. So entsteht Inflation. Wenn umgekehrt das Warenangebot im

Verhältnis zur umlaufenden Geldmenge steigt, sinken tendenziell die Preise. Ein andauernd und fühlbar sinkendes Preisniveau wird Deflation genannt.

Geldentwertung hat es im Lauf der Geschichte immer wieder gegeben. Im römischen Kaiserreich war vor 2000 Jahren mit dem Umlauf des römischen Denars – einer zunächst auf Silber, dann auf Gold und Silber beruhenden Münze – der bis dahin größte einheitliche Währungsraum entstanden. Die fortwährende Geldknappheit des römischen Zentralstaates, bedingt durch ein aufwendiges stehendes Heer, eine teure zentrale Verwaltung und andauernde Grenzkriege, führte zu einem schleichenden Absinken des Edelmetallgehalts der Denarmünzen. Dieser Prozeß blieb den Bürgern nicht verborgen und bewirkte, daß möglichst nur die Münzen mit dem geringeren Edelmetallgehalt zur Zahlung verwandt wurden. Die höherwertigen Münzen wurden dagegen gehortet oder eingeschmolzen, weil der reine Silber- oder Goldwert höher war als der nominale Münzwert. Schlechtes Geld verdrängte das gute Geld. Das Vertrauen in den Denar sank, die Preise stiegen, auch durch immer weitere Vermehrung des Münzumlaufs bei immer geringerem Edelmetallgehalt brachte der Staat seine Finanzprobleme nicht in den Griff. Die Reichsreformen unter den spätrömischen Kaisern Diokletian und Konstantin brachten dann wieder vollwertiges und damit knapperes wertstabiles Geld.

Als ständiges Problem erwies sich dabei auch die wechselnde Wertrelation zwischen Gold und Silber. Stieg der Silberpreis, dann verschwanden die Silbermünzen aus dem Verkehr, stieg der Goldpreis, verschwanden die Goldmünzen aus dem Umlauf (Greshamsches Gesetz). Eine feste Wertrelation zwischen beiden Edelmetallen konnte der römische Staat wegen unzureichender Edelmetallvorräte nicht garantieren. Seit der spätrömischen Münzreform bestanden daher die Münzen grundsätzlich aus vollwertigem Gold, das »Wechselgeld«, die sogenannten Scheidemünzen, dagegen aus Silber.

Im Mittelalter waren die Münzrechte vielfältig regional zersplittert. Die deutschen Könige und Kaiser gaben das ursprünglich allein dem Reich zustehende Recht der Münzprägung, das sog. Münzregal, vielfach an regionale Landesherren, um sich deren Loyalität, etwa bei Königswahlen, Feldzügen oder anderen für das Reich wichtigen Entscheidungen, zu erkaufen. Immer wieder erlagen einzelne Landesherren der Versuchung, ihre Finanzprobleme durch Prägung unterwertigen Geldes zu bekämpfen, und immer wieder verdrängte schlechtes Geld solange das gute, bis es durch eine Münzreform aus dem Verkehr gezogen wurde.

Nach der Entdeckung Amerikas führten im 16. Jahrhundert die riesigen Silberimporte der Spanier zu einem erheblichen Anstieg des Geldumlaufs im damaligen Europa. Dies bewirkte in einigen Regionen, die vom Strom des neuen Silbergeldes besonders begünstigt waren, eine kräftige wirtschaftliche Belebung, insgesamt aber kam es zu einem erheblichen Preisanstieg in ganz Europa.

Umfang und Reichweiten der Handelsbeziehungen in Europa und mit Übersee stiegen seit Mitte des 15., besonders aber im 16. und 17. Jahrhundert stark an. Dies beförderte die Entwicklung des zuerst in Italien entstandenen Bankwesens. Die mittelalterliche Vielfalt im Münzwesen – mit ganz unterschiedlichen Gewichtseinheiten, Edelmetallgehalten und ständigen Änderungen – machte das Münzwechseln zu einer Sache von Experten und einer Angelegenheit des Vertrauens. Der zivilisatorische Vorlauf vieler italienischer Städte in Handel und Gewerbe (z.B. Mailand, Venedig, Genua) führte dort bereits im 12. Jahrhundert zur Entstehung spezialisierter Wechselbanken (wobei »banca« die ursprüngliche Bezeichnung für den Wechseltisch war, auf dem die verschiedenen Münzen ausgebreitet waren), die sich seit dem 13. Jahrhundert über alle großen europäischen Handelsplätze ausbreiteten. Aus dem Wechselgeschäft entwickelte sich seit dem 12. Jahrhundert allmählich das Einlagen- und Kreditgeschäft. Es entstanden die großen Finanzhäuser wie etwa die Fugger in Augsburg.

Um den Zahlungsverkehr, insbesondere bei großen Summen, zu vereinfachen, begannen italienische und englische Banken im 16. und 17. Jahrhundert mit der Ausgabe von sogenannten Depositenscheinen, die jedem, der sie bei der Bank vorlegte, die Auszahlung eines bestimmten Betrages in einer bestimmten Währung versprachen. Wenn die Leistungsfähigkeit der Bank zweifelsfrei war, dann waren diese Depositenscheine ebensogut wie Bargeld, nur wesentlich leichter handhabbar. Daraus entwickelten sich mit der Zeit die heutigen Banknoten, die zunächst von einer Vielzahl privater und staatlicher Banken ohne staatliche Regulierung herausgegeben wurden. Erst in dem Umfang, in dem Banknoten neben dem Metallgeld an Bedeutung gewannen, erkannte man ihren Geldcharakter und die in ihnen liegenden Mißbrauchsmöglichkeiten – sei es, daß die ausgebenden Banken in Konkurs gingen, sei es, daß Banknoten in betrügerischer Absicht herausgegeben oder gar gefälscht wurden.

Mit der Zeit wurde in allen Ländern die Ausgabe von Banknoten staatlich geregelt und in die staatliche Geldversorgung einbezogen. Bereits zu Beginn des 18. Jahrhunderts hatte es in Frankreich die erste Papiergeldinflation gegeben, als der französische Finanzminister John Law 1719/20 versuchte, einen drohenden Staatsbankrott – verursacht durch die extravaganten Schlösser und kostspieligen Kriege Ludwigs XIV. – mit der Ausgabe von Papiergeld abzuwenden. Ähnliches wiederholte sich dann nach 1790 während der französischen Revolution.

Auch diese Erfahrungen bewirkten, daß alle Staaten im 19. Jahrhundert bis zum 1. Weltkrieg strikt an einer auf Edelmetall – teils Gold, teils Silber – gegründeten Währung festhielten. Zwar wuchs der Umlauf von Banknoten wesentlich schneller als die Währungsbestände von Gold und Silber, aber alle Zentralbanken garantierten den jederzeitigen Eintausch der von ihnen ausgegebenen Banknoten in Gold- bzw. Silbermünzen. Im Laufe des 1. Weltkrieges wurde diese jederzeitige Eintauschbarkeit zunächst suspendiert, dann aber in den meisten Ländern in den zwanziger Jahren endgültig aufgehoben. Seitdem sind generell Banknoten das alleinige gesetzliche Zahlungsmittel in den jeweiligen Staaten.

Einige Länder kehrten in den zwanziger Jahren zum Goldstandard zurück. England, dessen Währung im Welthandel von besonderer Bedeutung war, stellte sogar wieder die alte Parität zum Golde her. Da aber Preise und Finanzierungsbedürfnisse deutlich höher waren als vor dem Kriege, konnte die Parität zum Golde nur durch eine sehr restriktive Politik der Bank von England gesichert werden, was der englischen Volkswirtschaft großen Schaden zufügte. 1931 wurde auch in England die Goldeinlösungspflicht aufgehoben.

Der 1. Weltkrieg war aber nur der endgültige Anstoß für eine Entwicklung, die in jedem Falle unvermeidlich war. Produktion und Handel wuchsen (und wachsen) weltweit wesentlich schneller als die Bestände an Gold und Silber. Unbeschränktes Festhalten an einer Edelmetalldeckung des weltweiten Geldumlaufs hätte das Wachstum der Weltwirtschaft nur bei fortgesetzt sinkenden Preisen finanzieren können. Solch eine Entwicklung aber, kontinuierliches Wachstum bei fortgesetzt sinkenden Preisen, ist irreal.

Über das moderne Geld, wie es geschaffen und kontrolliert wird

Moderne Notenbanken haben in ihren Devisenreserven auch heute noch stets einen Anteil Goldes. Notwendig ist das nicht, es hat eher historische und psychologische Gründe, außerdem war die Goldhaltung viele Jahrzehnte angesichts des Anstiegs des Goldpreises ein recht gutes Geschäft. Notwendig ist vielmehr, daß eine Notenbank so viele international liquide Vermögensbestände hat, daß sie jeden Wunsch nach Einlösung der eigenen Währung in eine andere jederzeit bedienen kann. Der jederzeitige freie Wechsel in eine andere Währung ist die sogenannte Konvertierbarkeit, diese ist unter den Währungen der westlichen Industriestaaten seit Ende der fünfziger Jahre im wesentlichen durchgehend sichergestellt (siehe Kapitel 2).

Das moderne Geld hat sich also vom Edelmetall vollständig gelöst. Worin besteht es dann eigentlich und was macht seinen Wert aus? Dies versteht man am besten, wenn man die Quellen seiner Entstehung betrachtet.

Am 21. Juni 1948 bekam jeder Westdeutsche 40 DM ausgezahlt. Die Reichsbanknoten und Bankkonten wurden eins zu zehn umgestellt und teilweise gesperrt. Echte Gegenwerte bei der neugegründeten Bank Deutscher Länder, der späteren Bundesbank, für das ausgegebene Geld gab es zunächst nicht. Die DM war noch nicht konvertierbar und konnte noch nicht frei in Devisen eingetauscht werden.

Den Gegenwert schufen vom 1. Tag an die Bürger selber. Da nur ganz wenig Geld in Umlauf war, war es sehr begehrt, Unternehmen und Gewerbetreibende boten Waren und Dienstleistungen, Arbeitnehmer ihre Arbeitskraft an, um an das neue Geld zu kommen. Der Umstand, daß das Geld knapp war, machte das Warenangebot im Verhältnis zum Geldumlauf reichlich. Die damit geschaffene Kaufkraft des Geldes war die Bestätigung seines Wertes.

Die eigentliche Bewährungsprobe für den Wert einer Papierwährung ist aber nicht der Zeitpunkt ihrer Erschaffung, sondern die darauf aufbauende weitere Entwicklung: Das Geldangebot und der Geldumlauf müssen so elastisch sein, daß eine wachsende Produktion und ein steigendes Beschäftigungsvolumen auch tatsächlich finanziert werden können. Andererseits aber darf das Geld nicht zu reichlich werden, denn dann sind steigende Preise, sinkendes Vertrauen in die Geldwertstabilität,

Verknappung des inländischen Warenangebots sowie bei konvertiblen Währungen Flucht in das ausländische »gute« Geld und sinkende Wechselkurse die Folge. Das richtige Maß liegt in der Mitte, und um diese »Mitte« dreht sich die gesamte Geld- und Währungspolitik wie auch die geldtheoretische Diskussion in der Volkswirtschaftslehre.

Die Notenbank muß in dem Umfang zusätzliches Geld in den Wirtschaftskreislauf schleusen, in dem dieses zur nichtinflationären Finanzierung steigender Umsätze der Unternehmen und entsprechend steigender Einnahmen der Arbeitnehmer, Kapitalbesitzer und des Staates benötigt wird.

Dazu bedient sich die Bundesbank (bei anderen Notenbanken ist das Instrumentarium bei etwas anderer Gewichtung grundsätzlich ähnlich) folgender Instrumente:

Diskontpolitik: Eine Geschäftsbank nimmt von einem Kunden einen Wechsel entgegen, also eine üblicherweise drei Monate laufende handelbare Schuldverschreibung, und räumt ihm einen entsprechenden Kredit ein. Wenn dieser Wechsel eine bestimmte Qualität hat, kann er von der Geschäftsbank bei der Bundesbank zum sog. *Rediskont* eingereicht werden. Die Bundesbank gewährt der Geschäftsbank auf diesen Wechsel ihrerseits mit einem Zinsabschlag einen Kredit für die Laufzeit des Wechsels. Dieser Betrag wird dem Konto der Geschäftsbank bei der Bundesbank als Guthaben gutgeschrieben. Die Geschäftsbank kann das Guthaben zur Beschaffung von Bargeld oder zur Vergabe neuer Kredite an andere Kunden verwenden. Der Zinssatz, den die Geschäftsbank an die Bundesbank für das mit dem Wechsel abgesicherte Darlehen zahlen muß, heißt Diskontsatz. Setzt die Bundesbank den Diskontsatz hoch, so steigen die Refinanzierungskosten der Geschäftsbanken, damit steigen auch die Zinskosten, die die Geschäftsbanken ihren Kunden in Rechnung stellen. Die dadurch bewirkte allgemeine Verteuerung der Kredite wirkt tendenziell dämpfend auf die Kreditnachfrage und damit auf die Versorgung mit neuem Zentralbankgeld. Durch Absenkung und Erhöhung des Diskontsatzes kann die Bundesbank also die Höhe der Geldversorgung beeinflussen. Da die Geschäftsbanken die Wechsel, die sie akzeptieren und an die Bundesbank zum Rediskont weiterreichen, auf ihre wirtschaftliche Tragfähigkeit prüfen, um sich selbst vor Verlusten zu schützen, ist damit grundsätzlich sichergestellt, daß bei angemessen hohem Diskontsatz nur Umsätze mit realem wirtschaftlichem Hintergrund finanziert werden und keine inflationär wirkende Geldversorgung stattfindet. Zusätzlich kann die Bundesbank aber durch die sog. *Rediskontkontingente* den Gesamtumfang der zum Rediskont zugelassenen Wechsel begrenzen und damit die Geldversorgung zusätzlich steuern.

Lombardpolitik: Die Geschäftsbanken können bestimmte hierzu qualifizierte Wertpapiere in gewissem Umfang an die Bundesbank verpfänden und erhalten hierfür Guthaben bei der Bundesbank. Der Zinssatz für diese Bundesbankkredite heißt Lombardsatz. Er liegt üblicherweise in der Nähe des Diskontsatzes, niemals aber darunter.

Mindestreservepolitik: Die Geschäftsbanken sind verpflichtet, einen gewissen Teil der bei ihnen angelegten Gelder als sog. Mindestreserve unverzinslich als Guthaben bei der Zentralbank zu halten. Das beschränkt ihre Möglichkeiten, die bei ihnen eingelegten Gelder weiterzuverleihen, und erhöht die Kosten zur Refinanzierung der von ihnen gegebenen Kredite. Die Mindestreserve wirkt sehr direkt auf das mögliche gesamtwirtschaftliche Kreditvolumen, wie an einem sehr vereinfachten Beispiel gezeigt werden soll: Der Mindestreservesatz sei 10 %. Der Kunde A legt 100.000 DM auf sein Konto ein. Die Bank kann nur 90.000 DM an den Kunden B weiterverleihen, 10.000 DM gehen als Mindestreserve auf ihr Konto bei der Bundesbank, 90.000 DM werden als Kredit dem Konto des Kunden B gutgeschrieben. Der Kunde B kauft für 90.000 DM Maschinen beim Kunden C. Dieser Betrag wird dem Konto des

Kunden C gutgeschrieben. Von diesem Betrag kann die Bank nur 81.000 DM weiterverleihen, da sie ja wiederum 10 %, also 9.000 DM, als Mindestreserve bei der Bundesbank anlegen muß, usw. Senkt nun die Bundesbank den Mindestreservesatz, so erhöhen sich die Ausleihungsmöglichkeiten der Kreditinstitute beträchtlich; erhöht sie ihn, so sinken die Ausleihungsmöglichkeiten der Kreditinstitute entsprechend.

Offenmarktpolitik: Die Bundesbank kauft und verkauft Wertpapiere, insbesondere öffentliche Anleihen, zu bestimmten von ihr festgelegten Konditionen am »offenen Markt«: Kauft sie Papiere an, so kommt damit zusätzliches Zentralbankgeld in den Wirtschaftskreislauf, verkauft sie Papiere, so entzieht sie dem Wirtschaftskreislauf Zentralbankgeld. Der Ankauf wirkt tendenziell zinssenkend, der Verkauf tendenziell zinserhöhend.

Zinstender: Die Bundesbank bietet eine bestimmte Menge kurzfristiger Gelder an und überläßt die hierfür zu zahlenden Zinsen einem Bietungsverfahren am Markt.

Mengentender: Die Bundesbank bietet kurzfristige Gelder zu einem bestimmten Zinssatz an und überläßt die nachgefragte Menge dem Markt.

Alle diese Instrumente wirken hinsichtlich Umfang und Zinshöhe auf die Geldversorgung der Wirtschaft ein. Ziel ist es dabei, Geldversorgung und Zinsniveau so zu steuern, daß

- die Höhe der Zinsen einen angemessenen Ausgleich zwischen den Sparleistungen und der Kreditnachfrage in der Volkswirtschaft herstellt,
- die vorhandene Liquidität zur Finanzierung der volkswirtschaftlichen Aktivitäten und des realwirtschaftlich möglichen Wirtschaftswachstums ausreicht,
- Geld nicht so reichlich und so billig wird, daß daraus ein Inflationspotential entsteht.

Bei den *Konzepten der geldpolitischen Steuerung* gibt es traditionell zwei unterschiedliche Denkrichtungen. Die einen halten das Zinsniveau für die entscheidende Steuerungsvariable, die anderen halten die Beeinflussung der Geldmenge für den zentralen Ansatzpunkt. Beide Denkschulen haben traditionell auch unterschiedliche Auffassungen über die Wirkungen der Geldpolitik. Die beiden Ansätze stehen nicht in einem absoluten Gegensatz, sie sind vielmehr Ausdruck unterschiedlicher Gewichtungen und geldpolitischer Theorien. Tatsächlich können die Steuerung der Geldmenge und des kurzfristigen Zinsniveaus überhaupt nicht voneinander getrennt werden: Vielmehr wird die Versorgung mit Zentralbankgeld mit den oben dargestellten Instrumenten in erster Linie über die Beeinflussung des kurzfristigen Zinsniveaus gesteuert. Der Streit geht darüber, welcher Indikator, die Zinsen oder die Geldmenge, als Zielgröße der Geldpolitik geeignet ist.

Die Instrumente der Notenbankpolitik bringen es mit sich, daß die Notenbank unmittelbar nur die Zinsen am sog. Geldmarkt – das ist der Markt für kurzfristiges Geld – beeinflussen kann. Das langfristige Zinsniveau wird hierdurch lediglich indirekt und mit sehr variablen zeitlichen Verzögerungen gesteuert. Außerdem können je nach Inflationsrate, Kapitalbildung, technischem Fortschritt und konjunktureller Auslastung in einer Volkswirtschaft sehr unterschiedliche Zinsniveaus stabilitäts- und wachstumspolitisch verträglich sein. Auch haben Zinserhöhungen oder -senkungen je nach den Rahmenbedingungen ganz unterschiedliche Wirkungen. Das alles macht es sehr schwierig bzw. unmöglich, eine stetige Geldversorgung allein am Zinsniveau auszurichten.

Auf der anderen Seite ist auch die alleinige Ausrichtung an der Geldmenge mit erheblichen konzeptionellen und Umsetzungsproblemen behaftet. Zunächst einmal – für den Laien mag dies paradox klingen – ist es gar nicht so einfach, festzulegen, was überhaupt Geld ist. So gibt es u.a.:

- Die Menge an *Zentralbankgeld,* also das von der Notenbank unmittelbar zur Verfügung gestellte Geld. Das ist der Bargeldumlauf zuzüglich der Sichtguthaben der Banken bei der

Bundesbank. Seit Dezember 1974 legt die Bundesbank für ihre Geldpolitik einmal im Jahr ein sogenanntes Geldmengenziel fest. Dieses bezog sich bis 1987 auf die Zentralbankgeldmenge. Es zeigte sich aber, daß diese Größe je nach dem Verhalten der Geschäftsbanken und der Privaten (z.B. wechselnde Vorliebe für Bargeldhaltung, Umlauf von DM-Noten im Ausland), erhebliche, mit der Wirtschaftsaktivität und der Inflation nicht zusammenhängende Schwankungen aufwies.

Tabelle 1: *Bargeld, Sichtguthaben, Terminguthaben, Kreditvolumen seit 1960 – Mrd. DM –*

	1960	1970	1980	1990	1995
Kredite an Nichtbanken	177	525	1.477	2.889	4.447
+ Nettoforderungen an das Ausland	32	68	95	325	281
- Sonstiges *	101	301	832	1.711	2.720
= Geldmenge M3	107	292	739	1.503	2.007
zusammengesetzt aus Bargeld	21	37	84	159	238
+ Sichteinlagen	30	71	173	426	579
= Geldmenge M1	51	108	257	584	816
+ Termingelder unter 4 Jahren	22	65	183	403	442
+ Spareinlagen mit gesetzlicher Kündigungsfrist	34	118	299	515	750

* Geldkapitalbildung, Einlagen des Bundes im Bankensystem, sonstige Einflüsse
Quelle: Deutsche Bundesbank

• Die *Geldmenge M1* ist die Summe von Bargeldumlauf und allen Sichtguthaben bei den Banken. Sichtguthaben können von den Kunden jederzeit in Bargeld umgewandelt werden, sind also potentielles Bargeld. Außerdem erfolgt heute der größte Teil der Zahlungen bargeldlos von Konto zu Konto. Viele ausländische Zentralbanken benutzen M1 als geldpolitisches Zwischenziel. Auch diese Größe weist aber beträchtliche Schwankungen, insbesondere in Abhängigkeit von der Zinspolitik auf. So können Sparguthaben oder Termingelder kurzfristig in Sichtguthaben umgewandelt werden und umgekehrt.

Schaubild 1: *Zinsentwicklung 1980 bis 1996*

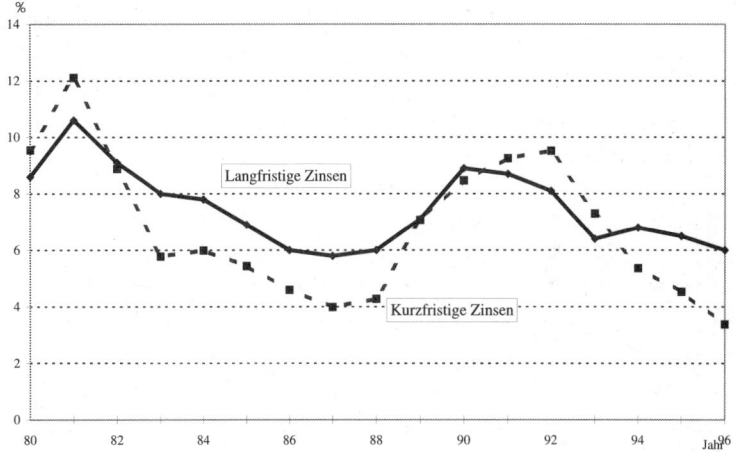

Langfristige Zinsen = Umlaufrendite inländischer festverzinslicher Wertpapiere
Kurzfristige Zinsen = Zinsen für Dreimonatsgeld
Quelle: Deutsche Bundesbank

- Die Bundesbank benutzt deshalb seit 1988 die *Geldmenge M3* als geldpolitisches Zwischenziel. Zur Geldmenge M3 gehören Bargeld, Sichtguthaben sowie alle Sparguthaben und Termingelder mit einer Laufzeit von bis zu vier Jahren (s. Tabelle 1). Auch diese Größe ist nur von beschränkter Aussagekraft. Wenn z.B., wie 1995, die langfristigen Zinsen niedrig sind, aber ein baldiger Zinsanstieg erwartet wird, dann »parken« viele Anleger ihr Geld für einige Zeit im kurzfristigen Bereich. Wenn dann die langfristigen Zinsen steigen oder auch nur die Erwartungen der Anleger sich verändern, dann sinkt umschichtungsbedingt die Geldmenge M3, ohne daß sich am Kurs der Geldpolitik etwas geändert hätte. Es kommt hinzu, daß im Zeitablauf die Geldhaltung in der Volkswirtschaft schneller wächst als das Sozialprodukt und die gesamtwirtschaftliche Sparleistung. Die Relation zwischen Geldmenge und Umfang der wirtschaftlichen Aktivität schwankt also nicht nur, sie ändert sich im Zeitablauf auch systematisch.

Schaubild 2: *Geldmenge M3 – Veränderung gegenüber Vorjahr –*

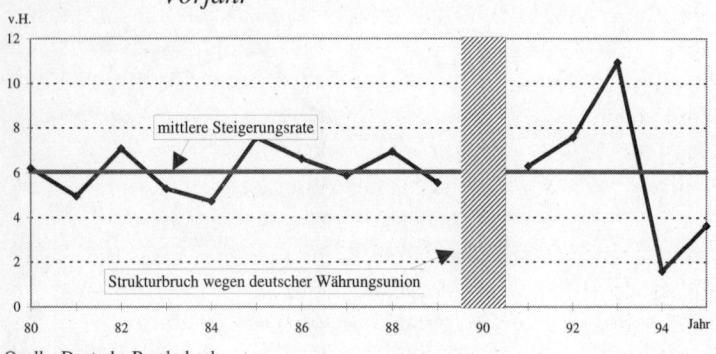

Quelle: Deutsche Bundesbank

Die Schaubilder 1 und 2 zeigen, daß die für die geldpolitische Steuerung relevanten Größen, nämlich Zinsen und Geldmenge M3, im Zeitablauf deutlich schwanken; dies gilt auch für das Kreditvolumen und das Sparaufkommen. Die Bundesbank behauptet zwar stets, sie richte ihre geldpolitische Steuerung in erster Linie an der Geldmenge M3 aus, tatsächlich hat sie ein wesentlich breiteres Spektrum von Indikatoren im Auge.

Theorien über die Wirkung des Geldes

Betrachtet man die Wirkungen des Geldes und der Geldpolitik, so muß man eine gedankliche Trennung vornehmen zwischen der sogenannten monetären und der realwirtschaftlichen Sphäre einer Volkswirtschaft. Man spricht auch vom Geldschleier, der

32

über den realen wirtschaftlichen Vorgängen liegt. Wenn man z.B. in der deutschen Volkswirtschaft alles in Lire ausdrückte, dann wären alle Zahlen tausendmal größer, ändern würde sich aber real nichts. Gleichwohl können rein monetäre Vorgänge reale Wirkungen entfalten. Dafür zwei Beispiele:

Die italienische Wirtschaft etwa hatte in der Vergangenheit durchweg wesentlich höhere Inflationsraten als die deutsche Volkswirtschaft, gleichzeitig aber wesentlich höhere Zinsen. Der Unterschiedsbetrag zwischen Zinssatz und Inflationsrate, der sogenannte Realzins, war zwischen Deutschland und Italien über weite Strecken gar nicht so verschieden, doch wäre es voreilig, auch hier nur vom Geldschleier zu reden. Denn ein Zinssatz von z.B. 6 % in Deutschland und 11 % in Italien bedeutet auch bei gleichem Realzins für den Schuldner Unterschiedliches: Wenn z.B. bei einem gewerblichen Darlehen 5 % jährliche Tilgung vereinbart werden, dann tilgt der deutsche Schuldner bei einer angenommenen Inflationsrate von 1 % real von seiner Schuld jedes Jahr 6 %, der italienische Schuldner bei 6 % Inflationsrate real 11 %. Das bedeutet, daß der italienische Investor bei seinen Projekten auf einen schnelleren Kapitalrückfluß angewiesen ist, wenn er liquiditätsmäßig in der Lage sein will, seine Schulden zu bedienen; deshalb wird er sich stärker als der deutsche Investor um kontinuierliche Preiserhöhungen bei seinen Produkten bemühen. Auch werden die italienischen Arbeitnehmer und ihre Gewerkschaften wesentlich intensiver auf regelmäßig starke Lohnerhöhungen drängen, damit die Kaufkraft erhalten bleibt. Dies ergibt eine deutlich kurzfristigere Orientierung der Investoren und mindert generell die Möglichkeiten für alle Unternehmen, die Zukunft zuverlässig abzuschätzen. Kurzum, es ergeben sich in einer Wirtschaft mit einem durchschnittlich höheren Preisanstieg auch bei vergleichbarem Realzins andere realwirtschaftliche Strukturen. Über die Qualität der unterschiedlichen wirtschaftlichen Ergebnisse ist damit noch nichts gesagt.

Das zweite Beispiel betrifft die unterschiedliche Wirkung einer Zinsänderung auf verschiedene Gruppen der am Wirtschaftsprozeß Beteiligten. Angenommen sei z.B., daß der kurzfristige Zins, also der Geldmarktzins, durch geldpolitische Maßnahmen der Bundesbank von 5 % auf 8 % steigt. Dann hat dies auf das Verhalten der verschiedenen Gruppen folgende Auswirkungen:

- Die Sparer und alle Investoren am Geld- und Kapitalmarkt schichten teilweise um von längerfristigen auf kurzfristige Anlagen. Damit steigen auch die langfristigen Zinsen.

- Die Aktienkurse gehen zurück, weil Aktien wegen der höheren Zinsen vergleichsweise weniger rentabel sind. Damit sinken die Möglichkeiten der Unternehmen, sich am Aktienmarkt neues Eigenkapital zu verschaffen.

- Investoren, die sehr rentable längerfristige Projekte vorwiegend mit vorhandenem Eigenkapital finanzieren, werden wegen höherer langfristiger Zinsen ihre Pläne kaum revidieren.

- Investoren aber, die mit höherem Fremdkapitalanteil arbeiten und/oder Projekte mit niedrigerer Rentabilität verfolgen, werden ihre Pläne teils aufschieben, teils aufgeben, weil sie die Rentabilität nicht mehr sicherstellen können. Dies gilt insbesondere für den traditionell sehr zinsreagiblen Baubereich.

- Viele Verbraucher werden angeregt, mehr zu sparen, das dämpft die private Konsumnachfrage, erhöht aber auch das Angebot an Sparkapital.

- Da die Nachfrage aus all diesen Gründen bei zahlreichen Unternehmen zurückgeht, werden die Preiserhöhungsspielräume geringer. Die Inflationsrate sinkt. Es sinken aber auch die Investitionen, und das Wirtschaftswachstum geht zurück.

- Weil es vielen Unternehmen schlechter geht und die Nachfrage zurückgeht, werden Arbeitsplätze abgebaut bzw. nicht mehr im gewohnten Umfang neu geschaffen. Die Arbeitslosigkeit steigt.

- Wegen der unsicheren Arbeitsmarktlage und der sinkenden Inflationsrate gehen aber auch die Lohnzuwächse der Arbeitnehmer zurück, möglicherweise bis auf null.
- Die sinkende Inflationsrate und der zurückgehende Lohnanstieg sorgen bei allen Unternehmen für Kostenentlastungen. Bei einem Teil der Unternehmen verbessert die entspanntere Kostensituation sogar die Gewinnlage. Gleichzeitig sorgen die zurückgegangene Kreditnachfrage und das reichlichere Sparaufkommen dafür, daß die langfristigen Zinsen trotz immer noch hoher kurzfristiger Zinsen wieder zu sinken beginnen.
- Die Unternehmen mit verbesserter Gewinnlage suchen nach neuen Investitionschancen und bilden die Initialzündung für einen neuen Aufschwung, der sich allmählich über die ganze Wirtschaft ausbreitet und mit einer zeitlichen Verzögerung auch neue Arbeitsplätze schafft.

Eine von der Bundesbank vorgenommene Senkung der kurzfristigen Zinsen wirkt umgekehrt in analoger Weise.

Der oberflächliche Betrachter könnte aus dem obigen Beispiel die Schlußfolgerung ziehen, daß hohe Zinsen schlecht, niedrige Zinsen dagegen gut für Wachstum und Beschäftigung sind. Das wäre ganz falsch. Würde die obige Zinserhöhung stattfinden in einer Phase mit relativ stabilen Preisen, ausreichender Sparquote und gedrückter wirtschaftlicher Aktivität, dann wäre eine Zinserhöhung in der Tat schädlich. Es wäre vielmehr eine weitere Zinssenkung angebracht.

Anders dagegen die Beurteilung in einer Situation mit steigender Inflationsrate, überhitzter Nachfrage in Teilen der Wirtschaft und stabilitätswidrig hohen Lohnabschlüssen. Dann wäre die Zinserhöhung die richtige Therapie, um die Wirtschaft abzukühlen, die Preisstabilität wiederherzustellen und die Voraussetzungen für einen neuen Aufschwung zu schaffen. In diesem Falle müßte man eine Phase gedrückter Aktivität und steigender Arbeitslosigkeit als Voraussetzung für einen neuen Aufschwung in Stabilität ansehen.

Komplizierter noch wird die Beurteilung, wenn man außenwirtschaftliche Elemente einbezieht. Es kann zum Beispiel sein, daß eine Volkswirtschaft – etwa die Bundesrepublik nach Herstellung der Einheit – ein hohes Leistungsbilanzdefizit finanzieren muß, weil sie mehr importiert als exportiert. Dazu muß sie ausländisches Kapital anziehen. Dies erfordert auch dann höhere Zinsen, wenn aufgrund der inneren Konjunkturlage ein niedriges Zinsniveau angebracht wäre.

Auch Volkswirtschaften, deren Währungen in der Vergangenheit häufig abgewertet wurden und die durchschnittlich höhere Inflationsraten hatten, müssen, schon um das eigene Kapital im Land zu halten, höhere Zinsen akzeptieren, als aus rein binnenwirtschaftlichen Gründen notwendig wäre.

Der oben beschriebene Mechanismus der konjunkturellen Wiederbelebung einer Volkswirtschaft durch sinkende Zinsen funktioniert jedoch nicht immer. Von einem bestimmten Grad der Unterauslastung in einer Volkswirtschaft insgesamt oder bei wichtigen Wirtschaftszweigen lösen selbst extrem niedrige Zinsen keine neuen Investitionen aus, weil die vorhandenen Kapazitäten auch für eine beträchtliche Produktionsausweitung ausreichend sind. In diesem Fall kann eine Volkswirtschaft bei erheblicher Unterbeschäftigung stagnieren, es sei denn, man nimmt ein unrealistisch hohes Absinken der Löhne an.

Diese sogenannte *Liquiditätsfalle* – die Rendite realer Investitionen ist so gering, daß selbst extrem niedrige Zinsen keine Anstoßwirkung auf die Investitionen haben – war in den dreißiger Jahren der Auslöser der Theorien des britischen Ökonomen John Maynard Keynes. Dessen wesentlichste Erkenntnis lautete, daß in solchen Fällen der Staat durch kreditfinanzierte staatliche Investitionsausgaben den Aufschwung in Gang setzen müsse. Dies war die Quelle einer neuen volkswirtschaftlichen Denkschule, des Keynesianismus, der die volkswirtschaftliche Theorie seit den dreißiger Jahren bis Mitte der sechziger Jahre dominierte und auch auf die wirtschaftspolitische Praxis großen Einfluß ausübte. Kernpunkt der wirtschaftspolitischen Anwendung der Keynesianischen Theorie war die Auffassung, der Staat müsse (und könne) seine Ausgaben so steuern, daß eine stetige gesamtwirtschaftliche Nachfrageentwicklung größere wirtschaftliche Einbrüche schon im Ansatz verhindere. Das Deutsche Stabilitäts- und Wachstumsgesetz von 1969 war der gesetzgeberische Ausdruck der damaligen Dominanz keynesianischer Ideen, die in Deutschland erst verspätet zum Durchbruch gekommen waren. Keynesianer legten auch Wert darauf, daß es die wesentliche Aufgabe der Geldpolitik sei, für eine stets ausreichende Geldversorgung und niedrige Zinsen zu sorgen. Der Geldmenge kam in ihren Theorien keine Bedeutung zu.

Die mit den Keynesianischen Theorien einhergehende eher lockere Geldpolitik und unbekümmerte Staatsverschuldung führten von Anfang der sechziger bis Anfang der achtziger Jahre zu einem weltweiten Anstieg der Inflationsraten und der Staatsverschuldung, wobei Deutschland sich diesem Trend erst verspätet anschloß. Gleichwohl nahm seit Anfang der siebziger Jahre in den westlichen Industriestaaten die sogenannte strukturelle Arbeitslosigkeit zu – in Europa hält die kontinuierliche Zunahme der Arbeitslosigkeit auch heute noch an – während die wirtschaftlichen Wachstumsraten zunächst zurückgingen und seit Anfang der achtziger Jahre durchweg auf wesentlich niedrigerem Niveau als in den ersten drei Jahrzehnten nach dem Weltkrieg liegen.

Schon in den sechziger Jahren hatten die sogenannten Monetaristen, der bekannteste unter ihnen ist Milton Friedman, eine wirtschaftstheoretisch-ideologische Gegenoffensive zum Keynesianismus eingeleitet. Sie zeigten, daß in dem Umfang, in dem Volkswirtschaften sich an höhere Inflationsraten gewöhnen, der beschäftigungssteigernde Effekt einer lockeren Geld- und Fiskalpolitik verpufft. Der Versuch, auch bei höherem Inflationssockel mit geld- und fiskalpolitischen Mitteln die

Beschäftigung zu steigern, hat nur kurzfristige Effekte. Wenn dann wegen des Überbordens von Inflation und Staatsverschuldung der notwendige restriktive Kurs der Geldpolitik doch eingeschlagen werden muß, ist man in der schlechtesten aller Welten, einem Gleichgewicht bei Inflation und Unterbeschäftigung, der sogenannten Stagflation. Stagflation kennzeichnete die Lage vieler westlicher Volkswirtschaften in den siebziger und frühen achtziger Jahren. In einer Situation extremer Stagflation wurde 1979 in England Labour abgewählt und Margaret Thatcher Premierminister.

Monetaristen halten die staatlichen Haushalte mit der gesamtwirtschaftlichen Nachfragesteuerung sachlich und politisch für überfordert. Sie meinen, daß die Geldpolitik sich allein auf das Ziel der Inflationsbekämpfung richten soll, und daß dies am besten gelingt, wenn die Geldmenge auf längere Sicht möglichst stetig und in Einklang mit den gesamtwirtschaftlichen Wachstumsmöglichkeiten zunimmt. Hinreichend niedrige Zinsen würden sich auf diesem Wege von ganz alleine einstellen. Die Verantwortung für das Beschäftigungsniveau liege weder bei der Geldpolitik noch bei der staatlichen Fiskalpolitik, sondern bei den handelnden Personen und Institutionen auf dem Arbeitsmarkt sowie beim staatlich gesetzten Rechts- und Ordnungsrahmen.

Gegenwärtig sind in den meisten westlichen Industrieländern die Regierungen und die Notenbanken Anhänger eines gemäßigten Monetarismus. Der Keynesianismus hat seine Anziehungskraft verloren, da die praktische (wenn auch zumeist fehlerhafte) Anwendung seiner Lehren am Ende in eine Situation hoher Arbeitslosigkeit, hoher Inflation und hoher Staatsverschuldung führte. Weitgehende Einigkeit besteht auch international mittlerweile darin, daß sich die Notenbank – unter Beachtung aller gesamtwirtschaftlichen Ziele – neben der Sicherung einer ausreichenden Geldversorgung in erster Linie auf die Sicherung der Geldwertstabilität konzentrieren soll.

Heute hat sich in der geldpolitischen Diskussion der Gegensatz zwischen Monetaristen und Keynesianern entspannt. Es besteht grundsätzlich Einigkeit, daß die Geldpolitik die Beschäftigung am besten fördert, indem sie durch stabile Preise für niedrige Zinsen ohne Inflationsprämie sorgt. Und es besteht auch weitgehend Einigkeit darüber, daß die praktische Geldpolitik sich zur Erreichung ihrer Ziele nicht ausschließlich auf das geldpolitische Zwischenziel »Geldmenge« stützen kann, sondern eine Vielzahl von Indikatoren auch dann beachten muß, wenn ihre theoretische Fundierung auf schwankendem Boden steht.

Gleichwohl lassen sich auch jetzt noch typische Auffassungsunterschiede zur Rolle der Geldpolitik sowie der staatlichen Wirtschafts- und Finanzpolitik auf die oben beschriebenen Positionen zurückführen. Es ist auch kein Zufall, daß keynesianisch gefärbte Meinungen eher mit »linken« und monetaristisch gefärbte Meinungen eher mit »konservativen« Positionen Hand in Hand gehen. Deshalb hat diese seit nunmehr dreißig Jahren währende Kontroverse auch bei der Diskussion über die Europäische Wirtschafts- und Währungsunion eine hohe Relevanz.

Funktionen des Geldes

Wir haben gesehen, daß das Geld als »Schleier« über den realen Vorgängen der Volkswirtschaft liegt, weil es relativ gleichgültig ist, ob man beispielsweise in DM oder in Lire rechnet. Gleichwohl bringt erst dieser »Schleier« die unterschiedlichsten Dinge des Wirtschaftslebens auf ein einheitliches Maß. Über ihre Preise werden selbst Äpfel und Birnen vergleichbar. Erst die Funktion des Geldes als *Recheneinheit* schafft einen Maßstab für die Bewertung unterschiedlicher Güter sowie für die Berechnung und den Vergleich von Einkommen und Vermögen. Die psychologische Bedeutung einer einheitlichen

Europäischen Währung liegt zuallererst in ihrer Eigenschaft als universaler einheitlicher Recheneinheit begründet, weil die Menschen plötzlich Preise und Löhne unmittelbar vergleichen können. Hier liegt aber auch eine Gefahr – die Gefahr nämlich, daß die Vergleichbarkeit Angleichungen von Preisen und Löhnen über das wirtschafts- und beschäftigungspolitisch vertretbare Maß hinaus unterstützt (vgl. Kapitel 10 und 11).

Als *Tauschmittel* für Güter und Dienste wird Geld aber nicht deshalb akzeptiert, weil sich mit ihm so schön rechnen läßt, sondern weil der Geldschein, die Münze oder das Bankguthaben einen eigenständigen Wert haben: Sie können jederzeit für den Kauf beliebiger Güter und Dienste verwendet werden, ohne daß sie durch Lagerung verderben oder an Brauchbarkeit verlieren.

Das führt zur dritten Funktion des Geldes, der Funktion als *Wertaufbewahrungsmittel*. Wer heute gewonnenes Einkommen erst in der Zukunft verzehren will, muß sich zu diesem Zweck nicht mit der Verderblichkeit oder dem Platzbedarf physischer Güter herumschlagen. Er bildet Geldvermögen, hat Sparbücher, Lebensversicherungen etc. Allerdings hängt der Nutzen des Geldes als Wertaufbewahrungsmittel entscheidend von der Frage ab, ob es seinen Wert auch im Zeitablauf behält. Ohne ein gewisses Maß an Preisstabilität kann Geld seine Funktion als Wertaufbewahrungsmittel nicht erfüllen. Ein geringes jährliches Maß an Geldentwertung hat sich seit dem 2. Weltkrieg weltweit als offenbar unvermeidlich herausgebildet. In Deutschland ist der Geldwert in den letzten Jahrzehnten durchschnittlich um 3 % pro Jahr gesunken. Dies ist unschädlich, solange sich die Geldentwertung nicht dauerhaft beschleunigt und solange der Wertverlust durch die Zinserträge überkompensiert wird. Die Realverzinsung in Deutschland (also der Zins abzüglich Inflationsausgleich) lag in den letzten Jahrzehnten in Deutschland durchschnittlich bei 4 % (vgl. Schaubild 3).

Schaubild 3: *Inflation, nominale und reale Zinsen*

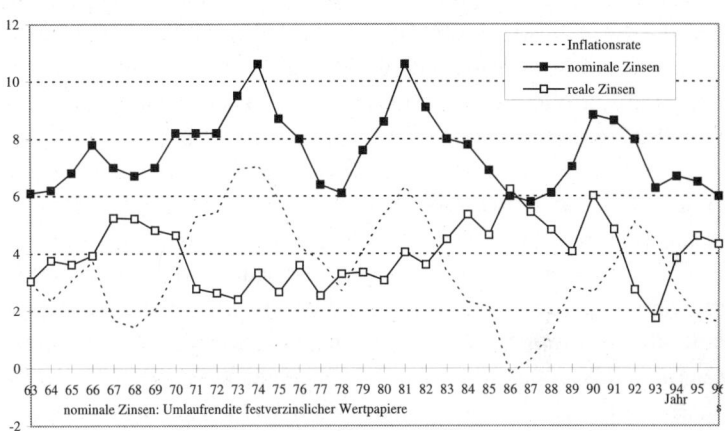

%

nominale Zinsen: Umlaufrendite festverzinslicher Wertpapiere

Quellen: Deutsche Bundesbank Monatsberichte; Deutsche Bundesbank: 40 Jahre DM – Monetäre Statistiken 1948-1987; SVR-Gutachten 95/96; eigene Berechnungen; 1996: Schätzung

Hohe und sich gar beschleunigende Inflationsraten beeinträchtigen allerdings nicht nur die Wertaufbewahrungs-, sondern auch die Tauschmittel- und Recheneinheitsfunktion des Geldes: Währungen, die schnell an Wert verlieren, werden als Zahlungsmittel zwar gerne hingegeben, aber ungern angenommen, weil auch kürzere Phasen der »Lagerung« seinen Wert vermindern. Stark inflationierende Währungen sind auch eine ungeeignete Recheneinheit, weil sich erstens ihre Parität zu stabileren Währungen ständig ändert und weil zweitens der Vergleich unterschiedlicher Zeiträume erschwert wird.

Geld und Wirtschaftsordnung

In der marktwirtschaftlichen Ordnung ergibt sich der Wert des Geldes aus den Nachfrage- und Angebotsverhältnissen für alle Güter und Dienstleistungen am Markt. Auch Geld wird, wie oben gezeigt, bis auf eine geringe Grundversorgung mit Mün-

41

zen und Banknoten nur in dem Umfang in Umlauf gebracht, in dem Banken, Unternehmen und Konsumenten Geld nachfragen. Es ist insoweit ein am Markt handelbares »Gut« wie andere Güter auch. Und wie alle knappen Güter kostet auch Geld seinen Preis, nämlich den Zins. Daraus ergibt sich, daß sowohl der Umfang der umlaufenden Geldmenge als auch die den Geldwert bestimmenden Preise von Gütern und Diensten durch die Geldpolitik nur indirekt beeinflußt werden. Für Einzeleingriffe in die Ergebnisse des Marktprozesses eignet sich diese indirekte Beeinflussung überhaupt nicht. Es gibt jedoch in einer funktionierenden marktwirtschaftlichen Ordnung immer die Möglichkeit, durch knappe Geldversorgung sowohl das Güterangebot reichlich als auch die Preise weitgehend stabil zu halten. In einer wirklichen Marktwirtschaft sind Geld wie Güter international unbeschränkt handelbar, die Währung ist also konvertibel.

Anders ist dies in Wirtschaftssystemen, in denen der Staat systematisch versucht, die wirtschaftlichen Abläufe und Ergebnisse direkt zu steuern. Zwar sind die Planwirtschaften des ehemaligen Ostblocks von 1989 bis 1991 sämtlich untergegangen. Planwirtschaftliches Denken und institutionelle Reste der alten Planwirtschaft gibt es aber noch in vielen Staaten der Erde. Typisch planwirtschaftliche Elemente sind beispielsweise:

- Für bestimmte Investitionen und andere Verwendungszwecke, beispielsweise die Finanzierung der Staatsausgaben, werden die Kreditzinsen künstlich niedrig und die Finanzmittel reichlich gehalten. Der Notenbank wird aufgegeben, eine entsprechende Geldversorgung sicherzustellen.

- Als Konsequenz ist in der Wirtschaft im Verhältnis zum Güterangebot zu viel Geld in Umlauf, die Preise steigen. Darauf reagiert der Staat mit einer umfassenden Regulierung aller Löhne und Preise.

- Damit können sich die Preise nicht mehr an wechselnde Kosten- und Knappheitsverhältnisse anpassen, es kommt zum allmählichen Aufbau struktureller Verzerrungen.

- Da die staatlich festgelegten Preise großenteils unter den Knappheits- und Kostenpreisen liegen, verschwinden alle angebotenen attraktiven Güter sehr schnell vom Markt. Weil man sich infolgedessen für das staatliche Geld nur wenig Attraktives kaufen kann, werden knappe Güter bestimmungswidrig gegen andere attraktive Waren unmittelbar eingetauscht oder nur gegen Devisen verkauft.
- Das System staatlich kontrollierter Preise läßt sich nur durch umfassende Abschirmung vom Weltmarkt durchsetzen. Deshalb wird der Außenhandel staatlich kontrolliert. Da die eigene Währung für In- und Ausländer auch aus diesem Grund ziemlich unattraktiv ist und zu entsprechend niedrigen Wechselkursen führen würde, wird der freie Handel mit der eigenen Währung untersagt. Lediglich der Staat kauft zu staatlich festgelegten Wechselkursen. Daneben existiert jedoch ein lebhafter Schwarzmarkt, wo das Geld der Planwirtschaft wesentlich günstiger angeboten wird.

Abstrakt gesprochen: In der Planwirtschaft hat das Geld einen anderen Charakter: Da die Preise Kosten und Knappheiten nicht angemessen widerspiegeln, ist das Geld als aussagefähige Recheneinheit nur beschränkt brauchbar. Es ist auch kein allgemein akzeptiertes Tauschmittel. Diese Rolle nehmen knappe Güter (»Zigarettenwährung« vor der Währungsreform) oder Devisen wahr. Und auch die Wertaufbewahrungsfunktion kann das Geld in der Planwirtschaft nur beschränkt wahrnehmen, da zur Erlangung der meisten wichtigen Güter Geld alleine nicht ausreicht. So etwa wie oben beschrieben war die geldwirtschaftliche Situation in der DDR beim Fall der Mauer.

Geldpolitik und nationale Eigenart

Es gibt aber auch in den Marktwirtschaften des Westens durchaus ordnungspolitische Traditionen, die die Geldpolitik über die Sicherung des Geldwerts hinaus als Instrument staatlicher Politik einsetzen möchten:

So herrschte in der französischen Nachkriegstradition der »Planification« die Auffassung, die Aufgabe der Geldpolitik sei es, im Dienste der Wachstums- und Beschäftigungspolitik für möglichst niedrige Zinsen zu sorgen und gleichzeitig jene Wechselkurse zu verteidigen, die die Regierung, sei es aus Konkurrenz-, sei es aus Prestigegründen, für die richtigen hielt. Folgerichtig war auch die französische Zentralbank nicht unabhängig, sondern gegenüber der Regierung weisungsgebunden. Ergebnis war eine durchweg wesentlich höhere Inflationsrate als in Deutschland und eine bis in die achtziger Jahre andauernde sich in Schüben vollziehende fortgesetzte Abwertung des französischen Franc. Bei der Einführung des neuen Franc 1958 kostete 1 Franc 1 DM, heute kostet ein Franc noch 30 Pfennig.

Die fortgesetzte Abwertung des Franc hörte erst auf, als die Banque de France sich im Rahmen des EWS (siehe Kapitel 4) strikt an der Geldpolitik der Bundesbank ausrichtete. War das Prestigebewußtsein der Franzosen in den sechziger und siebziger Jahren durch die immer stärkere DM gekränkt worden, so litt und leidet es in den achtziger und neunziger Jahren an der währungspolitischen Führungsrolle der Bundesbank. Hier liegt einer der mächtigsten Antriebe Frankreichs für eine einheitliche Europäische Währung. Um diese zu erlangen, gaben sie sogar ihr Dogma von der dienenden Rolle der Geldpolitik auf. Am 1.1.1994 erhielt die französische Zentralbank nach deutschem Vorbild volle Unabhängigkeit. In den letzten 10 Jahren hat die französische Politik in bezug auf Preise, Löhne und Zinsen ein Stabilitätsumfeld geschaffen, das dem deutschen gleichkommt.

Anders dagegen Großbritannien. Auch dort ist die Politik der Zentralbank von den Weisungen des Finanzministers abhängig. Zwar findet eine direkte Finanzierung des Staatsdefizits durch Notenbankkredit heute in England nicht mehr statt. Gang und gäbe aber ist es, daß der Kurs der englischen Geldpolitik von Zeit zu Zeit aufgrund rein politischer Erwägungen gelokkert oder gestrafft wird. »Rein zufällig« geht den englischen Parlamentsphasen fast immer eine Periode leichten Geldes voraus, während in der Zeit unmittelbar nach der Wahl das Gewicht eher auf der Inflationsbekämpfung liegt. England war bisher auch nicht bereit, als Voraussetzung für die Teilnahme an der Europäischen Währungsunion seiner Notenbank, so wie es der Maastricht-Vertrag vorsieht, einen unabhängigen Status zu geben.

Insbesondere südeuropäische Länder haben eine »große« Tradition darin, die finanziellen Probleme des öffentlichen Sektors auch mit Hilfe der Geldpolitik zu lösen, sie haben deshalb in der Europäischen Union allesamt nach wie vor überdurchschnittliche Inflations- und Verschuldungsraten.[1]

Im Rahmen der Diskussion um die notwendige wirtschaftliche, insbesondere aber finanzpolitische Konvergenz als Voraussetzung für den Beitritt zur Europäischen Währungsunion hat die Frage eine erhebliche Bedeutung, ob nationale Traditionen einer etwas sorgloseren Geld- und Finanzpolitik mit Beginn der Währungsunion ohne weiteres beendet werden können und – wenn nein – welcher Schaden davon für Geldwertstabilität und Wirtschaftsentwicklung in der Währungsunion ausgehen kann.

---

1 Im Rahmen des Konvergenzprozesses der letzten Jahre sind die Unterschiede zur übrigen EU allerdings, insbesondere im Fall von Spanien und Portugal, wesentlich kleiner geworden. Vgl. Abschnitt 6.2.1.

2. Das Geld in der Weltwirtschaft

Seit etwa 600 Jahren nimmt die wirtschaftliche Verflechtung in der jeweils bekannten Welt – mit Sprüngen und Unterbrechungen – ständig zu: Der sogenannte Levantehandel der oberitalienischen Städte und die Aktivitäten der Hansestädte an Nord- und Ostsee im Mittelalter, die Entdeckung Amerikas und des Seewegs nach Indien zu Beginn der Neuzeit, das Kolonialzeitalter, die Öffnung Japans, das industrielle Erwachen Südostasiens, die Öffnung Chinas und der Zusammenbruch der Planwirtschaften des Comecon – dies alles führte zu einer ständigen Intensivierung der Handelsbeziehungen und Produktionsverflechtungen in der Welt, die sich in den letzten Jahrzehnten nochmals immens beschleunigt hat.

Schaubild 4: *Ausfuhrvolumen und Exportquote seit 1960*

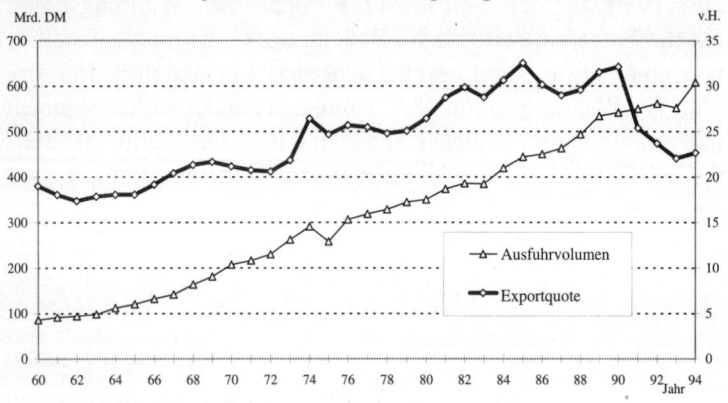

Quelle: Jahresgutachten des Sachverständigenrates 1995/96; eigene Berechnungen

1960 exportierte die Bundesrepublik Waren im Wert von 13,5 % des Bruttoinlandsprodukts. 1995 betrug der Wert der deutschen Exporte 21,7 % des Bruttoinlandsprodukts, davon gingen 55 % in Staaten der Europäischen Union. Seit 1980 wuchs die Weltwirtschaft um 52 %, der Welthandel aber um 103 %. Dieses Wachstum wird mehr und mehr auch aus den zunehmenden Produktionsverflechtungen gespeist, wenn z.B. für ein in Spanien montiertes Auto Teile aus Deutschland verwandt werden oder wenn eine deutsche Schuhfabrik Zuschnitt und Näharbeiten in die Ukraine vergibt.

Entsprechend wuchsen auch die internationalen Finanzierungsströme. Gegenwärtig beträgt das tägliche (!) weltweite Handelsvolumen an Devisen 2170 Mrd. DM. Nur ein Teil davon ist durch den Handel verursacht. Ein großer Teil geht auf Kosten der sogenannten Devisenspekulation oder ist Ausfluß von Kurssicherungsgeschäften, denn die Währungsschwankungen sind ohne Kurssicherungen für viele Exporteure und Importeure ein großes Risiko, sie bieten allerdings dem Spekulanten auch große Gewinnchancen.

Der Goldstandard

Händler, Produzenten, Wirtschaftswissenschaftler und Politiker haben immer wieder von einer einheitlichen Weltwährung geträumt. Und im 19. Jahrhundert schien es auch fast soweit zu sein. Nach einer Periode der Unruhe mit starkem Wachstum der Industrieproduktion, der Bevölkerungen sowie der internationalen Handels- und Finanzbeziehungen begann sich seit Mitte des 19. Jahrhunderts der *Goldstandard* als allgemeiner Währungsstandard durchzusetzen. Goldstandard bedeutete, daß die Staaten bzw. ihre Notenbanken ihre wesentlichen Münzen in Gold prägten und die jederzeitige Einlösbarkeit der übrigen Münzen (der sog. Scheidemünzen) sowie auch ihrer Banknoten in Gold garantierten. Damit standen die Währungen aller am Goldstandard teilnehmenden Länder über den Bezug zum Gold in einem stabilen Austauschverhältnis.

Die einzelnen Länder waren natürlich frei, Scheidemünzen und Banknoten in Umlauf zu bringen. Sobald dies allerdings im Übermaß geschah, stiegen im Inland die Preise und es entstand ein Defizit im Außenhandel. Bei der Zentralbank wurden die Banknoten verstärkt in Gold eingetauscht, welches entweder ins Ausland abfloß oder im Inland gehortet wurde. Damit verringerte sich automatisch der Geldumlauf, und das knappere Geld erzwang ein stabilitätsgerechtes Verhalten aller Beteiligten.[1] Für alle Länder, die die jederzeitige Einlösbarkeit ihrer Banknoten und Scheidemünzen in Gold tatsächlich sicherstellten, bedeutete der Goldstandard die faktische Teilnahme an einer einheitlichen Weltwährung mit großen Vorteilen für die beteiligten Volkswirtschaften:

- Es gab kein Wechselkursrisiko. Handel und weltwirtschaftliche Arbeitsteilung konnten sich in bezug auf die Währungsfrage so entfalten, als ob es sich um einen einheitlichen Wirtschaftsraum handelte.
- Es gab keine Kapitalverkehrskontrollen, das Kapital konnte frei dorthin fließen, wo es am nötigsten gebraucht wurde und die besten Anlagemöglichkeiten fand.
- Es gab für die beteiligten Länder einen wirksamen Zwang zu stabilitätsgerechter Haushalts- und Währungspolitik, weil übermäßige Außenhandelsdefizite, steigende inländische Preise oder fehlendes Vertrauen in die Solidität der Staatsfinanzen sofort zu Goldabflüssen und damit zu einer Schrumpfung der Geldmenge und schließlich auch der Wirtschaftsaktivität im Bereich der betroffenen Währung geführt hätten.
- Wegen des fehlenden Inflationsrisikos war das Zinsniveau sehr niedrig. Zwischen 1870 und 1914 kosteten z.B. Hypo-

---

1 Horst Siebert spricht sehr schön davon, daß im Goldstandard »quasi Newton'sche Bewegungen des Goldes eine stabile Währung« erzwangen. Vgl. H. Siebert: Bedingungen für eine stabile Europäische Währung, in: Die Weltwirtschaft, Heft 1/1992, S. 41.

thekendarlehen im Deutschen Reich durchschnittlich nur
4 %, also 3,5 Prozentpunkte weniger als der durchschnittliche Hypothekenzins in der Bundesrepublik von 1960 bis
1995.

Die wachsende Bedeutung des Goldstandards führte zu Bemühungen, auch formal eine Weltwährung zu schaffen. Diese
Weltwährung sollte eine gemeinsame Goldwährung mit der 5-
Franc-Goldmünze als gemeinsamer Recheneinheit sein. Allerdings wurde ein entsprechender Beschluß der 1867 in Paris
stattfindenden Weltwährungskonferenz letztlich doch nicht
umgesetzt.[2]

Auch der Goldstandard beruhte auf der freiwilligen Teilnahme der betroffenen Länder. In Italien wurde die Goldeinlösungspflicht wegen staatlicher Finanzkrisen – erstmals anläßlich des italienisch-österreichischen Krieges 1866 – mehrfach
ausgesetzt, und auch Frankreich setzte die Goldeinlösungspflicht 1870 anläßlich des deutsch-französischen Krieges bis
1878 aus.

Die lateinische Münzunion

Innerhalb des Goldstandards gab es in Form der lateinischen
und der skandinavischen Münzunion zwei Versuche, ein mehrere Staaten umfassendes einheitliches Währungsgebiet mit ein-
heitlichem Münz- und Notenumlauf zu schaffen.[3]

---

2 Vgl. Th. Theurl: Währungsunionen ohne politische Integration, die lateinische und
die skandinavische Münzunion, Vortrag beim 9. Wissenschaftlichen Kolloquium
des Instituts für bankhistorische Forschung in Frankfurt am 3. November 1995, in:
Deutsche Bundesbank, Auszüge aus Presseartikeln, Nr. 76/1995, S. 5.

3 Vgl. die Darstellung bei Theresia Theurl: a.a.O., S. 6 ff., wo die Vorgeschichte
beider Münzunionen, ihre Funktionsabläufe und die Gründe für ihr letztendliches
Scheitern detailliert herausgearbeitet werden.

An der lateinischen Münzunion nahmen seit 1866 Frankreich, Italien, Belgien und die Schweiz, später auch Griechenland teil. Grundlage war der sogenannte bimetallische Standard Frankreichs. In diesem Standard waren aufgrund eines festen Austauschverhältnisses von Gold und Silber sowohl Gold- als auch Silbermünzen in Umlauf. Da die Wertverhältnisse zwischen Gold und Silber aber wechselten – zunächst stieg der Silberpreis, später der Goldpreis – waren mal die einen, mal die anderen Münzen knapp. Da der Goldpreis außerdem schließlich dauerhaft stieg, war die Pflicht, Silber gegen Gold in einem fixierten Wertverhältnis zu tauschen, eine beachtliche schwebende Schuld über der gesamten Münzunion, die zudem noch wegen der unterschiedlichen Prägeanteile der einzelnen Länder ungleichgewichtig verteilt war, wie überhaupt die Verteilung der Prägerechte auf die einzelnen Länder Anlaß für ständige Streitereien war. Auch die unterschiedliche Ausgabe von Papiergeld durch die nationalen Notenbanken innerhalb der Münzunion führte zu Problemen. Insbesondere die reichliche Papiergeldausgabe in Italien und Griechenland führte dazu, daß der inländische Zahlungsverkehr vor allem mit Papiergeld abgewickelt wurde, während die Edelmetallmünzen, die gegenüber dem Papiergeld mit einem Zuschlag gehandelt wurden, zu den Partnern der Münzunion abflossen und dort für eine Geldschwemme sorgten. Korrigierende Aktionen in Form von Münzeinsammlung, Repatriierung und Eintausch gegen einzuziehendes Papiergeld brachten immer nur begrenzte Erfolge, solange Haushaltsdefizite für die Ausgabe neuen Papiergeldes sorgten. Mit zahlreichen Unvollkommenheiten schleppte sich die lateinische Münzunion dahin, bis sie im 1. Weltkrieg durch Suspendierung der Goldeinlösungspflicht faktisch und 1927 auch formell aufgelöst wurde.

Die skandinavische Münzunion

Die skandinavische Münzunion wurde 1872 von Schweden, Norwegen und Dänemark gegründet. Sie funktionierte um einiges besser als die lateinische Münzunion, weil sie auf einem reinen Goldstandard beruhte und nicht mit den besonderen Problemen eines bimetallischen Standards belastet war. Außerdem wiesen die drei Länder hinsichtlich institutioneller Ordnung, einschließlich der Bestimmungen über das Notenbankwesen, und Mentalität wesentlich größere Ähnlichkeiten auf. Jedoch blieb das Recht zur Ausgabe von Banknoten bei den drei nationalen Notenbanken. Da die Politik bei der Ausgabe von Banknoten sehr ähnlich war und es deshalb zu inflatorischen Überhängen in einem einzelnen Land nicht kam, funktionierte die skandinavische Münzunion einige Jahrzehnte lang so gut, daß 1894 sogar vereinbart wurde, die gegenseitigen Banknoten zum Nennwert zu akzeptieren. In den Jahren vor dem 1. Weltkrieg veränderten sich jedoch die Relationen des Banknotenumlaufs, da Dänemark und Norwegen bei der Notenausgabe großzügiger waren. Dies hatte entsprechende Goldabflüsse aus diesen beiden Ländern nach Schweden zur Folge, da die schwedische Notenbank die bei ihr eingereichten Noten bei der dänischen und norwegischen Notenbank gegen Gold eintauschte. Die unterschiedliche Notenausgabepolitik vermehrte die Spannungen in der Münzunion, und nach mehreren Reformversuchen wurde zunächst die Verpflichtung, die Banknoten der Partner zum Nennwert anzunehmen, und schließlich auch die gegenseitige Anerkennung der Münzen als gesetzliches Zahlungsmittel aufgehoben. Das formelle Ende der Münzunion kam 1924. Die Rückkehr der drei Währungen zum Goldstandard erfolgte isoliert voneinander und zu unterschiedlichen Zeitpunkten.

Betrachtet man die Ursachen für das Scheitern der beiden Münzunionen, so kommt man dabei – neben Sonderfaktoren, wie den zeitweiligen kriegerischen Verwicklungen einzelner Teilnehmerstaaten oder den Problemen des Bimetallstandards – auf einen zentralen Punkt, nämlich die *fehlende Zentralisierung der geldpolitischen Kompetenzen.* Solange jeder Teilnehmerstaat die Ausgabe von Banknoten grundsätzlich nach eigenen Prioritäten betreiben konnte, halfen alle Abkommen und gegenseitigen Versprechungen nichts. Es bauten sich immer wieder Ungleichgewichte auf, die aus einer unterschiedlich expansiven Banknotenausgabe herrührten und im Ergebnis zu Edelmetallwanderungen von einem Land ins andere sowie zu vom Nennwert abweichenden Notenkursen führten. Letztlich scheuten sich die beteiligten Staaten, den mit dem Verzicht auf eigene Banknoten einhergehenden Verzicht an staatlicher Souveränität zu akzeptieren. Eine gemeinsame Notenbank hätte ja auch nur eine von staatlicher Einflußnahme unabhängige Notenbank sein können, solange es eine gemeinsame übergreifende staatliche Ebene nicht gab. Das entsprach aber damals nirgendwo dem Standard politischen Denkens.

Der Goldstandard war für die damalige Staatenwelt deshalb ein so ideales System, weil die objektive und unaufhebbare Knappheit des Goldes die fehlende zentrale geldpolitische Instanz quasi substituierte. Die Akzeptanz der Währung des einzelnen Staats – sowohl bei den eigenen Bürgern als auch im Ausland – war automatisch gesichert, solange in Goldmünzen gezahlt wurde. Bei Banknoten hing die Akzeptanz davon ab, daß die Glaubwürdigkeit der jederzeitigen Einlösbarkeit in Gold zweifelsfrei war. Sonst gab es Kursabschläge bis hin zur gänzlich fehlenden Akzeptanz. Damit hatte die Politik der einzelnen Notenbank einen klaren, nicht manipulierbaren Leitfaden.

Die kaum beeinflußbare Knappheit des Goldes zog aber auch die Grenzen der Leistungsfähigkeit des Goldstandards. Da die mit dem Wachstum von Produktion und Handel einhergehenden Finanzierungsbedürfnisse schneller zunahmen als die

Menge des Währungsgoldes, sank allmählich der Deckungs-
grad des Notenumlaufs mit Gold. Dies machte das System
anfälliger gegen Vertrauenskrisen aller Art und hätte auch ohne
Ersten Weltkrieg und Weltwirtschaftskrise zu seiner Aufgabe
geführt.

Die Weltwährungsordnung von Bretton Woods

Während des 1. Weltkriegs hatten die meisten Staaten die
Goldeinlösungspflicht ihrer Währungen ausgesetzt. Der zu
Zwecken der Kriegsfinanzierung erheblich gestiegene Notenumlauf brachte zusammen mit den Übergangsproblemen der
Nachkriegszeit bei vielen Staaten in unterschiedlichem Umfang
inflationäre Tendenzen hervor, wobei die große Inflation Anfang der zwanziger Jahre im Deutschen Reich besonders her-
vorstach. Bei der Neuordnung kehrte ein Teil der Staaten zum
Goldstandard zurück, ein Teil verzichtete auf die Goldeinlösungspflicht seiner Währung. Die dreißiger Jahre waren ge-
kennzeichnet von wiederholten Paritätsänderungen, Devisen-
kontrollen und mangelhafter Konvertibilität, was auf den Außenhandel zusätzlich zu den Folgen der Weltwirtschaftskrise
einen negativen Einfluß hatte.

Besonders schädlich waren in den dreißiger Jahren die Bemühungen vieler Staaten, sich durch Abwertungen ihrer Währungen Wettbewerbsvorteile für ihren Export zu verschaffen
und gleichzeitig Importe auf dem Inlandsmarkt zurückzudrän-
gen. Solange die anderen Staaten »stillhielten«, konnte man
damit zwar der eigenen Wirtschaft helfen, nicht aber, wenn sich
die Konkurrenten desselben Instrumentes bedienten.

Die Ideen von John Maynard Keynes (vgl. Seite 36 ff.) waren der Ausgangspunkt für die vollständige Neuordnung des
Weltwährungssystems nach dem 2. Weltkrieg. Diese Neuordnung war bereits 1944 auf der Währungskonferenz von Bretton

Woods (USA) festgelegt worden und hatte folgende wesentliche Eckwerte:

- Die Währungen aller teilnehmenden Staaten erhielten feste Paritäten zum Dollar und dieser eine feste Parität zum Gold. Ein Recht auf Eintausch von Dollar in Gold hatten aber nur die Notenbanken, ansonsten war die Goldeinlösungspflicht abgeschafft.
- Die teilnehmenden Länder verpflichteten sich auf die Sicherung der festen Wechselkurse durch entsprechende An- und Verkäufe am Devisenmarkt.
- Alle Teilnehmer wurden Mitglied im neugegründeten Internationalen Währungsfonds und leisteten dort bestimmte Einzahlungen.
- Der Fonds hatte die Aufgabe, den teilnehmenden Ländern aus seinen Fondsmitteln bei Bedarf und nach bestimmten Regeln Devisenkredite zu geben. Damit sollten alle Länder in die Lage versetzt werden, zu den festgesetzten Wechselkursen den Devisenverpflichtungen ihrer Notenbanken nachzukommen.
- So sollte vermieden werden, daß in Zahlungsnot geratene Länder zu Handelsbeschränkungen oder Devisenbewirtschaftung griffen, um den Wechselkurs zu verteidigen, oder einseitige Wechselkursveränderungen vornahmen.

Insgesamt sollte der Fonds mit seiner Politik sicherstellen, daß die internationale Liquidität im Gleichschritt mit dem Welthandel wachsen konnte, ohne daß es zu inflationären Tendenzen einerseits oder internationalen Liquiditätskrisen andererseits kam. Aus der Weltwirtschaftskrise hatte man gelernt, daß weltwirtschaftliche Störungen aufgrund des Zusammenbruchs von Zahlungsketten oder unkoordinierter Abwertungen einzelner Währungen möglichst vermieden werden mußten, wollte man nicht unkontrollierbare Folgewirkungen haben.

Dieses System funktionierte zunächst sehr gut. Bis Ende der fünfziger Jahre wurden die wichtigsten teilnehmenden Währungen stufenweise voll konvertierbar. Wirtschaftswachstum und Welthandel wurden weitgehend inflationsfrei finanziert. Allmählich zunehmende Spannungen ergaben sich aber aus der Sonderrolle des Dollar, der für die übrigen teilnehmenden Währungen praktisch an die Stelle des Goldes getreten war. Aufgrund der internationalen Aufgaben der USA, später auch wegen der Finanzierung des Vietnamkrieges, wuchsen die Dollarforderungen in der Welt stärker als die übrigen Devisenbestände. Auch bauten sich bei den festen Wechselkursparitäten in einigen Ländern hartnäckige Leistungsbilanzdefizite, in anderen Leistungsbilanzüberschüsse auf.

Die überraschende Aufwertung der D-Mark gegenüber dem Dollar 1961 um 5 % war ein erstes Anzeichen dafür, daß es im Gebälk des Systems von Bretton Woods krachte, der sich immer weiter beschleunigende Zuwachs der außerhalb der USA gehaltenen Bestände an Dollarforderungen ein weiteres.[4] Ab Mitte der sechziger Jahre nahmen die Ungleichgewichte verstärkt zu. Es kam zu Pfund- und zu Franc-Krisen.

Die D-Mark geriet unter wiederholten und sich immer weiter verstärkenden Aufwertungsdruck. Da bei der vollen Konvertierbarkeit der Mark die Verteidigung des Wechselkurses nur durch Ankauf von Devisen gegen Ausgabe weiterer D-Mark erfolgen konnte, liefen die sich aus der Verteidigung des Wechselkurses ergebenen Handlungsnotwendigkeiten zunehmend der Stabilitätspolitik der Bundesbank zuwider.

Die hieraus sich ergebende Zwangslage führte zu einer immer intensiveren wirtschaftspolitischen und wissenschaftlichen Debatte, in deren Verlauf die Befürworter flexibler Wechselkurse an Boden gewannen. Bei flexiblen Wechselkursen sollte

---

4 Vgl. die kompakte Darstellung bei Hans Tietmeyer: Der Beitrag der Währungspolitik zur Europäischen Integration, Vortrag vor dem 2. Symposium der deutschen Akademie der Wissenschaften »Europa – Ideen, Geschichte, Realität« am 13. Juni 1996 in Mainz, in: Deutsche Bundesbank, Auszüge aus Presseartikeln, 38/1996, S. 3 f.

die Bundesbank im Regelfall nicht am Devisenmarkt intervenieren und selbst Devisen nur in dem Umfang kaufen und verkaufen, wie es den Notwendigkeiten einer stabilitäts- und wachstumsgerechten inländischen Geldversorgung entsprach. Bereits das erste Gutachten des Sachverständigenrats für die gesamtwirtschaftliche Entwicklung hatte 1964/65 den Übergang zu flexiblen Wechselkursen empfohlen, was damals revolutionär war, und in den folgenden Jahren verdichtete sich die Einsicht, daß die bei festen Wechselkursen dauerhaft notwendige weitgehende Koordinierung der internationalen Wirtschaftspolitik Wunschdenken war.[5]

Vor der nächsten D-Mark-Aufwertung 1969 wurde leidenschaftlich um den richtigen Weg gestritten. Mit Karl Schiller als Aufwertungsbefürworter gewann die SPD die Wahl. Die inflationären Spannungen im internationalen Währungssystem verschärften sich in den folgenden Jahren so sehr, daß es 1973 zur Freigabe aller Wechselkurse und damit zum Ende des Systems von Bretton Woods kam.

Auf die Länder der Europäischen Gemeinschaft kamen damit neuartige Schwierigkeiten zu, denn der Gemeinsame Agrarmarkt mit seinen Marktordnungen und einheitlichen Interventionspreisen hatte die EG mittlerweile über das Stadium einer Zollunion weit hinausgeführt. Ständige Währungsschwankungen waren aber mit dem System gemeinsamer Agrarpreise nicht vereinbar und mußten immer neue Notlösungen produzieren. Es zeigte sich, daß die Idee eines gemeinsamen Marktes mit der Praxis stark schwankender Wechselkurse kaum sinnvoll vereinbar ist.

---

5 Vgl. die Darstellung bei Tietmeyer: a.a.O., sowie Sachverständigenrat zur Begutachtung der gesamtwirtschaftlichen Entwicklung: Jahresgutachten 1964/65, Stuttgart 1965, Ziffer 240 f. Karl Schiller zog einige Jahre später die Bilanz »...daß wir von dem Elysium einer harmonisierten Wirtschaftspolitik und einer international einheitlichen Wirtschaftsentwicklung wohl noch um einiges entfernt sind, sollte uns die Vergangenheit ebenfalls gelehrt haben«, zitiert nach Tietmeyer, a.a.O., S. 3.

3. Grundlagen wirtschaftlicher und monetärer Integration

Wirtschaftstheorie und Geschichtswissenschaft wurden immer wieder von deterministischen historischen Theorien heimgesucht, die darauf hinausliefen, daß eine bestimmte Entwicklungsstufe logisch und zwingend auf einer anderen aufbaut und daß der Trend der Geschichte quasi zwangsläufig zur jeweils höheren Stufe geht. Dies hat sich als logisch und historisch falsch erwiesen. Rückschritt ist immer möglich, und der historische Prozeß ist zu jeder Zeit offen für ganz unerwartete Entwicklungen. Es gibt keine Garantien für Fortschritte in eine bestimmte Richtung oder auch nur für die Sicherung des Erreichten. Es gibt nicht einmal eine Gesetzmäßigkeit, daß historische Prozesse, die zu einem bestimmten Ziele führen, auf gleiche oder auch nur ähnliche Weise ablaufen müssen.

Allerdings gibt es bestimmte auf der Stabilität des menschlichen Eigennutzes und den Gesetzen der Logik gegründete ökonomische Gesetzmäßigkeiten, die dafür sorgen, daß ähnliche Impulse bei vergleichbaren Rahmenbedingungen auch ähnliche Verhaltensweisen bzw. Resultate hervorrufen. Wer diese Gesetzmäßigkeiten mißachtet, erleidet – sei es als Kaufmann, sei es als Wirtschaftspolitiker – Mißerfolge. Die in diesem Kapitel beschriebenen Zusammenhänge beruhen auf solchen Gesetzmäßigkeiten und können deshalb kaum ohne negative wirtschaftliche Folgen mißachtet werden.

Stufen wirtschaftlicher und monetärer Integration

Logisch gilt es zu unterscheiden zwischen der institutionellen Integration von Wirtschaftsräumen einerseits und ihrer tatsächlichen wirtschaftlichen Verflechtung andererseits. Beides kann völlig auseinanderfallen. So sind z.B. die italienische Po-Ebene und Sizilien institutionell hochintegriert, beide gehören demselben Staatswesen mit derselben Währung, demselben Rechtssystem usw. an. Die tatsächliche wirtschaftliche Verflechtung zwischen Oberbayern und der Po-Ebene ist aber viel höher als die zwischen Po-Ebene und Sizilien.

Die wirtschaftliche Verflechtung in der Welt wird seit 200 Jahren beschleunigt durch die Fortschritte in Verkehrstechnik und Nachrichtenwesen. Ehemals waren die Kosten der Überwindung des Raumes sowohl an Zeitkosten wie auch an reinen Transportkosten ein entscheidender Begrenzungsfaktor für die Ausbildung der internationalen und interregionalen Arbeitsteilung. Die moderne Kommunikationstechnik und die erst an ihrem Anfang stehende Entwicklung der weltweiten Datennetze bringen es mit sich, daß es heute schon fast gleichgültig ist, an welchem Ort der Welt geistige Leistungen, Managementleistungen sowie alle Dienstleistungen, die keinen unmittelbaren persönlichen Kontakt erfordern, erbracht werden – sei es, daß Buchungen der Lufthansa in Indien von indischen Arbeitskräften am Bildschirm vorgenommen werden, sei es, daß Entwicklungsingenieure in Malaysia online an Projekten von Siemens in München arbeiten.

Bei den physischen Produkten haben es die technische Entwicklung und die Verbesserungen bei der Verkehrsinfrastruktur sowie die Liberalisierung im Verkehrswesen mit sich gebracht, daß die Kosten des Transportes von Waren im Verhältnis zu den Kosten ihrer Produktion ständig geringer geworden sind (Container, personalsparende automatisierte Großschiffahrt, Umschlagtechnik, Deregulierung im Straßengüterverkehr etc.). Es lohnt heute mehr als je, selbst kleinere Kostenvorteile anderer Produktionsstandorte durch Auslagerung von Produktionsstufen, Vergabe bestimmter Arbeitsgänge oder durch einen höheren Vorleistungsanteil etc. wahrzunehmen.

Dies führt zu einer immer weiteren Intensivierung und Erweiterung der weltwirtschaftlichen Arbeitsteilung. Mehr und mehr entsteht ein die Grenzen von Staaten und Kontinenten überspannender weltweiter Produktionsverbund, an dem die einzelnen Wirtschaftsregionen umso intensiver teilnehmen, je mehr sie – im weitesten Sinne und nicht nur die Kosten einschließend – günstige Standortbedingungen bieten.

Dadurch wird es für eine wachsende Zahl von Staaten attraktiv, ihre Wachstumschancen durch die Einführung bzw. Verbesserung marktwirtschaftlicher Produktionsbedingungen in ihrem Lande zu erhöhen und sich, um ihre eigenen Exportchancen zu verbessern und benötigte Investitionsgüter sowie Vorprodukte zu beziehen, stärker dem freien Handel zu öffnen. Sie sind dabei umso erfolgreicher, je freier die Möglichkeiten für unternehmerische Betätigung in ihrem Lande sind.

Die Chancen auf wachsende Teilnahme an der weltwirtschaftlichen Produktion bewirken schon für sich, ohne regulierende übernationale Instanz oder internationale Vereinbarungen, eine immer stärkere Angleichung der nationalen institutionellen Regeln.

Dafür, daß die notwendige begleitende Öffnung der Märkte in einem Prozeß des gegenseitigen Gebens und Nehmens erfolgt, sorgt das 1947 in Genf abgeschlossene internationale Handelsabkommen (GATT), das seitdem laufend fortgeschrieben wurde. Die für die Umsetzung und Weiterentwicklung des GATT zuständige World Trade Organisation (WTO) tagt als Institution fast ständig und sorgt für eine schrittweise, immer weitergehende Liberalisierung des Welthandels. Das GATT wurde nicht zufällig im Jahr der Gründung des Internationalen Währungsfonds (IWF) abgeschlossen. Vielmehr bildeten die Neuordnung des Weltwährungssystems und die Sicherung fairer und möglichst freier internationaler Handelspraktiken eine konzeptionelle Einheit, die zusammen eine Wiederholung der Ereignisse der Weltwirtschaftskrise verhindern sollten.

In bezug auf die institutionelle Integration von Wirtschaftsräumen bildet die Einigung über gemeinsame Handelsregeln
quasi die unterste Stufe einer Integrationsleiter, auf der man
weitere Stufen unterscheiden kann:[1]

- In einer *Freihandelszone* ist der Handel mit Gütern und
  Dienstleistungen von Zöllen und mengenmäßigen Be-
  schränkungen befreit, die Mitgliedsländer behalten aber das
  Recht, eigene Außenzölle zu erheben.
- In einer *Zollunion* bestehen darüber hinaus gemeinsame
  Außenzölle.
- In einem *Gemeinsamen Markt* können sich Kapital und
  Arbeitskräfte frei bewegen. Jeder kann in einem anderen
  Land des Gemeinsamen Marktes investieren, dort ein Ge-
  werbe aufnehmen oder eine Arbeitsstelle annehmen.
- In einem gemeinsamen *Binnenmarkt* sind die inneren
  Grenzkontrollen abgeschafft und die wirtschaftlich relevan-
  ten Normen, Rechts- und Schutzvorschriften harmonisiert.
  Die Europäische Union befindet sich gegenwärtig im Stadium der Vollendung des gemeinsamen Binnenmarktes.
- Die höchste Stufe auf dieser Leiter ist die *monetäre Union*
  im Sinne einer Wirtschafts- und Währungsunion. Hier ist
  die Vereinheitlichung aller wirtschaftlichen relevanten Vorschriften und Verfahren abgeschlossen, und es besteht eine
  gemeinsame Währung. »Der gemeinsame Integrationsraum
  zeichnet sich in der vollendeten Wirtschafts- und Währungsunion dadurch aus, daß zum freien Personen-, Güter-,
  Dienstleistungs- und Kapitalverkehr eine dauerfähige, un-
  veränderliche Fixierung der Währungsparitäten bei voller

---

1 Vgl. W. Fuhrmann: Integration: Schritte bis zu einer monetären Union, in: Jahrbuch für Sozialwissenschaft, 41/1990, S. 103 f. Außerdem R. Jochimsen: Perspektiven der Europäischen Wirtschafts- und Währungsunion, Köln 1994, S. 52 ff., der
eine ähnliche Stufung vornimmt.

Konvertibilität hinzukommt und eine Gemeinschaftswährung eingeführt wird.«[2]

- Bei einer *politischen Union* tritt eine gemeinsame übernationale staatliche Ebene ergänzend hinzu.

Erhebliche Meinungsunterschiede gibt es zur Frage, ob eine Wirtschafts- und Währungsunion ohne politische Union überhaupt möglich oder wünschenswert ist.[3] Diese Frage wird in Kapitel 8 näher erörtert. An dieser Stelle sei jedoch darauf hingewiesen, daß der Begriff »politische Union« keine feste Größe ist: Da jede Verordnung der EU unmittelbar geltendes nationales Recht darstellt, da der Europäische Gerichtshof verbindliche Entscheidungen treffen kann und da bei einer gemeinsamen Währung das Recht der Nationalstaaten, selber Geld zu schaffen, aufgehoben wäre, gilt in jedem Falle, daß die EU im Falle einer Währungsunion beträchtliche staatliche Funktionen auf dem Gebiet der Gesetzgebung und der Rechtsprechung und alle staatlichen Funktionen auf dem Gebiet der Währung bei sich versammelt hätte. Auch in der Bundesrepublik oder den USA werden die staatlichen Funktionen zwischen der Bundesregierung und den Ländern bzw. Staaten geteilt. Letztlich bleibt dann nur noch die Frage, wieviel staatliche Funktionen eine überstaatliche Ebene bei sich sammeln muß, um ihrerseits Staatscharakter zu bekommen.[4]

Die Frage, ob sich eine Währungsunion ohne politische Union integrationstheoretisch überhaupt sinnvoll denken läßt, ist einer der beiden großen Streitpunkte um die Europäische

---

2 R. Jochimsen: Perspektiven a.a.O., S. 55.
3 Jochimsen spricht als Präsident der Landeszentralbank Düsseldorf nur aus, was offenbar die Mehrheit im Zentralbankrat denkt, wenn er meint:»Historisch ist jedenfalls kein Beispiel bekannt, in dem eine Währungsunion ohne politische Union von dauerhaftem Bestand war.«, Perspektiven a.a.O., S. 58.
4 Sehr schön die unnachahmliche Formulierung des Bundesverfassungsgerichts in seinem Urteil zur Verfassungsmäßigkeit des Maastricht-Vertrages, in dem es von der Europäischen Union als einem *Staatenverbund* spricht.

Währungsunion. Der zweite große Streitpunkt läßt sich bündeln in der Frage, wie sich ein Gebiet, in dem eine gemeinsame Währung Vorteile bringt, sinnvoll abgrenzen läßt. Er vereinigt in sich zahlreiche streitbehaftete Unterpunkte, die unter dem Aspekt der Konvergenz, sowie der Beschäftigungs- und Wachstumswirkungen diskutiert werden.

Zur Theorie des optimalen Währungsraumes

Das Wechselkursproblem

Unter dem Gesichtspunkt der optimalen Entwicklung des Außenhandels und der Stabilität der Rahmenbedingungen für alle grenzüberschreitenden wirtschaftlichen Entscheidungen haben feste Wechselkurse zu allen Zeiten als wünschenswert gegolten. Es hat sich aber gezeigt, daß nach dem Verlassen des Goldstandards eine internationale Koordination der nationalen Wirtschafts-, Währungs- und Finanzpolitik immer nur für recht kurze Fristen – maximal 10 bis 15 Jahre – unveränderte Wechselkurse tatsächlich sicherstellen konnte. Unterschiedliche Probleme der nationalen Volkswirtschaften – Außenhandelsüberschüsse beim einen, -defizite beim anderen Land, Unterschiede bei der Wachstumsdynamik, bei Inflation, Arbeitslosigkeit oder öffentlicher Verschuldung – bringen immer auch unterschiedliche Präferenzen in der Geldpolitik mit sich, die mit der Zeit Spannungen im Wechselkursgefüge aufbauen und irgendwann zu neuen Wechselkursen führen.

Da sich zeigte, daß es im politischen Entscheidungsprozeß regelmäßig nicht möglich war, Wechselkursanpassungen zum richtigen Zeitpunkt und im richtigen Umfang einvernehmlich mit allen Beteiligten vorzunehmen, galten in den späten sechziger und frühen siebziger Jahren flexible Wechselkurse als die beste Lösung. Man erwartete, daß am Markt frei sich bildende

Wechselkurse mit der Zeit zu stabilen Austauschverhältnissen finden würden, die die Leistungsbilanzen der beteiligten Volkswirtschaften zu einem ungefähren Ausgleich brächten und die Unterschiede in der internationalen Konkurrenzfähigkeit angemessen widerspiegelten.

Diese Erwartung hat auch nicht völlig getrogen. Die Währungen von Ländern mit zeitweilig hohen Leistungsbilanzdefiziten oder hohen Inflationsraten, wie etwa USA, England, Italien, haben seit der Freigabe der Wechselkurse 1973 stark abgewertet, andere Währungen wie D-Mark oder Yen haben entsprechend stark aufgewertet. Dieser Trend war jedoch überlagert von starken Kursschwankungen, und manche Währungen, wie etwa der Schweizer Franken, finden sich seit langer Zeit auf einem Niveau, das sich von der tatsächlichen Leistungsfähigkeit der Volkswirtschaft abgekoppelt hat.

Schaubild 5 zeigt für Dollar, Yen, Lire und Schweizer Franken den Wechselkurs zur D-Mark seit 1974 und die Entwicklung der Kaufkraftparitäten.[5] Man sieht, daß die aktuellen Wechselkurse sich teilweise weit von der tatsächlichen Binnenkaufkraft einer Währung entfernen. Dies kann sogar richtig sein, wenn ein Land eine Palette besonders begehrter und konkurrenzfähiger Exportprodukte hat, so daß die Frage der Produktionskosten in den Hintergrund tritt. Aber das ist nicht die einzige Erklärung für solche Unterschiede. Der Schweizer Franken und die D-Mark z.B. sind unabhängig von der Konkurrenzfähigkeit der Volkswirtschaften begehrte Währungen für Geldanlagen, weil sie traditionell besonders niedrige Inflationsraten haben. Bei ihnen treibt die besondere Eignung für die Wertaufbewahrungsfunktion des Geldes die Kurse. Auch Zinsunterschiede und die Erwartungen künftiger Wechselkurs-

---

5   Unter Kaufkraftparität versteht man das Austauschverhältnis, das der tatsächlichen Binnenkaufkraft der Währung entspricht. Würde zu Kaufkraftparitäten getauscht, hätte der getauschte Betrag in den betroffenen Ländern exakt die Kaufkraft wie bei uns die D-Mark.

änderungen beeinflussen die aktuellen Wechselkurse. Es kann aber auch z.B. sein, daß ein Land plötzlich stark steigende Staatsdefizite aufweist. Das war in den USA zu Anfang der achtziger Jahre und in Deutschland – wegen der deutschen Einheit – in der ersten Hälfte der neunziger Jahre der Fall. Dann steigt der Wechselkurs, weil das ausländische Geld mit hohen Zinsen angelockt wird.

Jede größere Wechselkursänderung beeinflußt aber das inländische Kostenniveau im Verhältnis zum ausländischen maßgeblich und wirkt wie ein kleiner Schock auf das Import- und Exportverhalten. Größere Schocks dieser Art können Wachstum und Beschäftigung vorübergehend oder dauerhaft beeinträchtigen.

Die Befürworter flexibler Wechselkurse gingen stets davon aus, daß der Wechselkurs im wesentlichen durch den Im- und Export von Gütern und Dienstleistungen bestimmt werde. Die vergangenen 20 Jahre haben aber gezeigt, daß der Außenhandel, jedenfalls auf kürzere Sicht und in Hinblick auf die Wechselkursschwankungen, nur ein Element zur Bestimmung der Wechselkurse ist, und daß die durch den Kapitalverkehr induzierten Wechselkursschwankungen zur Quelle eigenständiger gesamtwirtschaftlicher Störungen werden können. Da der freie Kapitalverkehr für eine störungsfreie wirtschaftliche Entwicklung ebenso wichtig ist wie der freie Außenhandel, muß man abwägen zwischen den Nachteilen flexibler Wechselkurse einerseits und den Nachteilen unwiderruflich fixierter Wechselkurse bzw. einer einheitlichen Währung andererseits. Das ist der Gegenstand der Theorie des optimalen Währungsraumes.[6]

---

6 Vgl. die grundlegenden Arbeiten von R.A. Mundell: A Theory of Optimum Currency Areas, in: American Economic Review, 51/1961; R.I. Mc Kinnon: Optimum Currency Areas, in: American Economic Review, 51/1961; ferner P.B. Kenen: The Theory of Optimum Currency Areas: An Eclectic View, in: R.A. Mundell, A.K. Svoboda (Hrsg.): Monetary Problems of the International Economy, Chicago 1969.

Schaubild 5: *Wechselkurs und Kaufkraftparitäten für Dollar, Yen, Lire und Schweizer Franken im Verhältnis zur D-Mark (Wechselkurs 1974 = 100)*

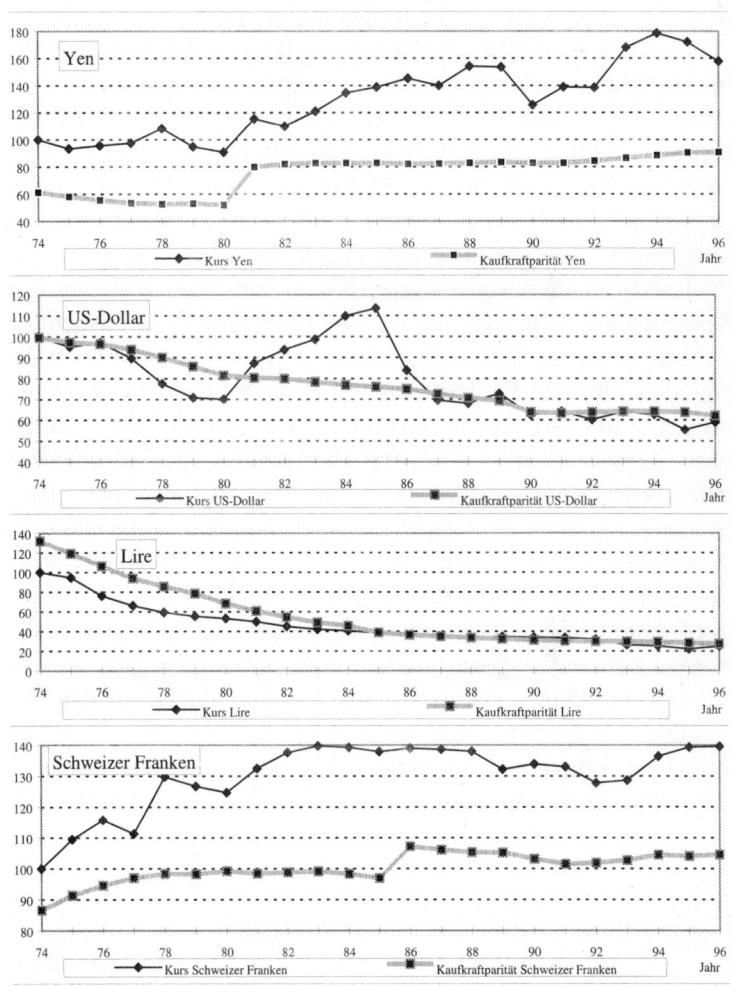

Quelle: Statistisches Bundesamt, Fachserie 17, Reihe 10

Strukturähnlichkeit der beteiligten Volkswirtschaften

Nehmen wir zunächst an, daß mehrere Volkwirtschaften, die sich zu einer Währungsunion zusammenschließen, beim Übergang zur einheitlichen Währung das richtige Umtauschverhältnis für ihre Währungen wählen. In der Ausgangslage gibt es also keine großen Spannungen. Nehmen wir ferner an, daß ein externer Schock auf die neue Währungsunion einwirkt, etwa ein starker Anstieg der Rohstoffpreise oder – bedingt durch fernöstliche Konkurrenz – ein schneller Verfall der Weltmarktpreise im Maschinenbau. Im Vergleich sind die einzelnen Volkswirtschaften von diesen Schocks umso unterschiedlicher betroffen, je unterschiedlicher ihre Produktions- und Nachfragestruktur ist. Sind sie alle ähnlich strukturiert, so ist auch für alle eine ähnliche Reaktion der Wirtschafts-, Finanz- und Währungspolitik verlangt. Wirkt der Schock aber unterschiedlich stark[7], etwa indem veränderte Konkurrenzverhältnisse auf dem Arbeitsmarkt eines Teilnehmerlandes hier zu einem besonders starken Anstieg der Arbeitslosigkeit führen, so könnte das besonders betroffene Land bei anpassungsfähigen Wechselkursen seine verschlechterte Konkurrenzfähigkeit durch einen niedrigeren Wechselkurs ausgleichen. Dies ist in einer Währungsunion nicht mehr möglich. Die notwendige Kostensenkung kann dann nur durch fallende Nominallöhne in den betroffenen Branchen erreicht werden, oder es kommt zu einer stärkeren Erhöhung der Arbeitslosigkeit, als sie bei beweglichen Wechselkursen eingetreten wäre.

---

7 Der Ökonom unterscheidet zwischen symmetrischen und asymmetrischen Schocks, siehe die Darstellung bei W. Ochel: Die Europäische Währungsunion: Chancen und Risiken, in: Ifo-Schnelldienst 9/96, S. 29 f.

Bedeutung von Arbeitskräftemobilität und Lohnflexibilität

Die Folgerung lautet: Je größer die strukturelle Ungleichheit zwischen den Teilnehmern einer Währungsunion ist, desto höhere interne Flexibilität bei allen Kosten und Preisen, insbesondere den Lohnkosten, ist notwendig, um negative wirtschaftliche Folgen für einzelne Teilnehmer zu vermeiden. Einen Ausgleich können Wanderungen von Arbeit und Kapital im Währungsraum bieten[8], indem entweder Arbeitskräfte aus den benachteiligten Regionen in die begünstigten Regionen wandern oder indem Kapital für neue konkurrenzfähige Produktionen aus den begünstigten Regionen in die benachteiligten Regionen fließt. Solch ein Kapitalzustrom setzt aber voraus, daß die Investitionen in den benachteiligten Räumen den Investoren mehr Rendite bringen. Dazu muß die Produktion dort besonders kostengünstig, d.h. die Löhne müssen entsprechend niedrig sein, und das wiederum erfordert hohe Lohnflexibilität als Reaktion auf ungünstige wirtschaftliche Entwicklungen.

Je einheitlicher in einem Währungsraum das Kostenniveau ist und je unflexibler die Arbeitskosten sind, umso eher verlaufen strukturelle Anpassungsprozesse zulasten der benachteiligten Regionen. Arbeitskräftewanderungen können dabei nur in dem Umfang Ausgleich bieten, in dem in den begünstigten Regionen zusätzliche Arbeitsplätze zur Verfügung stehen oder zu rentablen Bedingungen geschaffen werden können. Es ist aber sicherlich nicht das wünschenswerte Leitbild eines optimalen Währungsraumes, daß durch die einheitliche Währung räumliche Konzentrationsprozesse verstärkt werden.

Daraus folgt: Eine hinreichende Flexibilität und Differenzierung der Arbeitskosten ist neben der Arbeitskräftemobilität die

---

8 Vgl. die Darstellung bei K. Rose: Theorie der Außenwirtschaft, München 1995, S. 312 ff.

entscheidende Voraussetzung für die Abgrenzung eines optimalen Währungsraumes.

Das gilt insbesondere für einen Währungsraum, in dem aus kulturellen und sprachlichen Gründen große außerökonomische Mobilitätshemmnisse bestehen. So darf man in bezug auf die Länder Europas weder die Wanderungsbereitschaft sprachenkundiger Führungseliten noch die Wanderungen junger ungelernter Arbeitskräfte aus den besonders armen Gebieten generalisieren. Die Wanderungsbereitschaft des durchschnittlichen Deutschen, Franzosen, Italieners, Spaniers oder Engländers zur dauerhaften Arbeit in einem anderen Land ist äußerst gering. Und eine Währungsunion, die solch eine Wanderungsbereitschaft in großem Stile zur Voraussetzung ihres Erfolgs hätte, würde zu Recht auf Ablehnung stoßen. Deshalb kommt es in einem Währungsraum mit unterschiedlichen Sprachen und Kulturen, wie der EU, in besonders hohem Maße auf Flexibilität der Arbeitskosten an, wenn eine Währungsunion spannungsfrei funktionieren soll.[9] Auch die in einer Währungsunion stets vorhandene Kapitalmobilität löst Anpassungsprobleme von Regionen nur in Verbindung mit einer hinreichenden Lohndifferenzierung.

Bedeutung der volkswirtschaftlichen Diversifikation

Unter Diversifikation verstehen wir eine Angebots- oder Produktionsstruktur, die sehr breitgefächert und von hoher Vielfalt ist. Solche Strukturen werden durch Veränderungen in den Kosten- oder Nachfrageverhältnissen weniger schockartig betroffen. Damit können Arbeitsplatzverluste in den betroffenen Branchen durch ein ansonsten intaktes Umfeld leichter aufgefangen werden. Auch die Unternehmen finden in einem

---

9   Siehe zum Arbeitsmarktaspekt sehr anschaulich R. Jochimsen: Perspektiven a.a.O., S.73 ff.

diversifizierten Umfeld leichter neue Kunden oder Marktchancen für neue Produkte. In Europa zeichnet sich die deutsche Wirtschaft durch einen besonders hohen Diversifikationsgrad aus. Insgesamt reagiert eine stark diversifizierte Volkswirtschaft auf externe Schocks weniger heftig, weil sie sich immer nur auf einen relativ kleinen Teil der Volkswirtschaft auswirken, und braucht eine kürzere Anpassungszeit zur Überwindung der Folgen.

Volkswirtschaften bilden deshalb unabhängig von ihren sonstigen Unterschieden umso eher einen gemeinsamen optimalen Währungsraum, je diversifizierter ihre Struktur ist.[10]

Bedeutung des Verflechtungs- und des Offenheitsgrades der beteiligten Volkswirtschaften

In einem System flexibler Wechselkurse erfolgt die Anpassung einer Volkswirtschaft an veränderte Konkurrenzverhältnisse durch Auf- oder Abwertung einer Währung. Nehmen wir den Abwertungsfall: Dadurch werden die Exportprodukte des betreffenden Landes billiger, gleichzeitig verteuert sich aber sein Importpreisniveau. Je mehr die Importe aus Rohstoffen oder Vorprodukten bestehen, die ihrerseits wieder in die Produktion von Exportgütern eingehen, desto stärker wird die abwertungsbedingte Verbesserung der Konkurrenzfähigkeit durch höhere Importkosten unterminiert. Je höher die Importabhängigkeit einer Volkswirtschaft ist, desto stärker wird auch generell der interne Preisanstieg durch Abwertung beschleunigt, desto mehr können z.B. auch die Lohnforderungen der Gewerkschaften angeheizt werden. Kurzum, die Nachteile von Wechselkursveränderungen steigen, ihren potentiellen Vorteile aber schrump-

---

10 Vgl. P.B. Kenen: The Theory of Optimum Currency Areas, a.a.O. sowie W. Ochel a.a.O.

fen umso mehr, je höher der außenwirtschaftliche Verflechtungsgrad der betreffenden Volkswirtschaft ist.[11]

Die Vorteile beweglicher Wechselkurse wandeln sich auch in dem Umfang in Nachteile, in dem die steigende Verflechtung zu einem überproportional wachsenden Umfang rein finanziell bedingter Kapitalbewegungen führt. Es ereignet sich mit steigender Verflechtung eine zunehmende Abkopplung des Geschehens an den Arbeits- und Gütermärkten vom Geschehen an den Kapital- und Devisenmärkten.[12] Ab einem bestimmten Punkt können dann die Nachteile beweglicher Kurse die Nachteile fixierter Kurse übersteigen.

Generell ist der außenwirtschaftliche Verflechtungsgrad einer Volkswirtschaft umso höher, je kleiner das Land ist. 1995 betrug z.B. die Exportquote (gleich Anteil der Exporte am Bruttoinlandsprodukt) in Deutschland 21,7 %, in Österreich dagegen 37,9 % und in den Niederlanden 51,8 %. Außerdem gingen 38,4 % aller österreichischen und 28,5 % aller niederländischen Exporte nach Deutschland. Als Konsequenz dieser hohen Abhängigkeit vom deutschen Markt ist deshalb seit Ende der festen Wechselkurse die Geldpolitik in beiden Ländern vorrangig darauf ausgerichtet, den Wechselkurs von Gulden und Schilling zur D-Mark konstant zu halten. Das bedeutet zwar für beide Notenbanken den Verzicht auf eine autonome Zins- und Geldmengenpolitik. Gleichwohl ist die vorrangige Orientierung am Wechselkurs zur D-Mark geldpolitisch sinnvoll, denn die Niederlande und Österreich erfüllen alle Kriterien, um mit Deutschland zusammen einen optimalen Währungsraum zu bilden:

---

11 Vgl. Mc. Kinnon: Optimum Currency Areas, a.a.O. sowie K. Rose: Theorie..., a.a.O., S. 314 ff.

12 Ein deutliches Zeichen für die weltweit gestiegene Verflechtung ist es, daß das Umsatzvolumen an den Devisenmärkten nur noch zu rd. 5 % auf dem Außenhandel sowie dem langfristigen Kapitalimport und -export beruht. Vgl. W. Fuhrmann: Integration, a.a.O., S. 172.

- Ähnliche Wirtschaftsstruktur
- Hoher Verflechtungsgrad
- Ähnliche Inflationsraten.

In bezug auf Gulden und Schilling ist die D-Mark schon seit langer Zeit die *Ankerwährung*, d.h. die Bundesbank betreibt eine unabhängige Geldpolitik, und die Geldpolitik der Notenbanken von Holland und Österreich konzentriert sich auf einen konstanten Wechselkurs zur D-Mark. Das können die beteiligten Notenbanken nur erreichen, wenn sie das Geld in ihren Ländern mindestens so knapp und so teuer halten wie in Deutschland. Bleiben die Wechselkurse auf diese Art über längere Zeit konstant, so genießen damit die beteiligten Volkswirtschaften – bis auf die Umrechnungs- und Wechselnotwendigkeiten – die Vorteile eines gemeinsamen Währungsraumes. Sie haben aber keinen unauflöslichen Währungsbund geschlossen, denn jederzeit könnten die beteiligten Notenbanken das Ziel eines festen Wechselkurses zugunsten anderer Ziele aufgeben. Allerdings liegt in einem System mit Ankerwährung die geldpolitisch führende Rolle allein bei der Notenbank der Ankerwährung, die anderen Notenbanken können zwar reaktiv mitwirken, jedoch auf den Kurs der Geldpolitik im gemeinsamen Währungsraum kaum einen eigenständigen Einfluß nehmen.

Die Rolle der Staatsfinanzen

Es hat immer wieder Zeiten gegeben, in denen sich auf der Grundlage freiwilliger Teilnahme souveräner Staaten für einige Jahrzehnte Währungsräume mit festen Wechselkursen und voller Konvertierbarkeit der beteiligten Währungen ergeben haben. Der Goldstandard vor dem 1. Weltkrieg entsprach in der Wirkung auf die teilnehmenden Länder in seinen wesentlichen Elementen einer Währungsunion. In der lateinischen und skandinavischen Münzunion gab es darüber hinaus noch einen

71

gemeinsamen Münz- und teilweise auch Banknotenumlauf (s. Kap. 2).

Die Neuordnung des Weltwährungssystems nach dem 2. Weltkrieg zielte im Ergebnis auf eine *Weltwährungsunion* mit einer an die Stelle des Goldes tretenden Reservewährung, dem Dollar, festen Wechselkursen aller beteiligten Währungen und voller Konvertibilität.

Alle Währungsunionen trugen immer dann den Kern des Scheiterns in sich, wenn zwar Paritäten und allgemeine Verhaltensregeln zentral festgelegt wurden, aber dezentrale Möglichkeiten zur Schaffung von Geld fortbestanden. In einer bimetallischen Union wie der lateinischen Münzunion reizte z.B. ein fallender Silberpreis zur verstärkten Ausprägung von Silbermünzen. Finanzprobleme der an Währungsunionen beteiligten Staaten führten zu Zeiten der Edelmetallwährungen immer wieder zur lockeren Handhabung der Ausgabe von Banknoten, welche dann am Markt mit Abschlägen gehandelt oder außerhalb des betreffenden Landes möglicherweise gar nicht mehr akzeptiert wurden. Letztlich waren es immer staatliche Finanznöte oder finanzielle Begehrlichkeiten einzelner Länder, die durch den Mißbrauch des staatlichen Geldschöpfungsmonopols für Haushaltszwecke zum Sprengsatz von Währungsunionen wurden.[13] Auf der nationalen Ebene begegnete man den damit verbundenen Destabilisierungsgefahren durch eine stufenweise Zentralisierung des gesamten Geldwesens, die zumeist mit der institutionellen Kräftigung des jeweiligen Zentralstaates Hand in Hand ging.[14]

Es ist von daher folgerichtig, wenn für eine auf Dauer angelegte Währungsunion, wie es die Europäische Währungsunion sein soll, die vollständige Zentralisierung der geldpoliti-

---

13 Vgl. die instruktiven Beispiele bei Theresia Theurl: Sprengsatz war immer das Budget, in: Frankfurter Allgemeine Zeitung vom 12. August 1995, S. 13.
14 Vgl. ebenda die Darstellung der Entwicklung in der Schweiz, im Deutschen Reich und in Italien.

schen Kompetenzen vorgesehen ist. Die Sprengkraft unterschiedlicher finanzpolitischer Handlungszwänge (oder auch unterschiedlich solider Budgetgewohnheiten) wird damit allerdings nicht beseitigt, sie kann sich lediglich nicht mehr in unterschiedlichem geldpolitischen Verhalten äußern. Aber die Finanzpolitik der an einer Währungsunion beteiligten Staaten schlägt sich natürlich im Zinsniveau und in der Ergiebigkeit der Kapitalmärkte nieder. Dies kann umso eher zu Spannungen führen, je unterschiedlicher der finanzpolitische Kurs der an der Währungsunion beteiligten Staaten ist.

Hier besteht ein enger Zusammenhang mit der Frage des optimalen Währungsraumes und einem entsprechend angepaßten Verhalten der beteiligten Staaten und Wirtschaftssubjekte.[15] Die beteiligten Staaten geben mit der Herrschaft über das eigene Geldwesen auch die Herrschaft über ein haushaltspolitisches Notventil auf. Sie haben nämlich keine Möglichkeit mehr, etwa in einer wirtschaftlichen Krisenlage eine expansive Finanzpolitik durch eine lockere Geldpolitik zu erleichtern. Auf finanzielle Zuweisungen einer höheren Ebene können sie andererseits nur in dem Umfang hoffen, in dem die höhere Ebene über eine eigene Finanzhoheit verfügt. Die Europäische Währungsunion soll allerdings nach den gegenwärtigen Planungen nicht mit einem wesentlich größeren finanziellen Spielraum der Europäischen Union verbunden sein.[16]

---

15 Vgl. I. Größl-Geschwendtner, P. Stahlecker: Fiskalpolitik in einer Wechselkursunion, Jahrbuch für Nationalökonomie und Statistik 1994, S. 419 ff; sowie H.-W. Wohltmann: Transmission nationaler Wirtschaftspolitiken in einer Wechselkursunion, Jahrbuch für Nationalökonomie und Statistik 1993, S. 73 ff. Beide Beiträge illustrieren, wie ungemein schwierig es ist, auf diesem Gebiet zu praktikablen Aussagen über theoretische Zusammenhänge zu kommen.
16 Der gegenwärtige Finanzierungsrahmen des EU-Haushalts beträgt 1,2 % des Bruttosozialprodukts der Gemeinschaft. Er soll 1999 auf 1,27 % angehoben werden. Damit diese Beträge überhaupt wirksam werden, setzt dies eine strikte Mittelkonzentration auf ärmere Regionen voraus.

In Deutschland beträgt der Anteil des Bundeshaushalts und der zentralstaatlich organisierten Sozialversicherung an den gesamten öffentlichen Ausgaben 65,6 %. In den USA beträgt der zentralstaatliche Anteil 65,2 %. Dagegen hat der Haushalt der Europäischen Union an den öffentlichen Ausgaben in der EU nur einen Anteil von 2,2 %. Damit hat die Europäische Union nicht die Möglichkeiten, um insgesamt in größerem Umfang Nachfrageeinbrüche oder -verschiebungen durch eigene Haushaltsmittel auszugleichen.

In einer Währungsunion, in der die zentrale Ebene finanziell eher schwach ist, wird es umso wichtiger, wirtschaftliche und finanzielle Ungleichgewichte gar nicht erst entstehen zu lassen. Aus den hiermit verbundenen Befürchtungen hat sich die Forderung nach möglichst weitgehender wirtschaftlicher und finanzieller Konvergenz als Voraussetzung für die Teilnahme an der Währungsunion entwickelt (vgl. Kapitel 6).

Der Weg zur Währungsintegration

Am Beginn dieses Kapitels wurde dargestellt, daß es keine zwingende Stufung bei wirtschaftlichen Integrationsfortschritten gibt. Es gibt allerdings eine harmonische Abfolge, an deren Ende die monetäre Union steht. Es wurde weiter gezeigt, daß eine Währungsunion nur dauerhaft funktionieren kann, wenn tatsächlich alle geldpolitischen Zuständigkeiten den Teilnehmern aus der Hand genommen und an eine zentrale Institution übertragen worden sind. Zum dritten wurden die Bedingungen für ein möglichst friktionsfreies Funktionieren einer Währungsunion dargelegt: Große strukturelle Ähnlichkeit und hohe wirtschaftliche Verflechtung zwischen den beteiligten Ländern, hohe Lohnflexibilität und/oder hohe Wanderungsbereitschaft der Arbeitskräfte, gleichgerichtete Finanzpolitik, besonders hinsichtlich der Stabilitätsorientierung.

Unbestritten ist, daß eine Währungsunion von Anfang an umso besser funktioniert und umso höhere Erfolgschancen hat, je mehr die genannten Bedingungen schon zu Beginn der Währungsunion vorhanden sind. Erhebliche Meinungsunterschiede aber bestehen zur Frage,

- ob man mit einer Währungsunion warten sollte, bis die weitgehende strukturelle Anpassung der beteiligten Volkswirtschaften vollzogen ist (Krönungstheorie), oder
- ob die von einer Währungsunion für alle Beteiligten ausgehenden Zwänge nicht der beste Hebel sind, um Anpassungsfortschritte zu beschleunigen und zu erzwingen, die anderenfalls wesentlich länger auf sich hätten warten lassen, falls sie je gekommen wären (monetaristische Sicht).[17]

Die Vertreter der Bundesbank neigen seit jeher eher der Krönungstheorie zu, wobei ihre geldpolitische bzw. wissenschaftliche Analyse natürlich auch dem institutionellen Interesse der Bundesbank entspricht, noch möglichst lang die zentrale geldpolitische Funktion für die ganze Europäische Union auszuüben.

Die deutsch/deutsche Währungsunion folgte dagegen implizit dem monetaristischen Konzept, durch eine gemeinsame Währung umfassende Zwänge zur Anpassung von Institutionen und wirtschaftlichen Verhaltensweisen zu schaffen.[18] Dieses Konzept ging auch auf, weil die Entscheidung für die gemeinsame Währung der Treibsatz für die Harmonisierung des gesamten rechtlichen und ordnungspolitischen Rahmens war und letztlich auch die schnelle Herstellung der politischen Einheit erzwang. Eine in der Tendenz ähnlich wirkende Katalysatorfunktion könnte auch die Europäische Währungsunion auf die

---

17 Vgl. R. Jochimsen: Perspektiven a.a.O., S. 57 f.
18 Vgl. Th. Sarrazin: Die Entstehung und Umsetzung des Konzepts der deutschen Wirtschafts- und Währungsunion, in: Th. Waigel, M. Schnell (Hrsg.): Tage, die Deutschland und die Welt veränderten. Vom Mauerfall zum Kaukasus. Die deutsche Währungsunion, München 1994, S. 160 ff.

politische Einheit Europas haben. Allerdings zeigen die Erfahrungen mit der deutsch/deutschen Währungsunion auch überdeutlich die mit einer schnellen Währungsunion verbundenen Risiken:

Schaubild 6: *Nettotransfers an die neuen Bundesländer und an die EU 1991 bis 1995*

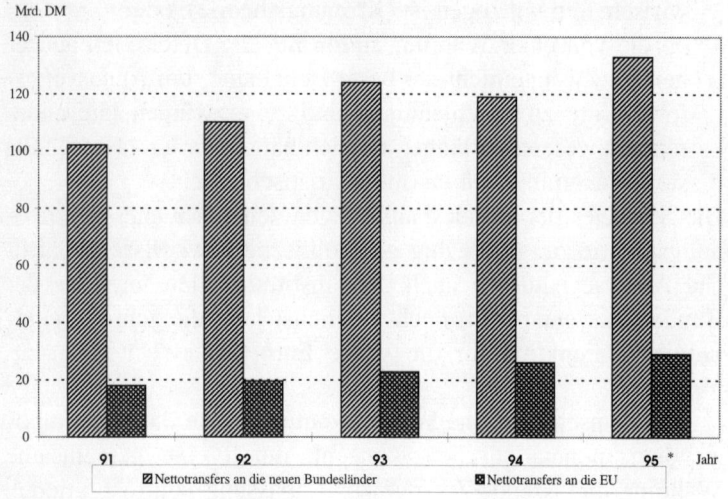

* Schätzung
Quelle: BT-DS 13/5356; Arbeitsgruppe der EU-Referenten der Länderfinanzressorts – Bericht Sept. 95; eigene Berechnungen

• Der finanzielle Nettotransfer aus dem Gebiet der alten Bundesrepublik in die neuen Bundesländer liegt immer noch bei 135 Mrd. DM pro Jahr, das ist das 4,5fache der deutschen Nettozahlungen an die Europäische Union (Schaubild 6).[19]

---

19 Der Nettotransfer setzte sich 1995 wie folgt zusammen: (im folgenden in Mrd. DM) Bruttotransfers: 185; davon Bund 135 incl. 7 EU, Rentenversicherung 17, Bundesanstalt für Arbeit 23, Länder und Gemeinden 10; Rückflüsse: Steuern und Verwaltungsmehreinnahmen 45; Nettotransfer: 140; ohne EU 133. – Vgl. Bundestagsdrucksache 13/5356, S. 7.

- Die Arbeitslosigkeit ist in den neuen Bundesländern immer noch rund doppelt so hoch wie in den alten Bundesländern. Gemessen an den Verhältnissen vor der Wende fehlen dort rd. 4 Mio., gemessen an den Verhältnissen in der alten Bundesrepublik rd. 2 Mio. Arbeitsplätze. Dies lag auch daran, daß es in den neuen Bundesländern von Beginn der Währungsunion an ein – gemessen an der Leistungsfähigkeit der meisten Unternehmen – viel zu hohes Lohnniveau gab und gibt (Schaubild 7).[20] Dieses beschäftigungsfeindliche Lohnniveau ist in den recht unflexiblen deutschen Tarifstrukturen offenbar nur schwer und jedenfalls nicht schnell genug korrigierbar.

Schaubild 7: *Lohnniveau und Arbeitslosenquote der neuen Bundesländer*

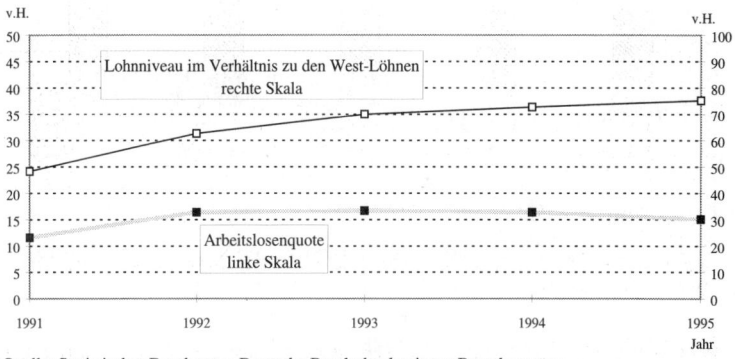

Quelle: Statistisches Bundesamt; Deutsche Bundesbank; eigene Berechnungen

Eine ähnliche Entwicklung muß für die einheitliche Währung in Europa vermieden werden, denn das würde Europa sowohl gesellschaftspolitisch als auch finanziell überfordern.

---

20 Zur Bewertung vgl. das Interview mit Hans-Werner Sinn im Spiegel 25/1996, S. 114 ff.

4. Geschichte der Europäischen Integration und die Motivation dazu

Seit Winston Churchill am 19. September 1946 in seiner berühmten Züricher Rede »Die Vereinigten Staaten von Europa« forderte (wobei er Großbritannien wie selbstverständlich nicht zu Europa zählte) ist ein bis heute anhaltender politischer Grundton gesetzt: Ein vereintes Europa zur Verhinderung künftiger Kriege auf dem Kontinent und zur Einbindung eines zwar besiegten und geteilten, aber unverrückbar in einer europäischen Mittellage befindlichen und nach wie vor bevölkerungsstarken Deutschlands. Die notwendige Abwehr gegen eine bedrohlich stark gewordene und an der Elbe stehende Sowjetunion kam als Motiv hinzu.

Dieses letzte Motiv ist durch den Zusammenbruch des Ostblocks und den Zerfall der Sowjetunion entfallen. Dafür haben sich für unsere Nachbarn die Motive zur Einbindung Deutschlands dramatisch verstärkt: Durch die deutsche Einheit und den Abzug der russischen Truppen aus der ehemaligen DDR ist Deutschland erstmals seit 1945 aus der Rolle des Mündels der beiden Weltmächte befreit und besitzt wieder die Handlungsfreiheit eines normalen souveränen Staates. Es ist auch heute, bald 7 Jahre nach Herstellung der deutschen Einheit, noch gar nicht ins allgemeine Bewußtsein gedrungen, was sich hierdurch geopolitisch verändert hat. Die Deutschen weisen nicht gerne darauf hin, und auch in der ausländischen Presse wird das Thema eher vermieden.

Wenn wir die heutige Situation in Europa mit jener vor dem 1. Weltkrieg vergleichen, so stellen wir fest: Das Habsburger Reich hat sich in 5 bis 6 Nachfolgestaaten aufgelöst, Rußland hat die westlichen Teile seines damaligen Reiches aufgegeben. England hat mit seinem Kolonialreich seinen Weltmachtstatus verloren und ist keine industrielle Führungsmacht mehr. Der französische Status in Europa hat sich in etwa gehalten, und Deutschland wurde zwar im Verhältnis zum Kaiserreich geographisch etwas kleiner, relativ zum Umfeld an Wirtschaftskraft aber eher größer. Im Verhältnis zur Zeit vor dem 1. Weltkrieg hat Europa als Ganzes in der Welt dramatisch an Bedeutung verloren, Deutschland als Ganzes in Europa aber, trotz zweier verlorener Kriege, relativ an Bedeutung gewonnen. Das erklärt unausgesprochene Sorgen in vielen europäischen Nachbarländern.

Aber künftige Wirren in einem nationalstaatlich verfaßten Europa müssen nicht unbedingt von Deutschland ausgehen. Die Geschehnisse auf dem Balkan und in Tschetschenien zeigen, daß mit dem Zerfall des Ostblocks auch in Europa wieder Regionalkriege möglich geworden sind – gerade weil nicht mehr jeder europäische Regionalkrieg notwendig den großen Weltenbrand bedeutet. Niemand kann ausschließen, daß in kommenden Jahrzehnten nicht auch an anderen Stellen Europas Situationen entstehen können, in denen Konflikte kriegerisch gelöst werden. Überdies können auch demokratische Verfassungen nicht dafür garantieren, daß stets nur friedliebende Führer an die Macht kommen.

Antriebe und Fliehkräfte der Europäischen monetären Union

Die deutsche Sicht

Nach der Präambel des Grundgesetzes von 1949 sollte das Deutsche Volk »von dem Willen beseelt (sein), seine nationale und staatliche Einheit zu wahren und als gleichberechtigtes Glied in einem vereinten Europa dem Frieden der Welt zu dienen«. Dies zeigte sowohl die damals dominierende politische Einschätzung als auch die seelische Befindlichkeit in der deutschen Nachkriegspolitik. Im Unterschied zu anderen europäischen Ländern war und ist in Deutschland der Bezug auf die nationale und staatliche Einheit nur in Zusammenhang mit der Proklamation ausdrücklicher Friedensliebe und der Einbindung in ein vereintes Europa politisch korrekt. Dieser Linie sind alle Bundesregierungen seit 1949 treu geblieben, und ihre ausländischen Partner haben sie darin umso eher bestärkt, je deutlicher sie erkannten, daß die deutsche Einheit nicht zu verhindern war.

Die mit dem Zerfall des Ostblocks und der Deutschen Einheit eingetretene Beschleunigung und plötzliche Öffnung der Europäischen Geschichte in ganz unterschiedliche denkbare Richtungen war deshalb die eigentliche Ursache des Qualitätssprungs, den die Bestrebungen zur Einheit Europas mit dem Vertrag von Maastricht nahmen. Dabei dominierte der politische Antrieb eindeutig die wirtschaftlichen und währungspolitischen Überlegungen, wie Bundeskanzler Kohl in seiner Regierungserklärung zum Maastricht-Vertrag auch unumwunden zum Ausdruck brachte, als er am 13. Dezember 1991 im Bundestag sagte:

» Der Weg zur Europäischen Einheit ist unumkehrbar. Die Mitgliedstaaten der Europäischen Gemeinschaft sind jetzt für die Zukunft in einer Weise miteinander verbunden, die ein Ausbrechen oder einen Rückfall in früheres nationalstaatliches Denken mit all seinen schlimmen Konsequenzen unmöglich macht. ... Maastricht ist der Beweis dafür, daß das vereinte Deutschland seine Verantwortung in und für Europa aktiv wahrnimmt und zu dem steht, was wir immer gesagt haben, nämlich, daß die deutsche Einheit und die europäische Einigung zwei Seiten ein und derselben Medaille sind.« [1]

---

1   Bundespresseamt (Hrsg.): Auf dem Weg zur Europäischen Union, S. 51.

Alle Bedenkenträger hinsichtlich der wirtschaftlichen und finanziellen Folgen der Währungsunion bedachte Kohl mit kaum verhüllter Verachtung, als er im weiteren ausführte:

»Vieles von dem, was in Amtsstuben in ganz Europa – ich schließe dabei Deutschland nicht aus – heute noch gedacht wird – ich denke an die Widerstände und Überlegungen, daß etwa, was noch nie dagewesen war, deswegen auch nicht kommen könne –, wird durch die Entwicklung hinweggefegt werden. Es ist ein dynamischer Prozeß eingeleitet worden, den wir in dieser Form in der modernen Geschichte noch nie hatten.«[2]

Konrad Adenauer hatte die Westintegration der Bundesrepublik nicht nur aus Kommunistenfurcht betrieben, sondern insbesondere auch, weil er der Urteilskraft des Deutschen Volkes mißtraute[3] und ein eingebundenes Teil-Deutschland einem außenpolitisch souveränen Gesamt-Deutschland vorzog. Seine Nachfolger teilten diese Sorgen. Heidemarie Wieczorek-Zeul sprach bei der Ratifizierungs-Debatte zum Maastricht-Vertrag im Bundestag aus, was man denken darf, aber klugerweise dem eigenen Volk nicht öffentlich sagen sollte:

»Aber ich bin mir ziemlich sicher, sollte die europäische Integration zurückfallen oder gar scheitern und Deutschland sich selbst überlassen bleiben, würde der alte Ungeist wieder in großem Umfang gesellschafts- und politikfähig werden. Die europäische Integration ist auch ein Stabilitätsanker für die politische Stabilität in Deutschland. Das ist der Hauptgrund, warum viele in meiner Fraktion, die ›Maastricht‹ durchaus kritisch sehen, dem Vertrag und den notwendigen Vertragsänderungen dennoch zustimmen.«[4]

---

2 Ebenda: S. 54 f.

3 Gegenüber ausländischen Staatsmännern brachte er seine diesbezüglichen Befürchtungen immer wieder zum Ausdruck.

4 Bundestagsplenarprotokoll PlPr 12/126, S.10813 vom 2. Dezember 1992.

Schaubild 8:   *Für oder gegen eine gemeinsame Europäische Währung*

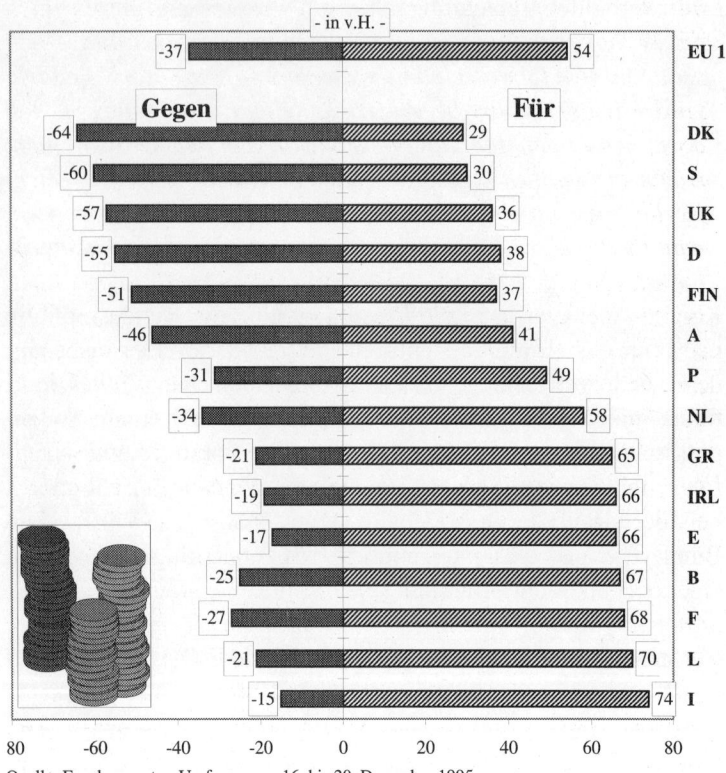

- in v.H. -

	Gegen	Für	
EU 1	-37	54	
DK	-64	29	
S	-60	30	
UK	-57	36	
D	-55	38	
FIN	-51	37	
A	-46	41	
P	-31	49	
NL	-34	58	
GR	-21	65	
IRL	-19	66	
E	-17	66	
B	-25	67	
F	-27	68	
L	-21	70	
I	-15	74	

80   -60   -40   -20   0   20   40   60   80

Quelle: Eurobarometer, Umfrage vom 16. bis 20. Dezember 1995

Mit unnachahmlicher Deutlichkeit benennt Helmut Schmidt den primär politischen Charakter der Entscheidung für die Währungsunion, wenn er schreibt:

» Warum aber haben die Regierungschefs die Währungsunion beschlossen, die der bei weitem wichtigste und einzig konkrete Teil des Maastrichter Vertrages von Februar 1992 ist? Weil ohne sie der bisher fälschlich so genannte gemeinsame

Markt ein Torso bleibt, der zwangsläufig zu einer Freihan-
delszone degenerieren wird. Wenn aber die Europäische Uni-
on zur Freihandelszone verkäme, dann würde alsbald auch
der Wille zur weiteren Integration verfallen. Wenn es deshalb
nicht zur Einbindung Deutschlands und Frankreichs käme,
dann stünde Europa bereits früh im 21. Jahrhundert wieder
dort, wo es im ganzen 19. Jahrhundert und in der ersten
Hälfte des 20. Jahrhunderts gestanden hatte.

Es liegt im zentralen strategischen Interesse Deutschlands,
eine Rückkehr zu einer Lage zu vermeiden, in der sich unsere
vielen Nachbarn gegen eine vermeintlich oder tatsächlich
bedrohliche Stärke Deutschlands miteinander verbünden, um
uns Deutsche in Schach zu halten. Wenn der Bundeskanzler in
diesem Zusammenhang bisweilen, scheinbar allzu pathetisch,
von Krieg und Frieden in Europa spricht, hat er gleichwohl
recht! Dagegen sind seine Parteifreunde Tietmeyer oder Stoi-
ber und meine Parteifreunde Schröder oder Spöri strategi-
sche Pygmäen.«[5]

Wenn es um die Währungsunion geht, dann findet der Altbun-
deskanzler zur polemischen Wortkraft des jungen Schmidt-
Schnauze zurück – mehr noch, er wird zum Verbündeten und
Verteidiger seines ungeliebten Nachfolgers Helmut Kohl.

Es gibt also in Deutschland einen mächtigen, über das ganze
politische Spektrum getragenen und in erster Linie politisch
motivierten Impuls für die Währungsunion. Gleichzeitig aber
sind in Deutschland die Vorbehalte gegen die Aufgabe der
eigenen Währung besonders groß: Während in der EU insgesamt 54 % und in Frankreich sogar 68 % der Bevölkerung für
eine einzige europäische Währung sind und sich 37 % bzw.
27 % dagegen aussprechen, sind in Deutschland die Wünsche
der Bevölkerung genau entgegengesetzt: 55 % sind gegen und

---

5 Helmut Schmidt: Der zweite Anlauf, die letzte Chance, in: Die Zeit vom 5. April
1996.

nur 38 % für eine gemeinsame europäische Währung. Die Gegner der gemeinsamen Währung sind in Deutschland genauso stark wie ansonsten in der gesamten EU nur in England, Schweden oder Dänemark (Schaubild 8).[6]

Diese negative Stimmung haben einige deutsche Politiker im Winter 1995/96 vorübergehend aufgenommen: Gerhard Schröder thematisierte die Gefahr »riesiger Transferzahlungen« und fand die Stabilitätskriterien des Maastricht-Vertrages unzureichend.[7] Rudolf Scharping nannte die Währungsunion »irgendeine Idee« und befürchtete eine Spaltung der EU.[8] Edmund Stoiber warnte vor der »Spaltung Europas« und forderte, die Währungsunion durch eine stärkere gemeinsame Sozialpolitik zu flankieren.[9] Der baden-württembergische Wirtschaftsminister Dieter Spöri setzte im Landtagswahlkampf der Kritik die Krone auf, als er die Währungsunion ein »Harakiri-Programm« nannte und die Furcht vor »verheerenden Arbeitsplatzverlusten« äußerte.[10] Dieter Spöri sorgte allerdings – unfreiwillig – durch die verheerende Wahlniederlage der SPD am 24. März 1996 für eine schnelles Verstummen der Kritiker. Diese erkannten nämlich, daß die Aufnahme solcher Töne offenbar keinen in Stimmen meßbaren Popularitätsgewinn brachte.

Alle die vorgebrachten kritischen Argumente hatten und haben einen substantiellen Kern. Aber sie waren alle nicht neu und wurden zu offenkundig gerade in dieser Phase scheinbar

---

6 Die mehrheitliche Skepsis der deutschen Bevölkerung wird auch bestätigt durch Umfragen von Allensbach und Emnid. Nach der im Spiegel 26/1996 veröffentlichten Emnid-Umfrage lehnen 52 % der Bürger die Währungsunion ab. Selbst von denen, die für den Euro sind, glauben lediglich 29 %, daß er ihnen wirtschaftliche Vorteile bringt.

7 Siehe Interview: »Nicht die deutsche Wirtschaft überfordern«, in: Focus 45/1995.

8 Vgl. Rudolf Scharping: Wir halten an Europa fest, in: Die Zeit vom 10. November 1995.

9 Vgl. Bericht und Interview in der Frankfurter Rundschau vom 24. Januar 1996.

10 Vgl. Stuttgarter Zeitung vom 11. Januar 1996.

kippender Stimmung aus Opportunitätsgründen vorgebracht. Bemerkenswert ist, daß die politischen Kritiker, bis auf Stoiber, allesamt aus der obersten Führungsschicht der SPD kamen, während die profilierten Befürworter der Währungsunion bei der SPD eher auf der 2. Ebene zu finden waren.[11]

Peter Glotz teilt die Gruppe der Kritiker in »Populisten«, »Technokraten« und »Nationalstaatler« ein. Er bezeichnet sie insgesamt als »Umfaller« und fürchtet ein allgemeines europäisches Gesinnungsdefizit der deutschen Eliten:

»Wieso ergeben sich die deutschen Eliten widerstandslos der Euro-Tristesse? Wieso rutschen sie sacht, aber merklich die schiefe Ebene hinunter, an deren Sohle sie in einem streitsüchtigen Europa der Nationalstaaten aufwachen werden? Vielleicht liegt es an der neuen Kurzatmigkeit der politischen Klassen in Europa. De Gaulle kämpfte auch in verzweifelter Lage unbeirrt für seinen 19. Jahrhundert-Traum von Frankreich, Churchill bot Hitler Paroli auch in einer Zeit, als dies ohne Chance zu sein schien. Adenauer prügelte die Deutschen regelrecht in die Westintegration, Brandt in die Versöhnung mit dem Osten. Die Heutigen aber scheinen furchtsamer oder lustloser oder wendiger zu sein. Schon wutentbrannte Stammtische, verbohrte Leitartikler und verschwätzte Dichter irritieren sie. So könnte sich der Traum von einem vereinigten Europa mit der Zeit verflüchtigen. Noch steht er wie eine Rauchwolke über der Landschaft. Aber die widrigen Winde werden stärker. Viele halten sie schon für reinigend.«[12]

Die Analyse von Peter Glotz erscheint dem Verfasser zwar in der Summe zu pessimistisch, aber sie trifft sich in der Grundstimmung mit den Positionen von Helmut Kohl und Helmut

---

11 Siehe die konsequente Argumentation der Finanzexpertin der SPD-Bundestagsfraktion Ingrid Matthäus-Maier: Die gemeinsame Währung ist ein Gewinn für alle, in : Frankfurter Rundschau vom 2. November 1995.
12 Peter Glotz: Die Umfaller, in: DIE ZEIT vom 23. Februar 1996.

Schmidt, daß jeder Stillstand auf dem Weg zur Währungsunion ein gefährlicher Rückschritt für Europa wäre.

Die französische Sicht

Den wohl kompliziertesten Wandel ihrer Position haben in den letzten Jahrzehnten die Franzosen hinter sich gebracht. Mitterrand hatte mit Rücksicht auf diese komplizierte Befindlichkeit darauf bestanden, daß über den Vertrag von Maastricht eine Volksabstimmung durchgeführt wurde. Ursprünglich war die Europäische Integration für Frankreich in erste Linie ein Instrument zur Einbindung eines als bedrohlich empfundenen Deutschland. Gegenüber weiter tragenden Europa-Ideen zog de Gaulle mit den Formeln »Europa vom Atlantik bis zum Ural« und dem »Europa der Vaterländer« eine klare Grenze. Mittlerweile aber liegen die Franzosen nicht nur bei der Befürwortung einer gemeinsamen Währung, sondern auch bei dem Votum für eine gemeinsame Europäische Regierung über dem Durchschnitt der Europäischen Union und sogar deutlich vor Deutschland.[13]

Während unter den politischen Eliten in Deutschland die Euro-Skeptiker mehr auf der linken Seite des politischen Spektrums anzutreffen sind, hat in Frankreich die gaullistische Tradition eher zu Skepsis auf der konservativen Seite des Spektrums geführt. Auch jetzt noch geht in Frankreich nationalstaatliches Souveränitätsgehabe mit Fortschrittsdrängen bei der europäischen Integration bunt durcheinander. Frankreich hat zwei mächtige Antriebe in Richtung europäische Integration: (1) der fortwirkende Wunsch, Deutschland dauerhaft und irreversibel in eine europäische Friedensordnung einzubinden und (2) der Wunsch, wirtschaftlich und währungspolitisch nicht ein bloßes Anhängsel des DM-Währungsraumes zu sein, in

---

13 Vgl. Europäische Kommission: Euro-Barometer von Dezember 1995.

dem die Bundesbank letztlich allein über Zinsen und Wechsel-kurse bestimmt. Das währungspolitische Integrationsstreben entspringt der Erkenntnis, daß nur so einer wirtschaftlichen und währungspolitischen deutschen Dominanz zu entgehen ist.

Für dieses Ziel hat sich Frankreich seit über 10 Jahren ent-gegen den eigenen Instinkten und Gewohnheiten zunächst in der Geldpolitik und mittlerweile auch in der Fiskalpolitik der deutschen Stabilitätskultur unterworfen und mit dem Maastricht-Vertrag ein Statut für die Europäische Notenbank akzeptiert, das noch strikter ist als das Bundesbank-Gesetz.

Frankreich drängt jetzt danach, die Früchte dieser Anstren-gungen in Form einer einheitlichen, der Bundesbank-Dominanz entzogenen europäischen Währung einzustreichen, und fürchtet die Rückwirkung einer Verzögerung der Währungsunion für die gesamte europäische Ordnung. Dies wird von den französi-schen Verantwortlichen nicht weniger klar als von Kohl und Schmidt ausgesprochen, wie die folgende Feststellung des Ministerpräsidenten Alain Juppé zeigt:

»Ich bin davon überzeugt, wenn wir die Währungsunion 1998 nicht schaffen, wird sich die Europäische Währungsunion davon so schnell nicht erholen. Wenn der Euro scheitert, wird die EU um 15 Jahre zurückgeworfen. Das wäre dramatisch, die völlige Lähmung. Die Enttäuschung wäre so groß, das Gefühl des Scheiterns so stark, daß Europa an allen Ecken und Enden auseinanderdriften würde.«

In den weiteren Äußerungen Juppés kommt dann das treibende Motiv, die Furcht vor der deutschen Dominanz:

»Die Mark-Zone würde sich in Nord- und Mitteleuropa aus-breiten. Das würde das Aussehen dieses Kontinents, an dem wir jetzt seit 40 Jahren arbeiten, total denaturieren.« [14]

Mit »Nord- und Mitteleuropa« meint Juppé die ehemaligen Ostblockstaaten, und er spricht damit indirekt die Furcht vor

---

14 Äußerungen im Interview mit der Wirtschaftswoche, 27/1996, S. 27.

einem neuen Wirtschaftsraum unter deutscher Führung an, in dem Frankreich in eine Randlage gedrängt und die künftige Struktur in Europa wieder offen wäre.

Diese Furcht allein bezwingt letztlich den französischen Unwillen, Elemente nationaler Souveränität aus der Hand zu geben.

Nach Meinung der Franzosen hätte es die wiedergewonnene Einheit und der Zerfall des Ostblocks den Deutschen leicht ermöglicht, die Europäische Union zu »einer großen, von der D-Mark beherrschten Freihandelszone von Brest bis Brest-Litowsk« zu machen, dann wäre »ein vorbildlich demokratisches Deutschland zum Herrscher über Mitteleuropa und zur führenden Macht im großen Europa« geworden.[15] Daß Deutschland sich mit dem Maastricht-Vertrag anders entschieden hat, wird von den Franzosen Helmut Kohl zugute gehalten.[16]

Die englische Sicht

Großbritannien hat sich seit Jahrhunderten, durch die Insellage und sein großes Kolonialreich bedingt, weniger als integraler Bestandteil denn als – gleichwertiges aber andersartiges – Gegenüber von Europa verstanden. Der EWG trat es erst verspätet und mit großer innerer Reserve bei, und ein besonders kooperatives Mitglied der europäischen Institutionen ist es auch vor dem Streit um BSE nicht gewesen. Bis in die siebziger Jahre hinein beanspruchte die Berichterstattung über die ehemalige Kolonie Indien in der britischen Presse mehr Raum als jene über die europäischen Nachbarn.

---

15 Alain Minc: Antiportraits, zitiert nach Jörg Altwegg: Musterschüler der europäischen Klasse, in: Frankfurter Allgemeine Zeitung vom 1. Juni 1996.

16 Vgl. Jörg Altwegg: a.a.O.

Seine alten Rollen als Weltmacht, Seemacht und führender Industriestaat hat England verloren. Eine im Lande allgemein akzeptierte neue Rolle hat es bis heute nicht gefunden. Die Affekte gegen die Deutschen (»the Krauts«) werden 50 Jahre nach dem Kriege nicht milder, sondern stärker. Eine wachsende Angst vor deutscher Dominanz führt dazu, daß die »antideutschen Witze immer schärfer und persönlicher« werden.[17] Aber auch die Franzosen (»the Frogs«), denen die britischen Antieuropäer unterstellen, daß sie sich den Deutschen sowieso unterwerfen[18], werden nicht beliebter. »Die Briten«, so Professor Patrick Minford von der Universität Liverpool auf einer geldpolitischen Tagung in Konstanz, »wollen keinen europäischen Einheitsstaat mit König Kohl«.[19]

Dieses Umfeld macht es britischen Befürwortern einer Teilnahme an der Währungsunion schwer, ihre Position öffentlich zu vertreten. Dies gilt für Premierminister Major ebenso wie für den Oppositionsführer Tony Blair und seine Labour Party. Auch bei der Labour Party hätte ein Beitritt zur Europäischen Währungsunion gegenwärtig keine Mehrheit.[20]

Aber von britischer Seite kommen durchaus Argumente, die alle jene, die eine Währungsunion vor allem aus politischen Gründen wollen, auch nachdenklich stimmen sollten. Ralf Dahrendorf hat in einer Reaktion auf die Argumentation von Helmut Schmidt recht scharfsinnig darauf hingewiesen, daß die Briten eben nicht die Ansicht teilen, eine unvollendete Europäische Union bringe wegen Deutschlands Stärke Risiken für den Frieden in Europa mit sich, daß sie insoweit den Deutschen viel

---

17 So der konservative Abgeordnete George Walden. Vgl.: Kein Beef, kein Beethoven. Die Briten und ihr Haß auf die Deutschen, in: Der Spiegel 23/1996, S. 29.

18 Ebenda, S. 28.

19 Frankfurter Allgemeine Zeitung vom 11. Juni 1996.

20 Ian Davidson: Auch Tony Blair reißt keine Bäume aus, in: DIE ZEIT vom 28. Juni 1996.

mehr Vernunft zutrauen, als die ältere Generation deutscher Politiker dem eigenen Volk zutraut.[21]

Der ehemalige britische Schatzkanzler Norman Lamont pointiert dieses Argument noch, wenn er schreibt:

»... *im Herzen des europäischen Projekts lauert die Unehrlichkeit. Für die Kernländer Europas gründet sich das Vorhaben auf Furcht – der Furcht der anderen Länder vor Deutschland und der Furcht der deutschen Führer vor Deutschlands Vergangenheit. Die Furcht vor Deutschland war das wichtigste Argument derer, die beim französischen Referendum über den Vertrag von Maastricht ein ›oui‹ empfahlen. Und für die Länder, die nicht dem Kern angehören, lautet das Motiv der Mitgliedschaft nur allzu häufig Gier – die Aussicht auf umfangreiche ›Bindungsgelder‹, die von den reicheren Mitgliedern gezahlt werden. Furcht und Gier sind keine gesunde Basis für ein so ehrgeiziges Unternehmen wie einen europäischen Staat.*«[22]

Diese Äußerung enthält sicherlich viel zutreffende Einsicht, aber der Kern der britischen Ablehnung ist die gefühlsmäßige Sorge um die eigene nationale Identität, die die Abgabe wesentlicher souveräner staatlicher Rechte an zentrale europäische Instanzen undenkbar erscheinen läßt. Damit spiegelt die britische Haltung Grundströmungen, die gerade in kleineren EU-Ländern wie Dänemark durchaus virulent sind, und insbesondere dann beachtet werden müssen, wenn es über die Währungsunion hinaus um weitere Integrationsschritte geht.

Angesichts der sehr breit verankerten britischen Ablehnung einer Währungsunion ist es umso bemerkenswerter, daß die britischen Unternehmen mehrheitlich meinen, die Teilnahme an

---

21 Vgl. Tanzen nach der deutschen Pfeife – Wie Verspannungen die Einigung Europas gefährden – Ein Gespräch mit Ralf Dahrendorf in: DIE ZEIT vom 31. Mai 1996.

22 Norman Lamont: Gegen ein Europa aus Furcht und Gier, in: DIE ZEIT vom 1. Dezember 1995.

der einheitlichen Währung werde positiv für ihr Geschäft sein. Sie lehnen nur zu 10 % eine einheitliche Währung ab.[23] Auch ist noch offen, welche Auswirkungen eine Nichtteilnahme am Euro auf den Finanzplatz London hätte.

Es würde deshalb den Verfasser nicht überraschen, wenn sich am Ende Großbritannien doch zur Teilnahme an der Währungsunion bereitfände.

Eines haben die britischen Kritiker scharfsichtig erkannt: Die offenbar wichtigste Funktion der Europäischen Währungsunion besteht in den Augen ihrer politischen Befürworter darin, Deutschland zu zähmen und den Prozeß der europäischen Integration unumkehrbar zu machen – als Ersatz dafür, daß eine volle politische Einheit nicht durchsetzbar bzw. nicht gewollt ist.

Diese außerökonomische Funktion der Währungsunion macht es notwendig, ihre wirtschaftlichen Auswirkungen besonders kritisch zu betrachten.

Vorgeschichte der Europäischen Währungsunion

Der knappe historische Abriß des Weltwährungssystems in Kapitel 2 hatte mit den Währungsturbulenzen Anfang der siebziger Jahre und der Freigabe der Wechselkurse geendet. An diesem Punkte begann die eigene Währungsgeschichte der Europäischen Union: In einem Festkurssystem waren unterschiedliche Währungen weder für die Zollunion noch für die landwirtschaftlichen Marktordnungen ein Problem gewesen. Dagegen war die für den Gemeinsamen Agrarmarkt konstitutive Idee einheitlicher Erzeugerpreise im Rahmen europäischer

---

23 Vgl. Britische Industrie der Währungsunion zugeneigter als die Regierung, in: Frankfurter Allgemeine Zeitung vom 7. November 1995. Sowie: Zweifel an britischer Teilnahme wachsen, in: Frankfurter Allgemeine Zeitung vom 11. Mai 1996.

Marktordnungen mit beweglichen Wechselkursen schlechterdings nicht vereinbar und führte durch die notwendigen Abschöpfungen und Subventionen (der sog. Aufwertungsausgleich für die deutsche Landwirtschaft) zu neuen Kontrolltatbeständen an den innereuropäischen Grenzen.

Insbesondere Italien und Frankreich drängten schon früh auf eine europäische Wechselkursunion. Die Deutschen sträubten sich, weil sie die frisch gewonnene Freiheit zu einer eigenen stabilitätsorientierten Geldpolitik nicht schon wieder aufgeben wollten. Mit dem *Werner-Bericht* aus dem Jahre 1970 unternahm die damalige EWG den ersten Versuch, eine eigene Währungspolitik systematisch zu formulieren. Der Bericht pointierte die notwendige Parallelität zwischen politischen, wirtschaftspolitischen und währungspolitischen Fortschritten[24] und betonte auch klar die innere Verbindung zwischen Währungsunion und politischer Union sowie den notwendigen begleitenden nationalen Souveränitätsverzicht zugunsten der Gemeinschaft:

» Diese Übertragung von Befugnissen ist ein Vorgang von grundlegender politischer Bedeutung, der eine progressive Entwicklung der politischen Zusammenarbeit voraussetzt. Die Wirtschafts- und Währungsunion erscheint somit als ein Ferment für die Entwicklung der politischen Union, ohne die sie auf die Dauer nicht bestehen kann.«[25]

Für solche weitgehenden Überlegungen war die Zeit aber damals noch nicht reif, und zunächst wurde nur die sog. *Währungsschlange* verwirklicht, ein System fester aber veränderbarer Wechselkurse mit gegenseitiger Interventionsverpflichtung. Auch dieses System war nicht stabil, weil England, Frankreich und Italien die aus den unterschiedlichen Inflationsraten fol-

---

24 Vgl. H. Tietmeyer: Der Beitrag der Währungspolitik zur Europäischen Integration, a.a.O., S. 4 f.

25 Bericht an Rat und Kommission über die stufenweise Verwirklichung der Wirtschafts- und Währungsunion in der Gemeinschaft (Werner-Bericht).

gende Notwendigkeit zur regelmäßigen und rechtzeitigen Wechselkursanpassung nicht mitvollziehen wollten. Anfang 1974 verließen diese Länder die Währungsschlange, und es blieb lediglich die »kleine Schlange« mit der Bundesrepublik, den Benelux-Staaten und Dänemark übrig.

1978/79 bildete dann das auf Initiative des damaligen französischen Präsidenten Giscard d'Estaing und von Bundeskanzler Helmut Schmidt begründete Europäische Währungssystem (EWS) den Versuch eines Neuanfangs. Beide Seiten verbanden hiermit durchaus unterschiedliche Vorstellungen und Hoffnungen. Die Franzosen wollten die Deutsche Bundesbank indirekt stärker in die Interventionsverpflichtung für die schwächeren Währungen einbinden, indem alle Länder verpflichtet wurden, ihren Kurs zur Korbwährung ECU, einer Verrechnungseinheit[26], durch Interventionen am Devisenmarkt stabil zu halten. Die Bundesbank sah darin eine zu einseitige Verpflichtung der Starkwährungsländer zur Stützung des Systems, notfalls auch zulasten der Stabilitätspolitik in diesen Ländern, und richtete ihre Geldpolitik weiterhin vorrangig am Ziel der Inflationsbekämpfung in der Bundesrepublik aus.[27] Die wiederholte Abwertung des Franc veranlaßte schließlich die französische Regierung zu einer neuen Ausrichtung der französischen Geldpolitik: Ab 1983 wurde die D-Mark de facto zur Ankerwährung des EWS. Alle übrigen beteiligten Länder versuchten ihre Geldversorgung so zu steuern, daß der Wechselkurs zur D-Mark stabil blieb.

Dies übte einen heilsamen Konsolidierungsdruck aus. Damals begann die bis heute anhaltende Konvergenz der Inflationsraten und – mit Zeitverzögerung – der Zinsen in Europa (vgl. Schaubild 9). Soweit die Konvergenz-Bedingungen für

---

26 Die Verrechnungseinheit ECU entsprach dem gewogenen Wechselkursdurchschnitt aller beteiligten Währungen.
27 Vgl. die Darstellung bei H. Tietmeyer: a.a.O., S. 6 f.

eine Europäische Währungsunion heute verwirklicht sind, wurden sie wesentlich durch die Orientierung an der Anker-währung D-Mark erzwungen.

Schaubild 9: *Konvergenz der langfristigen Zinsen[1]*
              1980 bis 1995

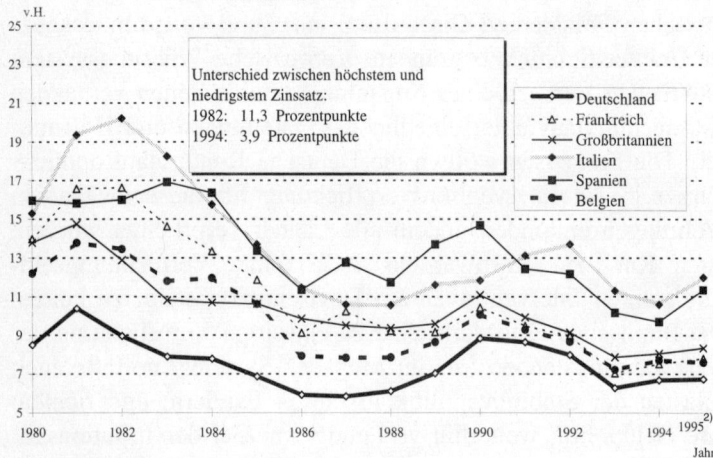

1) Umlaufrendite festverzinslicher Staatsschuldpapiere mit einer Restlaufzeit von mindestens
   3 Jahren
2) 1995 nur Januar bis August
Quelle: Jahresgutachten SVR 1995/96, S. 356

Damit geriet jedoch auch die Währungspolitik aller am EWS teilnehmenden Länder in eine Mündel-Rolle zur D-Mark und zur Politik der Deutschen Bundesbank – ein auf die Dauer politisch nur schwer zu ertragender Zustand, der insbesondere das französische Selbstbewußtsein stark belastete.

Jaques Delors, der als französischer Finanzminister 1983 den Kurswechsel in der französischen Währungspolitik durch-gesetzt hatte, wurde als Präsident der Europäischen Kommissi-on seit 1984 zum Vorkämpfer einer Europäischen Währungs-union. Eine Expertengruppe unter seinem Vorsitz, der auch die Zentralbankpräsidenten der damaligen 12 EG-Staaten ange-

94

hörten, legte im April 1989 den sogenannten *Delors-Bericht* vor.[28] Dieser Bericht knüpfte inhaltlich an den Werner-Bericht an, hielt sich allerdings in bezug auf die Notwendigkeit einer politischen Union stärker zurück. Er arbeitete jedoch deutlich die Notwendigkeit zu umfassender wirtschafts- und währungspolitischer Kooperation heraus, betonte die notwendige Konvergenz bei Zinsen, Inflationsraten, Wechselkursen und öffentlichen Finanzen und entwarf insbesondere das Statut für eine unabhängige Europäische Notenbank nach deutschem Vorbild.

Das eigentlich Überraschende war aber nicht der Bericht. Es hatte schon zu viele wegweisende europäische Berichte gegeben, die wieder in der Versenkung verschwunden waren. Das Überraschende war der Beschluß der Staats- und Regierungschefs vom Juni 1989, eine Wirtschafts- und Währungsunion tatsächlich zu verwirklichen und die 1. Stufe am 1. Juni 1990 beginnen zu lassen. In der Bundesrepublik ging der politische Wille hierzu eindeutig vom Bundeskanzler und vom Außenminister aus. Das für die Währungspolitik zuständige Bundesfinanzministerium war zunächst eher skeptisch und zögerlich, und die skeptische Zurückhaltung bei der Bundesbank war noch ausgeprägter.

Mitten in die anlaufenden Vorbereitungen platzte im Herbst 1989 die Öffnung der Mauer sowie anschließend die deutsche Währungsunion und dann die deutsche Einheit. Nach einer Atempause, in der sich die Bundesregierung zunächst auf die Lösung der deutschen Probleme stürzte, gewannen die Vorbereitungen für eine europäische Währungsunion ab dem Herbst 1990 eine bis dahin ungeahnte Dynamik und Beschleunigung. Die enge Verbindung zwischen den Ereignissen war unübersehbar: Der Umsturz der europäischen Nachkriegsordnung

---

28 Vgl. Ausschuß zur Prüfung der Wirtschafts- und Währungsunion: Bericht zur Wirtschafts- und Währungsunion in der Europäischen Gemeinschaft, April 1989, sowie die darauf aufbauende Studie von Ernst & Young et. al.: Strategien für den Ecu. Die Währung für den Binnenmarkt, Landsberg 1991.

verstärkte nicht nur das französische Drängen auf schnelle Schritte Richtung Europäische Währungsunion, sondern auch die Bereitschaft des Bundeskanzlers und der deutschen Außenpolitik, sich über alle internen deutschen Zweifel an unwiderruflichen Schritten Richtung europäische Währungsunion notfalls hinwegzusetzen.

5. Die Eckpunkte des Vertrages von Maastricht

Der *Vertrag über die Europäische Union* wurde im Dezember 1991 von den Staats- und Regierungschefs in der südholländischen Stadt Maastricht abschließend verhandelt, am 7. Februar 1992 von den Außenministern dortselbst unterzeichnet und nach der Ratifizierung durch alle Mitgliedstaaten am 1. November 1993 in Kraft gesetzt.[1]

Der Ratifizierungsprozeß war nicht einfach. In Irland, Frankreich und Dänemark fanden zum Vertragsentwurf Referenden statt. Während die Abstimmung in Frankreich knapp positiv ausfiel, scheiterte das Referendum in Dänemark zunächst und wurde nach einer Revision des Vertragsentwurfs, die es Dänemark so wie Großbritannien erlaubt, an der Währungsunion nicht teilzunehmen (opting out), ein Jahr später mit positivem Ausgang wiederholt. In Deutschland war der Vertrag Gegenstand mehrerer Verfassungsbeschwerden, die das Bundesverfassungsgericht am 12. Oktober 1993 verworfen hat.

Zwar sind die Bestimmungen über die Währungsunion der wichtigste und konkreteste Teil der Vertragswerks, aber die Gesamtanlage des Vertrages und seine politische Zielsetzung gehen weit darüber hinaus. Der Vertrag erhebt den Anspruch, »eine neue Stufe bei der Verwirklichung einer immer engeren Union der Völker Europas dar(zustellen), in der die Entscheidungen möglichst bürgernah getroffen werden.« (Art. A).

---

1 Vgl. Th. Läufer (Hrsg.): Europäische Union. Europäische Gemeinschaft. Die Vertragstexte von Maastricht mit den deutschen Begleitgesetzen, Bonn 1995. Diese Ausgabe liegt allen Zitaten aus dem Vertragswerk zugrunde.

Der Vertrag ist als *Mantelvertrag* angelegt, der die *drei Säulen* der neuen Europäischen Union quasi unter ein Dach bringen soll. Diese drei Säulen sind:

- Der ursprüngliche EWG-Vertrag von 1957 (jetzt *EG-Vertrag*) mit all seinen Änderungen und Erweiterungen. Hier sind die neuen Bestimmungen über die Wirtschafts- und *Währungsunion*, aber auch z.B. die neuen Bestimmungen über Industriepolitik oder über wirtschaftlichen und sozialen Zusammenhalt (Kohäsion) integriert.

- Die *Gemeinsame Außen und Sicherheitspolitik der Union* mit einem vertraglich festgelegten Zielbündel als Grundlage für gemeinsame Aktionen.

- Die Zusammenarbeit in der *Innen- und Rechtspolitik*, die eine Reihe »Angelegenheiten von gemeinsamem Interesse« behandelt.[2]

Die Bestimmungen über die Währungsunion sind durch die Art der Vertragskonstruktion in die umfassende Zielsetzung eingebunden, auf dem Weg zu einer politischen Union voranzuschreiten, indem – über die wirtschaftspolitischen Ziele des EG-Vertrages hinausgehend – auch die übrigen Bereiche der Außen- und Innenpolitik allmählich vergemeinschaftet werden. Der Vertrag vereint also die Formulierung großer und hehrer (allerdings recht unverbindlicher und unscharfer) europäischer Ziele mit sehr konkreten und detailreichen Bestimmungen im Bereich der Wirtschafts- und Währungsunion.

Damit besteht die Gefahr, daß durch den Kontext des Vertragswerks auch die eher technokratischen währungspolitischen

---

2 Vgl. das Einführungskapitel ebenda. Zur kritischen Würdigung des Vertragswerks unter wirtschaftlichen Aspekten siehe u.a.: Sachverständigenrat zur Begutachtung der gesamtwirtschaftlichen Entwicklung: Jahresgutachten 1992/93, Stuttgart 1992, S. 233 ff., K. von Laun: Zum Vertrag über die Europäische Union, in: Zeitschrift für Wirtschaftspolitik, 43/1994, S. 69 ff., C.-C. Hedrich: Die Kritik an den Maastrichter Beschlüssen über die Europäische Währungsunion: Rechtliche und ökonomische Argumente, in: Jahrbuch für Sozialwissenschaft, 45/1994, S. 68 ff.

Bestimmungen ideell überhöht und einer kritischen Beurteilung entzogen werden. Im folgenden werden allein die wesentlichen Bestimmungen über die Wirtschafts- und Währungsunion näher dargestellt.

Die Finanzwirtschaft der EU-Staaten

Der Europäische Rat überwacht anhand von Berichten der Kommission die Wirtschafts- und Finanzpolitik der Mitgliedstaaten und gibt ggf. Empfehlungen für eine koordinierte Politik (Art. 103 EG-Vertrag).

Nach Art. 103 a kann der Rat einstimmig beschließen, einem Mitglied bei besonders großen Schwierigkeiten aufgrund außergewöhnlicher Ereignisse finanziellen Beistand der Gemeinschaft zu gewähren. Die Einstimmigkeitsregel (nur bei Hilfen im Falle von Naturkatastrophen reicht die qualifizierte Mehrheit[3]) soll sicherstellen, daß selbstverschuldete Notlagen einzelner Länder nicht durch Gemeinschaftshilfen ausgeglichen werden dürfen.

Art. 104 verbietet allen öffentlichen Haushalten in der EU generell, bei den nationalen Notenbanken und der Europäischen Zentralbank Kredite aufzunehmen. Selbst der in Deutschland bislang übliche limitierte Kassenkredit der Bundesbank für Bund und Länder fällt darunter.

Art. 104 b schließt eine Haftung der Gemeinschaft oder der Mitgliedstaaten für die Kredite anderer öffentlicher Hände generell aus.

Nach Artikel 104 c überwacht die Kommission die Haushaltsführung der Mitgliedstaaten in Hinblick darauf, daß weder die laufende Neuverschuldung noch der gesamte Schuldenstand

---

3 Qualifizierte Mehrheit bedeutet, daß, ähnlich wie im Bundesrat, mit gewichteten Stimmen abgestimmt wird.

der öffentlichen Hand einen im Verhältnis zum Bruttoinlandsprodukt übermäßigen Umfang annehmen. In einer Protokoll-Anlage sind als quantitative Grenzen festgelegt, daß

- das laufende Defizit 3 % und
- der öffentliche Schuldenstand 60 %

des Bruttoinlandsprodukts nicht übersteigen sollen.

Nach Art. 104 c Abs. 2 wird aber die Haushaltsdisziplin nicht allein an der absoluten Höhe der beiden Kriterien beurteilt.

Beim *Defizitkriterium* ist vielmehr die Haushaltsdisziplin trotz absoluter Zielüberschreitung nicht verletzt, wenn

- »entweder das Verhältnis erheblich und laufend zurückgegangen ist und einen Wert in der Nähe des Referenzwerts erreicht hat
- oder der Referenzwert nur ausnahmsweise und vorübergehend überschritten wird und das Verhältnis in der Nähe des Referenzwerts bleibt«.

Beim *Schuldenstandskriterium* ist die Haushaltsdisziplin trotz Überschreitung des Referenzwerts dann nicht verletzt, wenn »das Verhältnis hinreichend rückläufig ist und sich rasch genug dem Referenzwert nähert.«

Dies sichert in der Praxis – unabhängig von den aktuellen Werten der Referenzkriterien – einen sehr großen Beurteilungsspielraum. Wenn die Kommission anhand der oben angeführten Kriterien ein übermäßiges Defizit als gegeben ansieht, so berichtet sie an den Rat. Dieser entscheidet dann, nachdem er den betreffenden Mitgliedstaat angehört hat, mit qualifizierter Mehrheit, ob auch nach seiner Ansicht tatsächlich ein übermäßiges Defizit besteht.

Zwar kann der Europäische Rat gegen ein Mitgliedsland mit übermäßigem Defizit eine Reihe von Sanktionen beschließen (Art. 104 c Abs. 1). Diese reichen von unverzinslichen Einlagen bei der Gemeinschaft bis hin zu Geldbußen. Der ganze

Sanktionsmechanismus wirkt allerdings nicht übermäßig eindrucksvoll, weil
1. die Kommission bei der Feststellung eines übermäßigen
   Defizits einen erheblichen sachlichen Beurteilungsspielraum
   hat,
2. zusätzlich der Europäische Rat einen politischen Beurteilungsspielraum hat und die Feststellung des übermäßigen
   Defizits einer qualifizierten Mehrheit bedarf,
3. alle Sanktionen ebenfalls einer qualifizierten Mehrheit
   bedürfen und
4. weil es sowieso sinnwidrig wäre, besonders defizitäre Staaten mit fühlbaren Geldbußen zu belegen.

Es widerspricht ferner aller diplomatischen Erfahrung, daß der
Europäische Rat einzelne seiner Mitglieder wirklich harsch
behandeln wird.

Ungelöst ist auch das Problem, wie ein Mitgliedstaat haus-
haltswirtschaftlich unabhängige Gebietskörperschaften im
eigenen Lande effektiv zur Haushaltsdisziplin zwingen will.
Zwar enthält Art. 3 des Protokolls über das Verfahren bei einem übermäßigen Defizit eine entsprechende Gewährleistung
der Mitgliedstaaten. Es ist aber unklar, wie in einem föderati-
ven Staatsaufbau wie der Bundesrepublik der Bund eine solche
Verpflichtung gegenüber den Ländern durchsetzen will (vgl.
hierzu näher Kapitel 12).

Das Europäische Währungssystem

Die 1. Stufe der Währungsunion begann am 1. Juni 1990 mit
dem Gemeinsamen Kapitalmarkt. Die 2. Stufe begann am 1.
Januar 1994 mit der Gründung des Europäischen Währungsinstituts (EWI), dem Vorläufer der Europäischen Zentralbank
(EZB) in Frankfurt. Vor dem Eintritt in die 3. Stufe sollen die

Europäische Zentralbank (EZB) und das Europäische Zentral-banksystem (ESZB) gegründet werden.

Mit Beginn der 3. Stufe geht die Zuständigkeit für die Geldpolitik auf das ESZB über. Die Wechselkurse zwischen den Währungen der Teilnehmerländer und dem Euro sind dann ohne Schwankungsbreiten unwiderruflich fixiert. Der Geldverkehr zwischen den Zentralbanken und den Geschäftsbanken erfolgt ausschließlich in der neuen Gemeinschaftswährung Euro. Der übrige bargeldlose Verkehr kann alternativ in Euro oder nationaler Währung abgewickelt werden. De facto sind mit der Beginn der 3. Stufe die nationalen Währungen abgeschafft, sie sind nur noch Recheneinheiten des Euro in besonderer Denominierung.

Die Regeln über die Aufgaben und Zuständigkeiten sowie die Unabhängigkeit der EZB und des ESZB bilden den harten Kern des gesamten Maastricht-Vertrages. Sie sind im wesentlichen im Protokoll über die Satzung des EZB und des ESZB enthalten. In diesem Zusammenhang ist die Feststellung wichtig, daß auch die Protokolle zum EG-Vertrag gehören und insofern wie der Vertrag selbst für die EU Verfassungsrang genießen. Sie können nur noch durch einstimmig zu ratifizierende Änderungsverträge geändert werden. Damit ist der Status der EZB und des ESZB wesentlich weitergehend abgesichert als etwa des Status der Bundesbank. Denn das Bundesbankgesetz kann vom Bundestag jederzeit mit einfacher Mehrheit geändert werden.[4]

---

4 Jochimsen wirft deshalb die Frage der demokratischen Legitimation der europäischen Geldverfassung auf. Dieser Hinweis erscheint solange nicht überzeugend, als die gesetzlichen Vorgaben für das europäische Währungssystem eindeutig sind und die Besetzung der Führungsfunktionen auf demokratisch legitimierte Weise zustande kommt. Vgl. R. Jochimsen: Perspektiven a.a.O., S. 112.

Aufgaben und Zuständigkeiten der EZB und des ESZB

Art. 105 Abs.1 legt fest: »Das vorrangige Ziel des ESZB ist es, die Preisstabilität zu gewährleisten, soweit dies ohne Beeinträchtigung des Zieles der Preisstabilität möglich ist, unterstützt das ESZB die allgemeine Wirtschaftspolitik in der Gemeinschaft.«

Diese, den §§ 3 und 12 des Bundesbankgesetzes nachgebildete Bestimmung[5] ist der Kernsatz des gesamten Vertrages, denn damit haben alle Mitgliedstaaten vertraglich die deutsche Philosophie akzeptiert, daß die Geldpolitik in erster Linie auf die Preisstabilität verpflichtet ist und andere wirtschaftspolitische Ziele nur nachrangig verfolgen soll.

Eine leichte Einschränkung erfährt die vorrangige Verpflichtung auf die Preisstabilität lediglich durch die Bestimmungen über die Wechselkurspolitik. Gemäß Art. 109 Abs. 1 kann der Rat mit qualifizierter Mehrheit auf Empfehlung der Kommission nach Anhörung der EZB für den Euro förmliche Wechselkurse festlegen oder (gem. Abs. 2) auch allgemeine Orientierungen für die Wechselkurspolitik aufstellen. Diese Bestimmung sehen viele Kritiker als mit der Unabhängigkeit der EZB nicht vereinbar an. Das aber erscheint als materiell wenig begründet. Auch in der gegenwärtigen deutschen Geldverfassung ist die Bundesregierung für die Wechselkurspolitik zuständig. Sie hat aber keine Sanktionsmöglichkeiten, wenn die

---

5 Dort heißt es in § 3: »Die Deutsche Bundesbank regelt mit Hilfe der währungspolitischen Befugnisse, die ihr nach diesem Gesetz zustehen, den Geldumlauf und die Kreditversorgung der Wirtschaft mit dem Ziel, die Währung zu sichern, und sorgt für die Abwicklung des Zahlungsverkehrs im Inland und mit dem Ausland.« Weiter heißt es in § 12: »Die Deutsche Bundesbank ist verpflichtet, unter Wahrung ihrer Aufgabe die allgemeine Wirtschaftspolitik der Bundesregierung zu unterstützen. Sie ist bei der Ausübung der Befugnisse, die ihr nach diesem Gesetz zustehen, von Weisungen der Bundesregierung unabhängig.«

Bundesbank in ihrer praktischen Geldpolitik dem Stabilitätsziel vor dem Wechselkursziel den Vorrang gibt. Nicht anders wird es auf europäischer Ebene sein.

Nach Art. 105 Abs. 2 hat das ESZB zur Aufgabe,

- die Geldpolitik der Gemeinschaft festzulegen und auszuführen,
- Devisengeschäfte im Einklang mit etwaigen Wechselkurszielen durchzuführen,
- die offiziellen Währungsreserven der Mitglieder zu halten und zu verwalten,
- das reibungslose Funktionieren der Zahlungssysteme zu fördern.

Allein die EZB hat das Recht, die Ausgabe von Banknoten und Münzen zu genehmigen (Art. 105). In dem von der EZB genehmigten Rahmen werden Banknoten von der EZB und den nationalen Zentralbanken, Münzen von den Mitgliedstaaten ausgegeben. Auch Aussehen und Stückelung der Münzen werden von der EZB genehmigt.

Zur Durchführung der von der EZB festgelegten Geldpolitik können die EZB und die nationalen Zentralbanken alle hierfür zweckmäßigen Offenmarkt- und Kreditgeschäfte tätigen sowie andere geldpolitische Instrumente einsetzen (Art. 18 bis 20 des Protokolls).

Kapital der EZB, Währungsreserven und Notenbankgewinn

Das Kapital der EZB beträgt bei Aufnahme ihrer Tätigkeit 5 Mrd. Euro. Die nationalen Zentralbanken sind die alleinigen Zeichner und Inhaber des Kapitals. Der Verteilungsschlüssel der Kapitalanteile auf die nationalen Notenbanken richtet sich je zur Hälfte nach der Verteilung der Bevölkerung und des Bruttoinlandsprodukts in der EU. Reiche bevölkerungsarme

Länder kommen also genauso zum Zuge wie arme bevölkerungsreiche Länder.

Entsprechend der Verteilung der Kapitalanteile führen die nationalen Zentralbanken der EZB Währungsreserven von insgesamt 50 Mrd. DM Euro zu. Über die den nationalen Zentralbanken verbleibenden Währungsreserven darf (bis auf Geschäfte mit internationalen Organisationen) nur mit Zustimmung der EZB verfügt werden.

Die Gewinne der nationalen Notenbanken bei der Mitwirkung an der Geldpolitik der EZB werden grundsätzlich nach ihren Anteilen an der EZB verteilt. Gleiches gilt in der Tendenz auch für die Gewinne der EZB, dort können jedoch bis zu 20 % des Nettogewinns für die Verstärkung der Währungsreserven benutzt werden.

Da der Notenbankgewinn, wie man an der Bundesbank sieht, eine beträchtliche und stetige staatliche Einnahmequelle sein kann, haben die Vorschriften über die Anteile am EZB-Kapital und die daran anknüpfenden Gewinnverteilungsvorschriften eine nicht zu unterschätzende Bedeutung.[6]

Institutionen der EZB und des ESZB

Die EZB hat ein *Direktorium* von höchstens 6 und mindestens vier Mitgliedern, das die laufenden Geschäfte der EZB führt. Der *EZB-Rat*, vergleichbar dem deutschen Zentralbankrat, besteht aus den Mitgliedern des Direktoriums und den Präsi-

---

6 Es geht um die Verteilung der sog. Seignorage, d.h. des Knappheitsgewinns, der für den Träger des Geldmonopols in Form des Münzgewinns oder der Verzinsung des von der Zentralbank ausgeliehenen »kostenlos« geschaffenen Geldes zwangsläufig anfällt, sowie um die Zinserträge aus den angesammelten Devisenreserven. Bedenkt man, daß der durchschnittlich jährlich ausgeschüttete Bundesbankgewinn in den letzten 5 Jahren immerhin 13,3 Mrd. DM betrug, so sieht man, daß es hier um beträchtliche Größenordnungen gehen kann. Zum Umfang der Seignorage im europäischen Vergleich siehe Th. Jordan: Seignorage, Defizit, Verschuldung und Europäische Währungsunion, Bern, Stuttgart, Wien 1994, S. 257 ff.

denten der nationalen Zentralbanken. Er ist mit mindestens zwei Dritteln seiner Mitglieder beschlußfähig und muß mindestens 10 mal im Jahr tagen. Die Beratungen sind wie im deutschen Zentalbankrat grundsätzlich vertraulich.

Der EZB-Rat trifft alle grundsätzlichen Entscheidungen und legt die Geldpolitik der Gemeinschaft fest, einschließlich der Entscheidungen über geldpolitische Zwischenziele (z.B. Geldmengenkonzept), Leitzinssätze etc.

Das Direktorium führt die Geldpolitik gemäß den Leitlinien und Entscheidungen des EZB-Rates aus und erteilt den nationalen Zentralbanken die hierfür erforderlichen Weisungen. Die nationalen Zentralbanken sind integraler Bestandteil des ESZB und in allen geldpolitischen Fragen an die Weisungen der EZB gebunden.

Die Sicherung der Unabhängigkeit der EZB und des ESZB

Die EZB und die nationalen Zentralbanken sind bei der Durchführung der ihnen durch EU-Vertrag und Satzung zugewiesenen Aufgaben weisungsunabhängig von allen Regierungen und anderen öffentlichen Stellen und ihrerseits auch nicht befugt, Weisungen anderer Stellen einzuholen (Art. 107).

Der Präsident, der Vizepräsident und die übrigen Mitglieder des Direktoriums werden von den Staats- und Regierungschefs auf Empfehlung des Europäischen Rates einvernehmlich ausgewählt und ernannt. Zur Vorbereitung seiner Empfehlung hört der Rat das Europäische Parlament und den EZB-Rat an.

Die Mitglieder des Direktoriums werden für 8 Jahre ernannt. Eine Wiederernennung ist nicht zulässig. Ihre Beschäftigungsbedingungen, also Gehälter, Ruhegehälter, soziale Nebenleistungen etc., werden vom EZB-Rat auf Vorschlag eines Ausschusses festgelegt, der aus drei vom EZB-Rat und drei vom Europäischen Rat ernannten Mitgliedern besteht.

Die persönliche Unabhängigkeit der Direktoriums-Mitglieder wurde also soweit sichergestellt, wie dies institutionell nur möglich ist – bis hin zum Ausschluß ihrer Wiederwahl. Die Erfahrungen mit hohen Richtern und anderen Amtsträgern in ähnlicher Absicherung sprechen dafür, daß die Mitglieder des Direktoriums ihrer Überzeugung gemäß handeln werden. Die notwendige einvernehmliche Bestellung durch die Staats- und Regierungschefs stellt auf der anderen Seite sicher, daß Persönlichkeiten mit einseitigen und kontroversen Ansichten kaum Ernennungschancen haben werden.

Das Direktorium hat zwar eine große institutionelle Macht, weil es die laufenden Geschäfte der EZB führt. Es muß auf der anderen Seite den vom EZB-Rat festgelegten Grundlinien folgen, dort aber haben die Präsidenten der nationalen Zentralbanken, gegenwärtig 15 und mit jeder EG-Erweiterung noch mehr, die Mehrheit.

Deshalb ist eine vergleichbare Unabhängigkeit der Präsidenten der nationalen Zentralbanken ebenfalls wichtig. Diese ist institutionell zwar uneingeschränkt gegeben. In bezug auf die persönliche Unabhängigkeit aber regelt die Satzung, daß die Amtszeit der Präsidenten mindestens 5 Jahre betragen muß, wobei eine Wiederwahl zulässig ist. An dieser Stelle ist es offenbar nicht gelungen, die bei der Bundesbank übliche Vertragsdauer von 8 Jahren zur allgemeinen Norm zu erheben. Dies ist ein gewisser Schönheitsfehler. Aber selbst wenn die Unabhängigkeit des einen oder anderen dadurch beeinträchtigt wäre, bleibt fraglich, inwieweit dies auf ein Gremium durchschlägt, das 20 Mitglieder hat und sich – wie auch der Zentralbankrat – üblicherweise um einvernehmliche Entscheidungen bemühen wird.[7]

---

7 Der ehemalige Bundesbankpräsident Helmut Schlesinger, ein engagierter Verfechter der Notenbank-Unabhängigkeit und des Vorrangs für die Wahrung der Preisstabilität, äußerte stets die Überzeugung, daß die persönliche Unabhängigkeit der No-

Auch die Vertreter der Bundesbank erkennen an, wenngleich teilweise widerwillig, daß die europäische Geldverfassung, insbesondere in Hinblick auf die eindeutige Orientierung an der Preisstabilität und der Absicherung der Unabhängigkeit der Notenbank, noch besser und präziser gelungen ist als die entsprechenden Bestimmungen im Bundesbankgesetz. Wenn etwa der nordrhein-westfälische LZB-Präsident Reimut Jochimsen, der sich als besonders profilierter Kritiker des Maastricht-Vertrages hervorgetan hat, gleichwohl kritisiert, daß »die Maastrichter Regelungen für sich genommen keineswegs eine funktionsfähige monetäre Ordnung schaffen«[8], so bezieht er sich dabei durchweg auf Punkte, die auch in der deutschen Geldverfassung nicht geregelt sind, z.B. daß das EZB keine Kompetenz zur Festlegung der Wechselkurse hat und daß das Stabilitätsziel (d.h. die höchstens tolerierbare Inflationsrate) nicht gesetzlich quantifiziert ist. Als einziges Argument bleibt bei ihm am Ende der fehlende staatliche Überbau der Europäischen Union (vgl. dazu Kapitel 8).

Die Konvergenzkriterien

Nach Art. 109 j berichten die Europäische Kommission und das europäische Währungsinstitut (EWI) vor Eintritt in die 3. Stufe dem Rat über die Fortschritte der Mitgliedstaaten bei der Schaffung der Voraussetzungen für die Wirtschafts- und Währungsunion.

In den Berichten wird geprüft, ob die Satzungen der nationalen Notenbanken bereits an die künftige ESZB-Satzung angepaßt sind. Insbesondere aber soll geprüft werden, »ob ein

---

tenbankpräsidenten und Direktoriumsmitglieder unabhängig von ihrer Herkunft ein stabilitätsgerechtes Verhalten mit sich bringen werde.

8 R. Jochimsen: Perspektiven a.a.O., S. 112.

hoher Grad an dauerhafter Konvergenz erreicht ist«. Maßstab hierfür sind die folgenden in einem Protokoll zum Vertrag[9] präzisierten Kriterien:

- *Hoher Grad an Preisstabilität:* Die Inflationsrate soll um nicht mehr als 1,5 Prozentpunkte über der Inflationsrate der drei preisstabilsten Länder unter den Mitgliedstaaten liegen.

- *Auf die Dauer tragbare Finanzlage der öffentlichen Hand:* Dies wird gemessen am öffentlichen Defizit und am öffentlichen Schuldenstand, die nicht höher als 3 % bzw. 60 % des Bruttoinlandsprodukts liegen sollen. Durch die Bezugnahme auf Art. 104 c gelten hierbei jedoch alle oben beschriebenen Präzisierungen bzw. Relativierungen.

- *Einhaltung der normalen Bandbreiten im EWS* nach mindestens zwei Jahren ohne starke Spannungen und insbesondere ohne Abwertung gegenüber der Währung eines anderen Mitgliedstaates: Die schweren EWS-Krisen der Jahre 1992 und 1993 haben diesem Kriterium eine bei Vertragsabschluß unerwartete Aktualität gegeben. Da im Jahre 1993 der Rahmen für die im EWS zulässigen Wechselkursschwankungen von +/– 2,25 % auf +/– 15 % erhöht wurde, hat die Einhaltung der EWS-Parität als Konvergenzkriterium allerdings stark an Stringenz verloren.

- *Annäherung der langfristigen Zinssätze:* Der Abstand zu den langfristigen Zinsen der (höchstens drei) stabilsten Länder soll nicht mehr als 2 Prozentpunkte betragen. Da langfristige Zinssätze in einer Währung in hohem Maße die Inflations- und Wechselkurserwartungen für die jeweilige Währung widerspiegeln, kommt diesem Kriterium eine besondere Bedeutung zu.

---

9 Protokoll über die Konvergenzkriterien nach Artikel 109 j des Vertrages zur Gründung der Europäischen Gemeinschaft.

Der Beginn der einheitlichen Währung

Die Konvergenzkriterien haben jedes für sich eine gewisse Elastizität und können ökonomisch sinnvoll nur im Zusammenhang beurteilt und interpretiert werden. Diese Beurteilung wird vom Europäischen Rat der Wirtschafts- und Finanzminister vorgenommen. Damit läuft die Qualifikation zur Teilnahme an der einheitlichen Währung letztlich auf eine politische Entscheidung hinaus.

Anhand der Berichte der Kommission und des EWI beurteilt der Rat der Wirtschafts- und Finanzminister,

- ob die einzelnen Mitgliedstaaten die notwendigen Voraussetzungen für die Einführung einer einheitlichen Währung erfüllen[10] und
- ob eine Mehrheit der Mitgliedstaaten diese Voraussetzungen erfüllt.

Auf dieser Grundlage entscheidet sodann der Rat der Staats- und Regierungschefs,

- ob eine Mehrheit der Mitgliedstaaten die notwendigen Voraussetzungen erfüllt,
- ob der Eintritt in die 3. Stufe zweckmäßig ist und – wenn ja –
- wann die 3. Stufe beginnen soll.

Aber: Wenn bis Ende 1997 kein Zeitpunkt festgelegt wurde, dann beginnt die 3. Stufe nach Art. 109 Abs. 4 automatisch am 1. Januar 1999 mit den Ländern, die sich qualifiziert haben.

Zwar kann der Gesamtzusammenhang der Bestimmungen zur Währungsunion durchaus dahingehend interpretiert werden, daß nach dem Willen der Vertragspartner eine Währungsunion

---

10 Im Vertragstext ist an dieser Stelle nicht davon die Rede, ob die einzelnen Mitglieder die Konvergenzkriterien erfüllen. Lediglich in der Wiedergabe des Vertragsinhalts durch die Bundesbank wird »Voraussetzungen für Einführung einer einheitlichen Währung« durch »Konvergenzkriterien« ersetzt. Vgl. Die Beschlüsse von Maastricht zur Europäischen Wirtschafts- und Währungsunion, a.a.O., S. 50.

nur als Stabilitätsgemeinschaft beginnen soll, so daß ein Aufschieben bei nicht erreichter Stabilität auch nicht vertragswidrig wäre.[11] Dabei bleibt aber der materielle Gehalt des Stabilitätsbegriffs weiterhin unbestimmt und damit der politischen Interpretation zugänglich.

Auch gibt es Stimmen, die den sich aus einer wortgemäßen Interpretation des Vertrages ergebenden Automatismus mit guten Gründen für rechtlich nicht vertretbar halten[12], aber derartige Lehrmeinungen zielen an der jetzt geschaffenen europäischen Lebenswirklichkeit vorbei. Die vertraglich festgelegte Prozedur führt nämlich zu einem eigengesetzlichen Verfahrensablauf, dem sich einzelne Beteiligte nur unter sehr hohen politischen Kosten entziehen können: Vor dem 1. Juli 1998 muß der Rat der Staats- und Regierungschefs mit qualifizierter Mehrheit festlegen, welche Staaten die Voraussetzungen für die Einführung einer einheitlichen Währung erfüllen. Zum 1. Juli 1998 wird dann in jedem Falle die EZB gegründet, und das EWI stellt seine Tätigkeit ein.

Nochmals: Die Vertragskonstruktion ist so angelegt, daß die EZB spätestens zum 1. Juli 1998 gegründet wird und die 3. Stufe am 1. Januar 1999 beginnt, wenn sich überhaupt irgendwelche Länder für die Teilnahme qualifizieren. Ob dies auch bei offenkundiger Unvernunft des Ergebnisses faktisch haltbar wäre, sei einmal dahingestellt, rechtlich aber läßt der Vertrag kaum eine andere Interpretationsmöglichkeit zu.[13] Zumindest stellt die Vertragskonstruktion eine politische Automatik her,

---

11 Vgl. H. Kortz: Die Entscheidung über den Übergang in die Endstufe der Wirtschafts- und Währungsunion, Baden-Baden 1996, S. 306.

12 Vgl. M. Seidel: Rechtliche und politische Probleme beim Übergang in die Endstufe der Wirtschafts- und Währungsunion, Deutsche Bundesbank, Auszüge aus Presseartikeln vom 4. Juni 1996, S. 5.

13 Vgl. U. Häde: Währungsunion und Finanzausgleich. Der Übergang zur Währungshoheit, in: H.J. Hahn: Das Währungswesen in der Europäischen Integration, Baden-Baden 1996, S. 157 ff.

aus der sich für die Staats- und Regierungschefs die pragmatische Notwendigkeit ergibt, den Kreis der Teilnehmer so groß zu machen, daß ein sinnvoller Start der einheitlichen Währung möglich ist.

Wenn z.B. – theoretisch – die Konvergenzkriterien zum 1. Juli 1998 bei ganz strenger Interpretation nur von Irland und Luxemburg erfüllt werden, dann werden die Staats- und Regierungschefs Veranlassung haben, eine etwas weniger strenge Interpretation zu wählen, die mindestens auch Frankreich und Deutschland die Teilnahme erlaubt. Und diese Entscheidung findet in jedem Falle vor der Bundestagswahl 1998 statt!

Wer auf die Zwischentöne der verschiedensten öffentlichen Äußerungen von Kohl, Chirac, Juppé oder Kinkel hört, sieht sich in dieser Einschätzung bestätigt.[14]

---

14 So haben die Staats- und Regierungschefs auf ihrem Treffen in Cannes Ende 1995 sowohl den Zeitplan der Währungsunion als auch die Konvergenzkriterien bestätigt, d.h., die Möglichkeiten eines logischen Widerspruches a priori ausgeschlossen.

6. Die Konvergenzkriterien, Verhältnis zueinander, Relevanz und logische Bedeutung

Rund 80 % der wissenschaftlichen und politischen Literatur über die Europäische Währungsunion befassen sich mit den Konvergenzkriterien.[1] Es gibt eine schier unendliche Fülle von Schriften, die »beweisen«, daß die Konvergenzkriterien

- unvollständig sind,
- unsinnig ausgewählt sind,
- unpräzise oder widersinnig formuliert sind,
- manipulierbar sind,
- ohne große Schäden nicht eingehalten werden können,
- ohne große Schäden nicht vernachlässigt werden können,
- von den Politikern nicht ernst genommen würden, worüber es bereits politische Absprachen gebe,
- in der späteren Währungsunion nicht eingehalten würden, selbst wenn ihre Beachtung vor Einführung der Union gesichert sei.

---

1 Dieses Kapitel stützt sich insbesondere auf: H. Lesch: Konvergenzkriterien einer Europäischen Währungsunion: Zur Logik der Bestimmungen von Maastricht, Bonn 1993. B. Gaude: Europäische Währungsunion und finanzpolitische Konvergenz, Arbeitspapier Nr. 25 des Schwerpunktes Finanzwissenschaft/Betriebswirtschaftliche Steuerlehre der Universität Trier, Trier 1992. Wissenschaftlicher Beirat beim Bundesministerium der Finanzen: Die Bedeutung der Maastricht-Kriterien für die Verschuldungsgrenzen von Bund und Ländern, Schriftenreihe des Bundesministeriums der Finanzen, Heft 54, Bonn 1994. Th. Jordan: Seignorage, Defizite, Verschuldung und Europäische Währungsunion, a.a.O., DIW: Die Maastrichter Konvergenzkriterien aus deutscher Sicht, DIW-Wochenbericht 34/1995, S. 591 ff. DIW: Wie wichtig sind die finanzpolitischen Konvergenzkriterien, DIW-Wochenbericht 6/96 ff. R. Jochimsen: Perspektiven, a.a.O., sowie auf verschiedene Berichte der Deutschen Bundesbank, der Europäischen Kommission und des Europäischen Währungsinstituts.

Im folgenden soll nicht jeder argumentative Seitenweg beschritten werden. Es kommt vielmehr darauf an, sich über den inneren Zusammenhang der Kriterien und ihre Bedeutung im einzelnen sowie über ihren elementar politischen Charakter ein abgewogenes Bild zu machen.

Innerer Zusammenhang und theoretische Fundierung der Konvergenzkriterien

Oben wurde gezeigt, daß eine Währungsunion umso vorteilhafter, spannungsfreier und stabiler ist, je ähnlicher die wirtschaftlichen Strukturen, die monetären Verhältnisse und die fiskalischen Verhaltensweisen der beteiligten Länder sind:

- Kein Land sollte mit einem für seine Wettbewerbsfähigkeit zu hohen *Kostenniveau* in eine Währungsunion gehen. Auch sollten bei Beginn der Währungsunion die Leistungsbilanzdefizite ungefähr ausgeglichen sein. Ein Indikator für die Erfüllung dieser beiden Bedingungen können spannungsfreie Wechselkursverhältnisse zum Zeitpunkt des Eintritts in die Währungsunion sein. Hieraus wird das *Wechselkurskriterium* abgeleitet.

- Die *Inflationsraten* der beteiligten Länder sollten in der Ausgangslage möglichst nahe aneinander liegen. In einem einheitlichen Währungsraum kann es nämlich nur noch eine einheitliche Entwicklung des allgemeinen Preisniveaus geben. Spannt man nun Länder mit sehr unterschiedlichen Inflationsraten zusammen, so muß die neue gemeinsame Notenbank in der Anfangsphase entweder eine sehr restriktive Geldpolitik machen – damit würde sie den preisstabilen Mitgliedsländern in Form hoher Zinsen unnötige Opfer abfordern –, oder die Geldpolitik würde sich eher nach den Notwendigkeiten der Länder mit hoher Inflationsrate richten – damit würde den preisstabilen Ländern eine höhere Inflationsrate als im ehemaligen nationalen Währungsraum aufgebürdet. Das heißt: Ohne hinreichende *Inflationskonvergenz* würden die preisstabilen Länder bei Eintritt in die Währungsunion in jedem Falle erhebliche Nachteile erfahren.

- Die Verhaltensweisen aller am Wirtschaftsleben Beteiligten richten sich nicht nur an aktuellen Daten, sondern mehr noch an ihren Erwartungen aus. Wenn z.B. Unternehmen über ihre Preispolitik entscheiden, Gewerkschaften ihre Lohnforderungen beschließen oder Private über den Kauf langfristiger Staatsanleihen nachdenken, dann gehen die Erwartungen über die zukünftige Inflationsentwicklung in diese Überlegungen ein. Solche Erwartungen sind – zu Recht – wesentlich stärker von den langfristigen Erfahrungen in der Vergangenheit als von der gerade aktuellen Entwicklung geprägt. Deshalb fordern die Kapitalanleger für deutsche langfristige Anleihen selbst dann weniger Zinsen als für französische Anleihen, wenn die aktuelle Inflationsrate in Frankreich niedriger ist. Erst dann, wenn eine bestimmte Tendenz längere Zeit anhält, passen sich die Erwartungen der Marktteilnehmer allmählich an. Darum ist die *Annäherung der langfristigen Zinsen* ein wichtiger Indikator dafür, ob sich die Inflationserwartungen angenähert und damit inflationstreibende Verhaltensweisen in den ehemals stärker inflationierenden Ländern abgebaut haben.

- Je größer die Finanzprobleme eines Staates sind, desto stärker ist die Versuchung, finanzielle Lücken durch eine Politik des leichten Geldes zu schließen. Deshalb stellen Staaten mit unterschiedlichen finanziellen Verhältnissen auch unterschiedliche Forderungen an die Geldpolitik. Selbst bei vergleichbarem Sparwillen haben Staaten je nach dem Umfang ihrer in der Vergangenheit aufgelaufenen Verschuldung ganz unterschiedliche langfristige Finanzprobleme. Die aktuelle Staatsverschuldung von gegenwärtig rd. 60 % des

Bruttoinlandsprodukts kostet den deutschen Staat jährlich rd. 140 Mrd. DM Zinsen. Diese Zinsen verschlingen rund 20 % des gesamten deutschen Steueraufkommens. Hätte die deutsche Verschuldung italienisches Niveau, so müßten 40 % unseres Steueraufkommens allein für die Zinslast aufgewandt werden. Es ist ganz klar, daß unter solchen Bedingungen die Versuchung steigt, die staatliche Schuldenlast z.B. durch etwas mehr Inflation abzumildern. Deshalb ist der *Schuldenstand* des Staates im Verhältnis zum Bruttoinlandsprodukt ein wichtiges Konvergenzkriterium.

- Der Schuldenstand eines Landes spiegelt die finanzielle Solidität vergangener Jahre wider. Die aktuelle Solidität der Finanzpolitik kann besser am laufenden Defizit des Staates im Verhältnis zum Bruttoinlandsprodukt gemessen werden. Dies geschieht anhand des Konvergenzkriteriums *Defizitquote*.

Jeder Indikator ist isoliert gesehen von geringer Aussagefähigkeit. So ist es z.B. für die geldpolitische Bewertung ein großer Unterschied, ob sich ein starker Anstieg des Schuldenstandes einfach durch eine lockere Finanzpolitik ergeben hat, oder ob eine besondere Entwicklung, wie in Deutschland die Finanzierung der Einheit, dafür die Ursache gewesen ist. Es ist auch ein Unterschied, ob ein Wechselkurs durch besonders hohe inländische Zinsen künstlich stabil gehalten wird oder ob sich diese Stabilität ohne besondere geldpolitische Anstrengung aus der Exportstärke eines Landes ergibt. Es kommt deshalb darauf an, alle Indikatoren im Zusammenhang zu bewerten und sich über die gleichwohl mit ihnen verbundene Unschärfe keine Illusionen zu machen.

Zudem liefern alle Indikatoren, wie etwa Jochimsen zu Recht kritisiert, keinen Maßstab für die *reale Konvergenz* der an der Währungsunion teilnehmenden Länder.[2] Leider macht auch

---

2 R. Jochimsen: Perspektiven a.a.O., S. 115.

Jochimsen keinen Vorschlag, wie solch ein Maßstab operativ gestaltet werden könnte. Sinnvoll wäre z.B. ein Maßstab für die konvergente Entwicklung der Lohnpolitik – in dem Sinne, daß die gesamtwirtschaftliche Lohnentwicklung in den verschiedenen Ländern produktivitätsorientiert erfolgt und nicht durch unterschiedlich hohen Kostendruck neue Inflationspotentiale aufbaut. Solch ein Kriterium wäre aber unvereinbar mit der Tarifautonomie und ganz einfach unpolitisch. Es liefe nämlich am Ende auf Lohnleitlinien durch die EU hinaus. Lohnleitlinien aber werden nicht einmal im nationalen Rahmen akzeptiert.

Die monetären Konvergenzkriterien

Das Inflationskriterium

Im Durchschnitt der siebziger Jahre hatte die italienische und britische Inflationsrate durchschnittlich bei knapp 14 % gelegen, im Durchschnitt der achtziger Jahre sank die italienische Inflationsrate auf 9,6 %, die britische sogar auf 6,6 %. Die französische Inflationsrate sank im Durchschnittsvergleich der beiden Jahrzehnte von 9,6 % auf 6,3 % und die deutsche von 5,1 auf 2,6 % (vgl. Tabelle 2). Diese Annäherung hat sich in der ersten Hälfte der neunziger Jahre weiter fortgesetzt. Gegenüber Deutschland sank seit den siebziger Jahren der Inflationsabstand von

- Frankreich von 4,5 auf 0,1 Prozentpunkte,
- England von 8,6 auf 1,4 Prozentpunkte,
- Italien von 8,7 auf 3,8 Prozentpunkte.

Tabelle 2: *Inflationsraten 1970-1990 in verschiedenen Ländern*

	Durchschnittliche Inflationsrate	
	1970 - 80	1980 - 90
Belgien	7,3	4,5
Dänemark	9,8	5,9
DEUTSCHLAND	5,1	2,6
Frankreich	9,6	6,3
Griechenland	14,3	19,0
Großbritannien	13,7	6,6
Irland	13,6	7,7
Italien	13,8	9,6
Niederlande	7,3	2,4
Portugal	18,6	17,1
Spanien	15,2	9,3
Kanada	8,0	5,9
Japan	9,0	2,0
Schweiz	5,0	3,4
USA	7,8	4,7

Quelle: Bundesministerium für Wirtschaft, entnommen aus Lesch, H.: Konvergenzkriterien einer Europäischen Währungsunion

Der durchschnittliche Preisanstieg in der gesamten Europäischen Union lag 1995 bei 3,0 % und damit um 1,4 Prozentpunkte höher als der Preisanstieg in Deutschland. In Schaubild 11 wird die erhebliche Annäherung der Inflationsraten in den vergangenen 15 Jahren optisch verdeutlicht.

Schaubild 10: *Stand des Konvergenzfortschritts bei Schuldenstand und Staatsdefizit 1996*

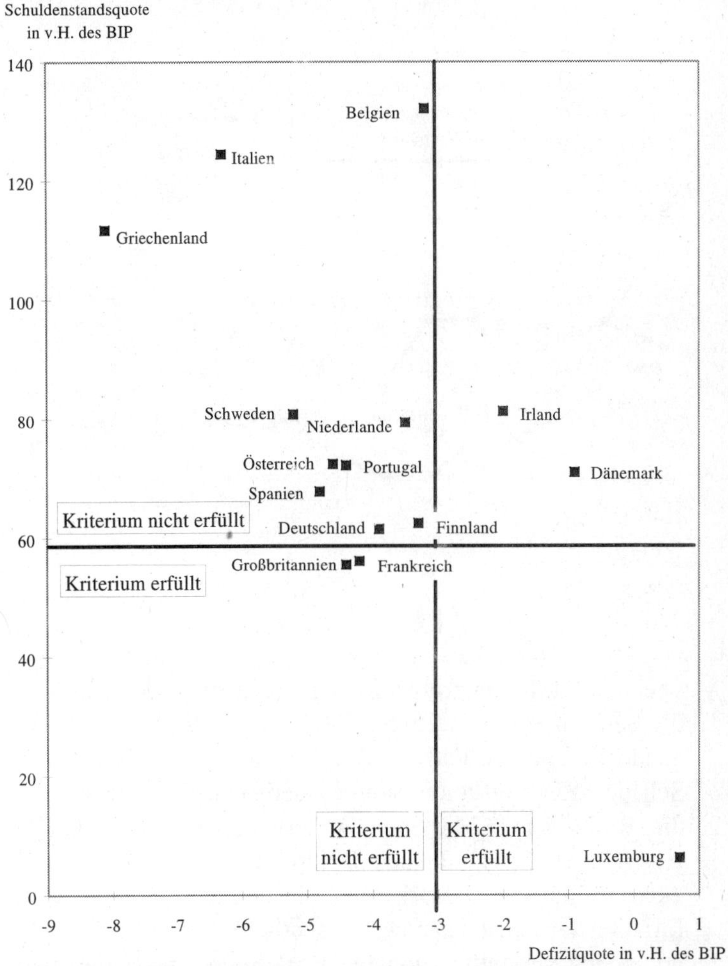

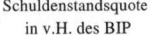

Schuldenstandsquote
in v.H. des BIP
140
120
100
80
60
40
20
0
Belgien
Italien
Griechenland
Schweden
Niederlande
Irland
Österreich
Portugal
Dänemark
Spanien
Kriterium nicht erfüllt
Deutschland
Finnland
Großbritannien
Frankreich
Kriterium erfüllt
Kriterium
nicht erfüllt
Kriterium
erfüllt
Luxemburg
-9
-8
-7
-6
-5
-4
-3
-2
-1
0
1
Defizitquote in v.H. des BIP

Quelle: Landeszentralbank Rheinland-Pfalz

Schaubild 11: *Konvergenz der Inflationsraten wichtiger EU-Währungen 1980 bis 1995*

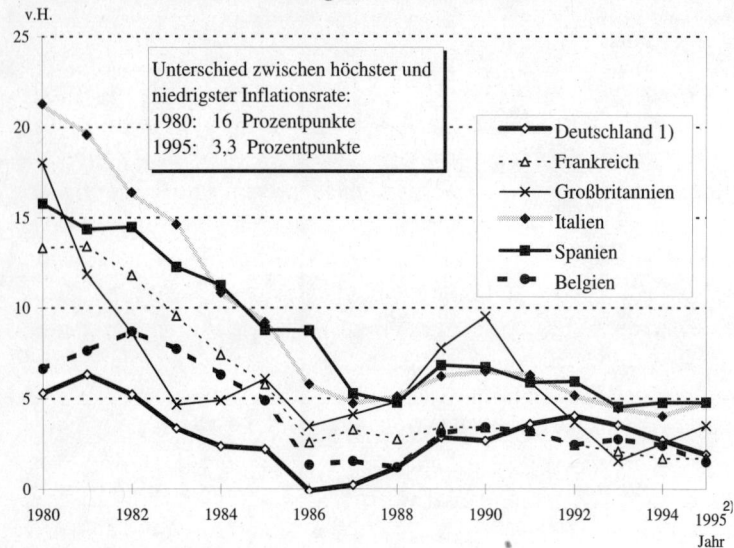

Unterschied zwischen höchster und niedrigster Inflationsrate:
1980: 16 Prozentpunkte
1995: 3,3 Prozentpunkte

Deutschland 1)
Frankreich
Großbritannien
Italien
Spanien
Belgien

1) ehemaliges Bundesgebiet
2) 1995 nur Januar bis August
Quelle: Jahresgutachten des Sachverständigenrates 1995/96

Maßgebend für diesen großen Erfolg waren zwei Elemente:
1. die seit Ende der siebziger Jahre zum Allgemeingut werdende Erkenntnis, daß der langfristige volkswirtschaftliche Schaden hoher Inflationsraten größer ist als ihr Nutzen,
2. die Rolle der D-Mark als Ankerwährung im EWS. Die Ausrichtung der nationalen Geldpolitiken an der Wechselkursstabilität zur D-Mark führte in den Ländern mit hoher Inflation zunächst zu einer wesentlich restriktiveren Geldpolitik mit wesentlich höheren Realzinsen als aus den siebziger Jahren gewohnt. In der Folge aber – mit steigender Anpassung des Staates, der Unternehmen und der Tarifparteien an niedrigere Inflationsraten – stellten sich deutlich

niedrigere Zinsen als aus der Vergangenheit gewohnt ein, wenngleich sie noch immer höher waren als in Deutschland.

Das Inflationskriterium des Vertrages sieht – wie bereits dargestellt – vor, daß die Inflationsrate der zur Teilnahme qualifizierten Länder höchstens um 1,5 Prozentpunkte über der durchschnittlichen Inflationsrate der höchstens drei besten Länder liegen darf.[3] 1995 betrug der durchschnittliche Preisanstieg der drei preisstabilsten Länder jahresdurchschnittlich 1,2 %. Die Obergrenze für die Teilnahme hätte demnach bei einer Inflationsrate von 2,7 % gelegen. Gemessen daran, hätten sich auf der Basis von 1995 Italien, Spanien, Portugal, Großbritannien, Schweden und Griechenland nicht für die Teilnahme qualifiziert. Bis auf Griechenland sind aber die Abweichungen nicht so groß, daß nicht bis 1998 noch eine Qualifikationschance bestünde.

Die Messung des Inflationskriteriums ist gar nicht so einfach, da alle Länder leicht abweichende statistische Konzepte benutzen. Deshalb werden alle Länder ab Anfang 1997 einheitliche Meßkonzepte auf der Grundlage einer EU-Verordnung verwenden.[4] Außerdem ergeben sich unterschiedliche Ergebnisse hinsichtlich der Positionierung der einzelnen Länder, je nachdem, ob jahresdurchschnittliche Preissteigerungsraten oder Verlaufsraten genommen werden. Es kann z.B. sein, daß sich ein Land bei der Entscheidung Mitte 1998 auf der Basis der Durchschnittsrate 1996 qualifiziert, wegen eines im Verlaufs der letzten 12 Monate beschleunigten Preisanstiegs sich anhand der aktuellen Zahlen aber nicht qualifizieren würde.[5]

Die Anforderungen des Inflationskriteriums sind auch unterschiedlich streng, je nachdem, ob man die ein, zwei oder drei

---

3 Je nach der Interpretation des Kriteriums ergeben sich leicht abweichende Referenzgrößen. Vgl. EMI: Progress towards convergence, Frankfurt, November 1995.

4 Zum Meßkonzept siehe die Erläuterungen im Jahresbericht 1995 des EWI, S. 43 f.

5 Das DIW zeigt am Beispiel von Deutschland, wie erheblich sich die Frage von Durchschnitts- oder Verlaufsraten auf den gemessenen Abstand auswirkt.

preisstabilsten Länder zugrundelegt. Das gilt insbesondere dann, wenn zum Zeitpunkt der Entscheidung ein oder zwei preisstabile Länder besonders herausragen. Man muß freilich darauf achten, daß derart ziselierte Betrachtungen nicht in Beckmesserei ausarten. Die entscheidende Bedeutung des Inflationskriteriums liegt darin, daß gegenwärtig alle EU-Länder erhebliche Anstrengungen zur weiteren Verringerung des Preisanstiegs unternehmen. Auf diese Art ist es gelungen, die seit 15 Jahren anhaltende Konvergenz der Inflationsraten bis in die jüngste Zeit fortzusetzen und ein bisher nie erreichtes Maß an Homogenität der Preisentwicklung sowie EU-weit den niedrigsten Preisanstieg seit 1966 zu verwirklichen (vgl. Schaubild 12).

Schaubild 12: *Preisanstieg in der EU der 15 seit den 60er Jahren*

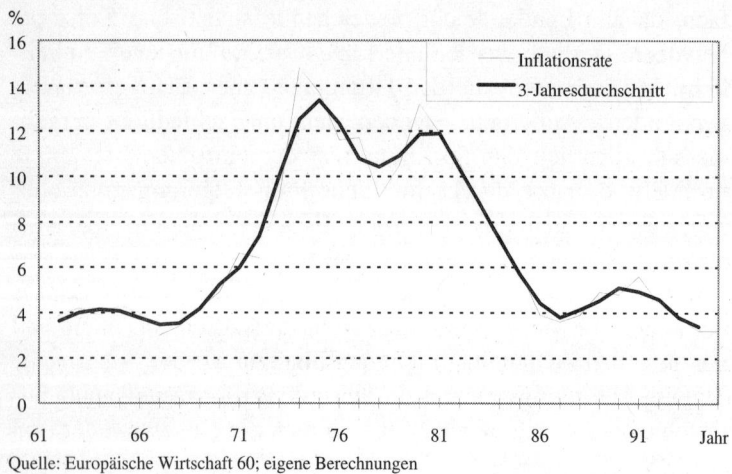

Quelle: Europäische Wirtschaft 60; eigene Berechnungen

Berechtigt ist die vielfach geäußerte Kritik daran, daß der Vertrag nicht eine bestimmte Inflationsrate als absolute Obergrenze setzt (z.B. maximal 2 % Inflationsrate). Geldpolitisch ist für einen spannungsfreien Übergang in die Währungsunion zwar allein entscheidend, daß die Inflationsraten der Teilnehmer eng beieinander liegen. Für die politisch-psychologische Akzeptanz, insbesondere in Deutschland, ist es aber wichtig, daß die Währungsunion mit einer möglichst niedrigen Inflationsrate startet. Allerdings hätte eine ehrgeizige absolute Obergrenze möglicherweise den Nachteil gehabt, daß sie viele Länder von Anfang an entmutigt und so die Anstrengungen zur Inflationsbekämpfung dort eher gehemmt hätte. Außerdem hätte ein Wettlauf auf eine bestimmte Inflationszielmarke »um jeden Preis« je nach den übrigen Rahmenbedingungen auch schädliche Auswirkungen haben können. So ist es durchaus möglich, daß externe Schocks – z.B. eine neue Ölkrise – auch in stabilitätsbewußten Volkswirtschaften die Inflationsrate vorübergehend über 2 % drücken. Niemand konnte aber bei Vertragsabschluß 1991 wissen, wie das weltwirtschaftliche Umfeld sieben Jahre später aussehen würde.

Wegen der gerade in jüngster Zeit weiter fallenden Inflationsraten hat zudem die Befürchtung, die Währungsunion könnte 1999 mit einem allgemein zu hohen Preisanstieg als »Inflationsgemeinschaft« beginnen, ihre praktische Bedeutung weitgehend verloren: Bis zur Festlegung des Teilnehmerkreises vergeht nur noch ein recht überschaubarer Zeitraum, und nennenswerte Preisturbulenzen sind weltweit nicht in Sicht. Ein übriges tun die Bemühungen der jetzt noch nicht qualifizierten EU-Staaten, ihre Inflationsraten weiter abzusenken. In bezug auf den voraussichtlichen Preisanstieg zu Beginn kann man daher der Währungsunion eine sehr gute Prognose stellen.

Das Zinskriterium

Nach dem Zinskriterium soll der langfristige Zins in den zur Teilnahme qualifizierten Ländern um nicht mehr als 2 Prozentpunkte über dem durchschnittlichen Zinssatz der für das Inflationskriterium maßgebenden Länder liegen. Es ist beachtenswert, daß als Maßstab für das Zinskriterium nicht die Länder mit den niedrigsten Zinsen, sondern mit der niedrigsten Inflationsrate genommen werden.

Zwar ist im Durchschnitt der langfristige Zins umso niedriger, je niedriger die Inflationsrate ist, während Länder mit hohen Inflationsraten eher hohe Zinsen haben (siehe Schaubild 9). Es kann aber geschehen, daß ein Land, dessen aktuelle Inflationsrate nicht zu den niedrigsten zählt, gleichwohl besonders niedrige langfristige Zinsen hat. Im langfristigen Zins kommt nämlich das Vertrauen zum Ausdruck, daß die Sparer und übrigen Kapitalanleger in die langfristige Stabilität einer Währung haben. Die entsprechenden Einschätzungen haben sich über Jahrzehnte entwickelt, und es bedarf vieler Jahre gegenteiliger Erfahrungen, bis sich das »Stabilitätsimage« einer Währung nachhaltig verbessert oder verschlechtert. So hat Deutschland nach wie vor den niedrigsten langfristigen Zinssatz in der EU – 1995 um 0,7 Prozentpunkte niedriger als Frankreich – obwohl eine Reihe von Ländern, darunter auch Frankreich, in der ersten Hälfte der neunziger Jahre fühlbar niedrigere Inflationsraten hatte.

Dieser Charakter des langfristigen Zinses als »Vertrauensmaßstab« war offenbar der Grund für seine Aufnahme unter die Konvergenzkriterien.

Bei Währungen, die als weniger stabil eingeschätzt werden, fordern die Anleger im langfristigen Bereich eine Inflations- oder Risikoprämie, die sich in einer höheren Realverzinsung niederschlägt (vgl. Schaubild 13). Wenn durch eine erfolgreiche Stabilisierungspolitik in einem traditionell inflationsgeneigten Land die Inflationsrate sinkt, steigt paradoxerweise zunächst sogar die Realverzinsung. Die Kapitalanleger brauchen zumeist einige Jahre, bis sie wirklich darauf vertrauen, daß die Inflationsrate dauerhaft noch unten gedrückt wurde.

Schaubild 13: *Zinsabweichung gegenüber Deutschland*
+ = höhere Zinsen als Deutschland

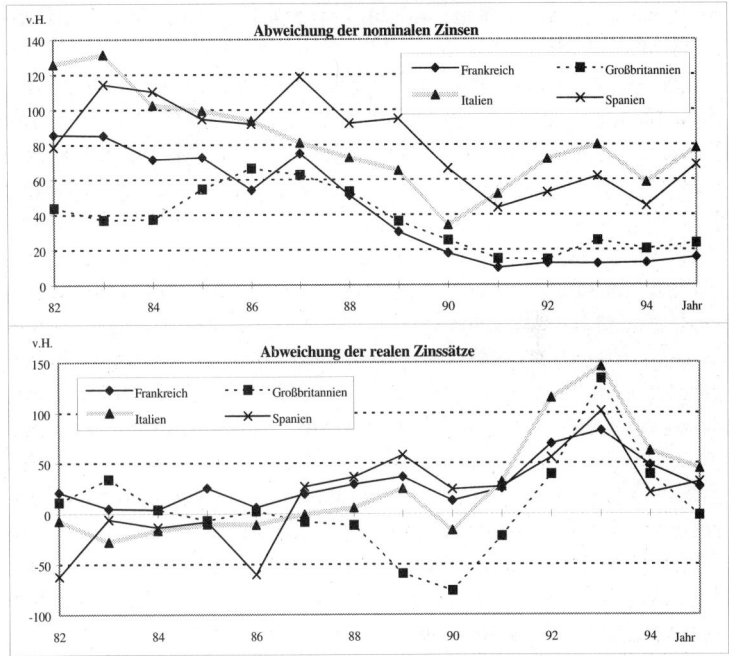

Quelle: Jahresgutachten des Sachverständigenrates 1995/96; eigene Berechnungen

Im hohen italienischen Zinsniveau spiegelt sich auch die Einschätzung der Marktteilnehmer, daß Italien sich voraussichtlich nicht für die Währungsunion qualifizieren wird. Deshalb hat die Lira auf längere Sicht ein hohes Abwertungsrisiko, das die Anleger sich ebenfalls durch höhere Zinsen honorieren lassen.

Umgekehrt bedeutet dies: Für die Beurteilung jener Länder, deren Teilnahme an der Währungsunion als wahrscheinlich gilt, verliert das Zinskriterium umso mehr an Aussagekraft, je näher die Währungsunion rückt. Wenn nämlich merkliche Wechselkursänderungen vor Beginn der Währungsunion ausgeschlossen werden können, werden die Währungen der teilnehmenden Länder mit näherrückendem Termin immer »euro-ähnlicher«. Für die Anlage in ihnen verlieren die spezifischen nationalen Verhältnisse zunehmend an Wichtigkeit. Als Entscheidungsgrundlage für die Qualifikation zur Währungsunion ist deshalb der langfristige Zins ein Kriterium von minderer Bedeutung.

Das Wechselkurskriterium

Das Stufenkonzept für eine Währungsunion hat u.a. zum Inhalt, daß der unwiderruflichen Fixierung der Wechselkurse mit dem anschließenden Übergang zur einheitlichen Währung eine längere Phase mit stabilen Wechselkursen vorausgehen soll. Die spannungsfrei einzuhaltende Wechselkursstabilität gilt dabei auch als Maßstab für den schon verwirklichten Grad an realer Konvergenz. So war die Entwicklung konzeptionell im Delors-Bericht angelegt[6], und auch der Maastricht-Vertrag gründete auf diesem Konzept.

Die 1992 und 1993 im EWS aufgetretenen Turbulenzen mit der Erhöhung der Bandbreiten von +/– 2,25 % auf +/– 15 % und dem Ausscheiden der Lira und des Pfundes aus dem Interventionsmechanismus haben dieses schöne Konzept seiner Glaubwürdigkeit beraubt. Unbemerkt hatten sich eben doch im EWS durch unterschiedliche Inflationsraten gewisse fundamentale Spannungen aufgebaut, die eine deutliche Abwertung von Lira, Pfund und Peseta gegenüber der D-Mark zwingend machten (Vgl. Schaubild 14). Außerdem überforderte der starke Anstieg der deutschen Zinsen, ausgelöst durch die zusätzlichen Schulden für die Transfers in die neuen Bundesländer, das

---

6 Dort heißt es: »Soweit die Umstände es erlauben und im Licht der Erfahrungen mit der wirtschaftlichen Konvergenz wurden die Bandbreiten im Wechselkursmechanismus im Zuge der Annäherung an die Endphase der Währungsunion, in der sie ganz wegfallen, verengt.« Bericht zur Wirtschafts- und Währungsunion, a.a.O., S. 143.

im EWS gefundene prekäre Gleichgewicht. Insbesondere Frankreich hätte seine Zinsen weit über das geldpolitisch notwendige und gesamtwirtschaftlich verträgliche Maß hinaus erhöhen müssen, um die Geldabflüsse in Schranken und den Kurs stabil zu halten.

Schaubild 14: *Preisanstieg der wichtigsten EU-Länder relativ zu Deutschland seit 1985 (Deutschland = 100)*

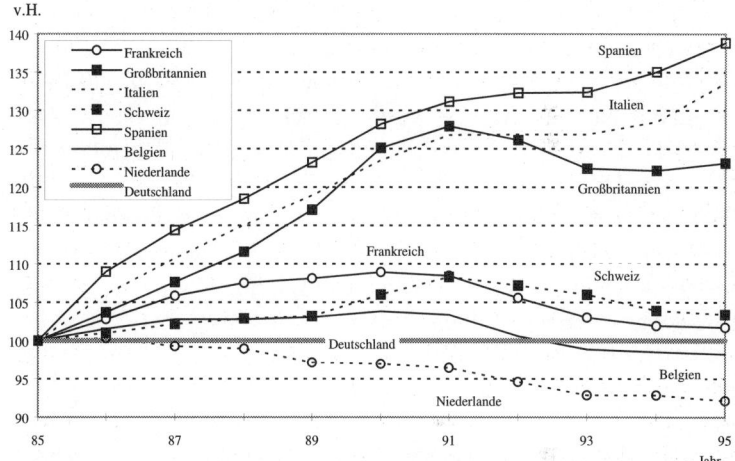

Quelle: Jahresgutachten des Sachverständigenrates 1995/96; OECD Economic Outlook 59; eigene Berechnungen

Dies bestätigte die Franzosen u.a. einmal mehr in ihrem dringenden Verlangen nach einer einheitlichen europäischen Währung. Andererseits erhielten auch die deutschen offenen und heimlichen Kritiker einer Währungsunion Auftrieb und sahen sich in ihrer Einschätzung bestätigt, daß die Konvergenzfortschritte eben noch nicht hinreichend sind, um eine Währungsunion zu rechtfertigen.[7]

---

7 Vgl. exemplarisch H. Tietmeyer: Der Beitrag der Währungspolitik zur europäischen Integration, a.a.O., S. 8f.

Tatsächlich hat die EWS-Krise 1992/93 gezeigt, daß für die Wechselkursstabilität gegenwärtige Fundamentaldaten, zukünftige Erwartungen, zinsinduzierte Kapitalströme und die schiere Spekulation gleichermaßen ein Rolle spielen und gar nicht mehr sinnvoll voneinander getrennt werden können:

- Wie Schaubild 14 zeigt, waren die Lira, die Peseta und das Pfund gegenüber der D-Mark durch eine unterschiedliche Entwicklung des inneren Kostenniveaus und den Beitritt des Pfundes 1990 zu einem überhöhten Kurs eindeutig überbewertet.

- Ebenso eindeutig war der Franc gegenüber der D-Mark nicht überbewertet. Er wurde das Opfer der hohen Attraktivität der aufwertungsverdächtigen D-Mark und der höheren deutschen Zinsen.

- Als die Spekulation sich einmal für eine bestimmte Richtung entschieden hatte, war es unmöglich, den Franc gegenüber der D-Mark mit Erfolg zu verteidigen.

Was wäre nun geschehen, hätten wir bereits 1990 eine Währungsunion gehabt:

- Im Verhältnis zwischen Deutschland und Frankreich wäre gar nichts geschehen, da die Fundamentaldaten stimmten und der Spekulation der Boden entzogen war.

- England, Italien und Spanien aber hätten ihre Kostennachteile nicht durch Abwertung korrigieren können. Ohne interne Kostenanpassung, also verstärkte Rationalisierung und einen deutlich langsameren Lohnanstieg als in Frankreich und Deutschland, wäre es bei ihnen zu steigender Arbeitslosigkeit und geringerem Wachstum und in deren Folge zu höheren staatlichen Defiziten gekommen.

Dieses Beispiel zeigt, wie wichtig es ist, daß die zu Beginn einer Währungsunion unwiderruflich festgesetzten Wechselkurse die tatsächlichen Konkurrenzverhältnisse möglichst gut widerspiegeln. Ein Land, das mit einem überhöhten Wechselkurs einsteigt, beginnt mit einem Handicap, das es in der Währungsunion nur mit großer Disziplin und hohen sozialen Kosten wieder abbauen kann.

Das Beispiel zeigt aber auch, welch große Verantwortung in einer Währungsunion auf die Lohnpolitik in den Mitgliedsländern zukommt, denn gegenüber den Partnern zu stark angestiegene Löhne können künftig nicht mehr durch Wechselkursanpassungen ausgeglichen werden.

Genau wie das Zinskriterium verliert aber auch das Wechselkurskriterium in dem Umfang an Aussagekraft, in dem die Währungsunion näherrückt. Rechtzeitig vor Mitte 1998 werden die Märkte die Währungen der wahrscheinlich zur Teilnahme qualifizierten Länder so bewerten, wie es ihren Prognosemöglichkeiten hinsichtlich der unwiderruflichen Festsetzung der Wechselkurse entspricht. Die Marktkurse werden sich auf die vermuteten endgültigen Kurse allmählich einpendeln. Dabei ergibt die offizielle EWS-Bandbreite von +/− 15 % eine erhebliche Bewertungsmarge. Alle Währungen, deren Marktkurse bis zur unwiderruflichen Festsetzung der Kurse innerhalb der Bandbreite bleiben, haben dann das Wechselkurskriterium automatisch erfüllt. Eine Währung allerdings, die vorher trotz der Interventionsverpflichtungen aus dem Band nach unten ausbricht, also abgewertet werden muß oder das EWS verläßt, hätte sich anhand des Wechselkurskriteriums für die Währungsunion nicht qualifiziert. Das wäre auch vernünftig, denn wenn sich in der relativ kurzen Zeit von 1993 bis 1998 so starke Spannungen erneut aufgebaut hätten, dann wäre dies ein Zeichen für unzureichende reale Konvergenz.

Die fiskalischen Konvergenzkriterien

Im absoluten Zentrum der deutschen Diskussion um die Währungsunion stehen die fiskalischen Konvergenzkriterien. Das hat einmal damit zu tun, daß viele Diskussionsteilnehmer meinen, hier am ehesten mitreden zu können. Es hat aber auch mit der traumatischen deutschen Erfahrung zweier großer Inflationen mit völliger Entwertung der Geldvermögen in diesem Jahrhundert zu tun. In beiden Fällen war der verlorene Krieg nur die indirekte Ursache der Inflation, die direkte aber die Finanzierung des Staatshaushalts durch Notenbankkredite.

Zwar ist jede Notenbankfinanzierung staatlicher Ausgaben im Maastricht-Vertrag sehr stringent ausgeschlossen. Bei stabilitätsorientierter Geldpolitik können aber übermäßige Staatsdefizite eine Reihe anderer negativer Auswirkungen haben:

- Die übermäßige staatliche Kreditnachfrage kann die Zinsen in die Höhe treiben.
- Dies kann zur Verdrängung privater Investitionen und damit zu Wohlstandsverlusten führen.
- Die mit übermäßiger Staatsverschuldung verbundene übermäßige Zinsbelastung des Staates kann zur Einschränkung sozial und wirtschaftlich notwendiger Staatsausgaben oder – alternativ – zu einer übermäßigen Steuerbelastung führen, die das Wachstum mindert sowie Beschäftigungs- und Wohlstandsverluste bewirkt.
- Wenn der Staat seine Finanzverhältnisse nicht mehr ordentlich regeln kann, könnte auch eine unabhängige Notenbank unter politischen und psychologischen Druck geraten, in der Geldpolitik expansiver zu sein und etwas mehr Inflation zuzulassen.

Diese Zusammenhänge gelten auch für alle Länder im bisherigen nationalen Rahmen der Geld- und Finanzpolitik. In einer Währungsunion wirft aber die Koordination von Geld- und Finanzpolitik zusätzliche Probleme auf:

- Länder mit hohen Staatsdefiziten wie Italien, Spanien oder Schweden müssen bislang für ihre Staatsschulden wesentlich höhere Zinsen zahlen als z.B. Deutschland oder Frankreich (vgl. Tabelle 3). In einer Währungsunion profitieren sie vom gegenüber ihren Währungen niedrigeren Zinsniveau. Diese finanzielle Entlastung könnte Anreiz für zusätzliche Schulden sein.

- Unsolide Finanzpolitik eines einzelnen Landes erfährt nicht mehr die unmittelbare Rückmeldung am Kapitalmarkt in Form verschuldungsbedingt steigender Zinsen, da es nur einen einheitlichen Kapitalmarkt gibt, an dem die Staatsverschuldung selbst eines großen Landes nur einen relativ geringfügigen Anteil hat. Dieser einheitliche Zins erhöht sich lediglich um eine »Risikoprämie« für besonders schlechte Schuldner.

Tabelle 3: *Staatsverschuldung und Zinsniveau*

1995	Deutschland	Frankreich	Großbritannien	Italien	Spanien
Defizit in v.H. des BIP	-3,5	-5,0	-6,0	- 7,1	-6,2
Schuldenstand in v.H. des BIP	58,1	52,4	54,0	124,8	65,7
Langfristiger Zins	6,9	7,5	8,3	12,2	11,3
Rangordnung (günstigster Wert = 1)					
Defizit	1	2	3	5	4
Schuldenstand	3	1	2	5	4
Langfristiger Zins	1	2	3	5	4
➤ Hohe Staatsverschuldung korrespondiert mit hohem Zinsniveau					

Quelle: Landeszentralbank Rheinland-Pfalz; eigene Berechnungen

Wirklich überzeugende institutionelle Regeln, wie man in der Währungsunion eine übermäßige Verschuldung einzelner Länder mit wirksamen Sanktionen belegen kann, sind bisher nicht gefunden worden. Man wird hier andere Wege gehen müssen, die wiederum auf die Träume von einer Transfer- und Sozialunion Mehltau fallen lassen (vgl. Kapitel 12). Umso wichtiger ist es, daß sich nur solche Länder für die Währungsunion qualifizieren können, die in der Ausgangslage keine übermäßige Staatsverschuldung haben.

Die große Dehnbarkeit der Konvergenzkriterien zur Verschuldung ist bereits am Schluß von Kapitel 5 anhand der Vertragsbestimmungen dargestellt worden. An dieser Stelle sollen ihre ökonomische Sinnhaftigkeit und ihre Umsetzbarkeit untersucht werden. Die Festlegung einer zulässigen staatlichen Gesamtschuld von 60 % und eines zulässigen laufenden Defizits von 3 % des Bruttoinlandsprodukts ist sowohl dem Grunde als auch der Höhe nach vielfach hinterfragt und kritisiert worden.[8] Reimut Jochimsen urteilt sicherlich nicht zu Unrecht: »Letztlich wird somit ein allgemeines politisches Bewertungsverfahren installiert, das aufgrund seiner großen Interpretationsspielräume stabilitätsaufweichend wirken kann.«[9] Claus Noé wiederum zieht alle Register der Polemik, wenn er vom »3-Prozent-Populismus und der 60 Prozent Willkürquote«[10] spricht.

Es haben offenbar nicht alle verstanden, daß dem kombinierten 3%/60%-Kriterium eine zunächst recht komplexe und dann im Ergebnis recht einfache Überlegung zugrundeliegt. Das kombinierte Kriterium ist nämlich das Ergebnis einer logischen Überlegung darüber, wo die Obergrenzen für die Entwicklung der Staatsverschuldung liegen, wenn die langfristigen Zinsbelastungen aus der Staatsverschuldung nicht stärker wachsen sollen als die gesamte Volkswirtschaft.[11] Dazu wurden gedanklich folgende Schritte vorgenommen:

1. Es wurde von den Vätern der fiskalischen Konvergenzkriterien im Maastricht-Vertrag offenbar unterstellt, daß das

---

8 Vgl. z.B. DIW: Die Maastrichter Konvergenzkriterien, a.a.O., S. 595 ff, sowie: Wie wichtig sind die finanzpolitischen Konvergenzkriterien, a.a.O., S. 96. Das DIW findet die Kriterien eher zu streng.

9 R. Jochimsen: Perspektiven, a.a.O., S. 118.

10 C. Noé: Maastricht – Von der nominellen zur realen Konvergenz, in: Auf dem Wege zur Europäischen Union, hrsg. von der Friedrich-Ebert-Stiftung, Bonn 1996, S.28.

11 Vgl. hierzu auch die Ableitung bei H. Lesch: Konvergenzkriterien einer Europäischen Währungsunion, a.a.O., S. 54 ff.

langfristige nominale Wachstum des Bruttoinlandsprodukts in der EU bei etwa 5 % liegen könnte. Auf diese Zahl kommt man, wenn man das langfristig mögliche durchschnittliche Produktionswachstum bei 2 bis 3 % und die langfristig tolerierbare Inflationsrate ebenfalls bei 2 bis 3 % ansetzt. [12]

2. Der Zuwachs des Schuldenstandes darf dann auch durchschnittlich nicht über 5 % liegen.

3. Diese Bedingung ist erfüllt, wenn der Schuldenstand 60 % und das laufende Defizit 3 % des Bruttoinlandsprodukts betragen, denn dann wächst der Schuldenstand um jährlich 5 %, also nicht schneller als das Bruttoinlandsprodukt (3 % ist 5 % von 60 %).

4. Die Bedingung wäre allerdings auch erfüllt, wenn der Schuldenstand 50 % und das laufende Defizit 2,5 % des Sozialprodukts betrüge. Dann jedoch hätte man die fiskalischen Konvergenzbedingungen für alle Länder außer Luxemburg unerfüllbar gemacht.

5. Eine Bedingungs-Kombination von 70 % Schuldenstand und 3,5 % Defizit wäre wiederum nicht ehrgeizig genug, weil sie schon jetzt weitaus zu hoch verschuldeten Ländern, wie Deutschland oder Frankreich, noch zusätzliche erhebliche Verschuldungsmöglichkeiten beließe.

Entgegen den immer wieder zu hörenden Befürchtungen ist unter den heutigen Rahmenbedingungen das hauptsächliche Problem einer zu hohen Staatsverschuldung weniger die Infla-

---

12 Das ist eine sehr pragmatische Sicht, die auch für die Zukunft einen gewissen durchschnittlichen Preisanstieg als unvermeidlich unterstellt. Wird der unterstellte Preisanstieg als zu hoch kritisiert – so z.B. der wissenschaftliche Beirat beim Bundesfinanzministerium –, dann muß die Neuverschuldungsrate durchschnittlich deutlich unter 3 % gehalten werden, wenn das Schuldenstandskriterium eingehalten werden soll. Vgl. Wissenschaftlicher Beirat beim Bundesministerium der Finanzen: Zur Bedeutung der Maastricht-Kriterien für die Verschuldungsgrenzen von Bund und Ländern, Bonn 1994, S. 16.

tion – die läßt sich durch eine entsprechend harte Politik der europäischen Zentralbank in den Griff kriegen, wenn auch zu noch ungewissen sozialen und wirtschaftlichen Kosten.[13] Die hauptsächlichen Probleme sind vielmehr:

- Die Beanspruchung der privaten Ersparnis mit entsprechenden Verdrängungseffekten für private Investitionen: 1989 nahm in Deutschland der Staatssektor überhaupt keine Schulden für konsumtive Zwecke auf. 1995 war dagegen der Umfang des Staatsdefizits doppelt so hoch wie die staatlichen Nettoinvestitionen. Die privaten Ersparnisse finanzieren in Deutschland zunehmend staatlichen Konsum anstelle von privaten oder staatlichen Investitionen.[14]

- Die wachsende Zinsbelastung des Staates: Die deutsche Steuerquote, also der Anteil der Steuern am Bruttoinlandsprodukt, ist heute so hoch wie in den fünfziger Jahren. Damals allerdings standen die Steuern, weil es keine Staatsschulden, sondern stattdessen Überschüsse gab, uneingeschränkt für die Finanzierung staatlicher Leistungen zur Verfügung. Heute dagegen müssen bereits 20 % der Steuereinnahmen für die Verzinsung der Staatsschuld ausgegeben werden.

Daß gerade das kombinierte Kriterium 3%/60% gewählt wurde, hält der Verfasser nicht für Willkür, sondern für einen Ausdruck von pädagogisch-politischer Weisheit: Das Ziel ist für eine große Zahl von Mitgliedsländern bei entsprechender Anstrengung realistisch, es spornt aber auch an. Es ist weder so hoch, daß schon der Versuch vergeblich wäre, noch so niedrig, daß es eher zu weiterer Verschuldung aufruft.

---

13 Vgl. Arbeitsgemeinschaft der deutschen wirtschaftswissenschaftlichen Institute: Die Lage der Weltwirtschaft und der deutschen Wirtschaft im Frühjahr 1996, in: DIW-Wochenbericht 18/96, S. 311.

14 Vgl. Th. Meyer: Germany's Savings Gap and the Role of Fiscal Policy, in Goldman & Sachs, German Weekly Analyst 19/1996, S. 3.

Der Blick sowohl auf Deutschland wie auf die übrige EU zeigt dann auch, daß die Anstrengungen überall erheblich sind. Eine Absenkung der Defizitquoten und ein Abbremsen des Anstiegs der Schuldenquote, teilweise sogar ihre Absenkung, konnten bis auf wenige Ausnahmen EU-weit erreicht werden (vgl. Schaubilder 15 und 16). Allerdings hat die Abschwächung der Wirtschaftsentwicklung in vielen Ländern die Konsolidierungsbemühungen teilweise durchkreuzt. In der gesamten EU stieg die Bruttoverschuldung des Staates 1995 von 68,1 auf 71,0 % des BIP, das laufende Defizit sank leicht von 5,5 % in 1994 auf 4,7 % in 1995.

Schaubild 15: *Haushaltsdefizit im Verhältnis zum Bruttoinlandsprodukt 1980 bis 1995*

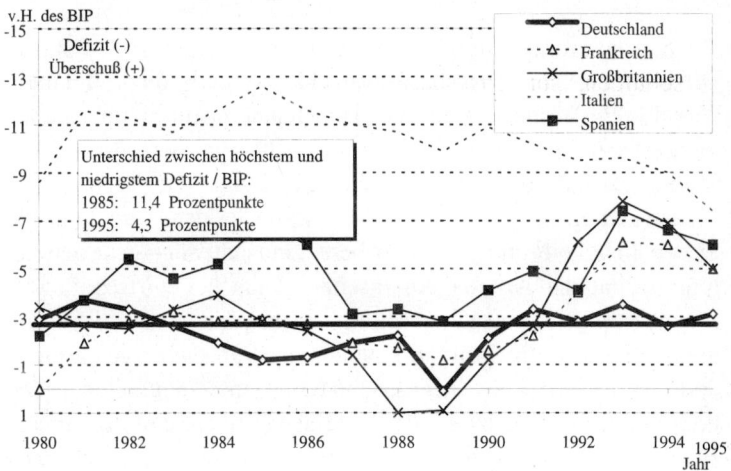

1995 OECD-Schätzung
Quelle: OECD Economic Outlook 58

135

Schaubild 16: *Schuldenstand im Verhältnis zum Bruttoinlandsprodukt 1980 bis 1995*

v.H. des BIP

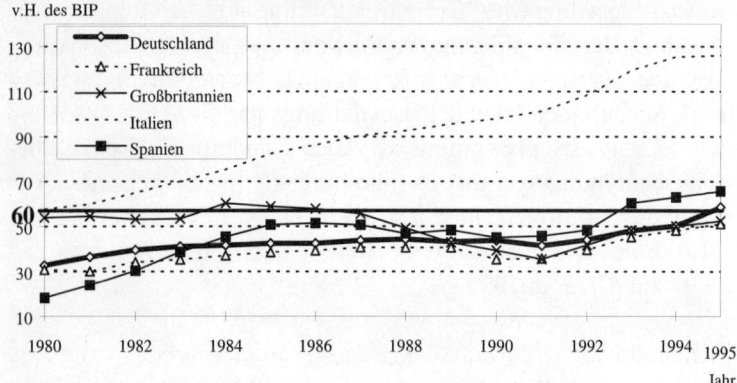

1980-89 OECD-Abgrenzung; 1990-95 Maastricht-Abgrenzung; 1995 OECD-Schätzung
Quelle: OECD Economic Outlook 58

Die verhaltene Wirtschaftsentwicklung und die allgemein verstärkten Bestrebungen zur Haushaltskonsolidierung haben insbesondere in Deutschland, aber nicht nur hier, Ängste geweckt, die Bemühung um die Erfüllung der fiskalischen Maastricht-Kriterien könne Wachstumsverluste, noch mehr Arbeitslosigkeit und noch größere Haushaltslöcher produzieren. So hat die Arbeitsgemeinschaft deutscher wirtschaftswissenschaftlicher Institute in ihrem Herbstgutachten 1995[15] und nochmals in ihrem Frühjahrsgutachten 1996 davor gewarnt, in dem Bestreben, die Maastricht-Kriterien einzuhalten, jetzt konjunkturelle Defizite durch Einsparungen auszugleichen. Wie die Erfahrung zeige, sei »es wahrscheinlich, daß dann gegen wachstums-, beschäftigungs- und konjunkturpolitische Erfordernisse verstoßen wird, weil es an einer mittelfristigen Konzeption fehlt und statt dessen Hektik das finanzpolitische

---

15 Vgl. Die Lage der Weltwirtschaft und der deutschen Wirtschaft im Herbst 1995, in: DIW-Wochenbericht 42-43/95, S. 742

Tagesgeschehen bestimmt«[16]. Das DIW geht noch weiter und meint, daß wegen dieser Gefahren »von dem Versuch, die finanzpolitischen Konvergenzkriterien um jeden Preis einzuhalten, erhebliche Risiken für den europäischen Einigungsprozeß ausgehen – Risiken, die möglicherweise weitaus größer sind als diejenigen, die sich ergeben, wenn von den Ausnahmeregelungen des Vertragswerks Gebrauch gemacht wird und auch solche Staaten an einer Währungsunion teilnehmen«, die die fiskalischen Kriterien »möglicherweise 1997, also im entscheidenden Jahr, nicht einhalten können.«[17] Claus Noé gar sieht bei der Bemühung um die Einhaltung der Maastricht-Kriterien eine »konservative Revolution«, die mit prozyklischer Brüning'scher Sparpolitik »in der Depression« enden werde.[18]

Tatsächlich taucht hier der alte Streit zwischen Keynesianern und Monetaristen bzw. Nachfrage- und Angebotstheoretikern wieder auf (vgl. Kapitel 1), und es ist kein Zufall, daß Noé – als in der Wolle gefärbter Keynesianer – im zitierten Papier auch heftig gegen die vorrangige Orientierung der Europäischen Notenbank am Ziel der Preisstabilität wettert.[19]

Jenseits aller Theorie ist es natürlich richtig, bei der Anlage und Durchführung von Maßnahmen zur Haushaltskonsolidierung auf das aktuelle konjunkturpolitische Umfeld und die Konjunkturwirkungen der Einzelmaßnahmen zu achten. Bezogen auf die gegenwärtig in Deutschland geplanten oder schon durchgeführten Maßnahmen ist aber kein übermäßig strenger Konsolidierungskurs zu entdecken: Die Staatsausgaben sind 1996 in Deutschland um 2 % gewachsen und werden 1997 voraussichtlich um 1 % zunehmen. Von einer Brüning'schen Politik kann überhaupt nicht die Rede sein – vor allem, wenn

---

16 Die Lage der Weltwirtschaft und der deutschen Wirtschaft im Frühjahr 1996, a.a.O., S. 310.
17 DIW: Wie wichtig sind die finanzpolitischen Konvergenzkriterien, a.a.O., S. 98.
18 Vgl. Claus Noé: Maastricht . . . , a.a.O., S. 28.
19 Ebenda, S. 26 f.

man bedenkt, daß von 1989 bis 1995 die Nettoausgaben von Bund, Ländern und Gemeinden um 65 %, die Steuereinnahmen aber nur um 51 % gestiegen sind. Hier werden Schimären an die Wand gemalt. In Deutschland sorgten schon die komplizierten Einigungsprozesse zwischen Bundestag und Bundesrat dafür, daß in den letzten Jahren jedes wirklich harte Konsolidierungsprogramm verhindert wurde. Befürchtungen, daß das Streben nach Erfüllung der fiskalischen Maastricht-Kriterien die öffentlichen Haushalte zu einer übermäßig prozyklischen Haushaltspolitik veranlassen könnte[20], sind deshalb theoretisch richtig, in der deutschen Wirklichkeit aber praktisch unbegründet.

Schaubild 17: *Entwicklung der Steuereinnahmen und Netto-ausgaben* – Bundesrepublik Deutschland –*

Mrd. DM

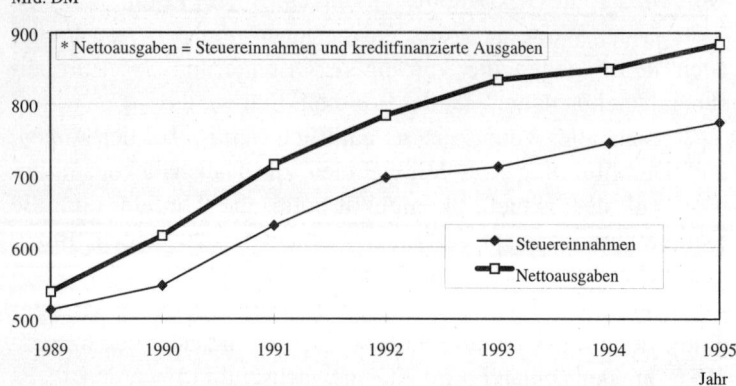

Quelle: Finanzbericht 97; eigene Berechnungen

In der übrigen EU ist die Gefahr einer konjunkturell übermäßigen Haushaltskonsolidierung noch geringer. Das Wirtschaftswachstum in der EU betrug 1994 2,9 %, 1995 2,5 %, 1996

---

20 Vgl. B. Rürup: Europäische Währungsunion 1999 – Stabilität versus Integration, Europäische Zeitschrift für Wirtschaftsrecht vom 24. Juli 1996.

1,5 % und 1997 voraussichtlich 2,5 %. Es liegt damit im langfristigen Trend des Wirtschaftswachstums in Europa und sogar über den durchschnittlichen Wachstumsraten der achtziger und frühen neunziger Jahre.[21] Eine EU-weite Rezession ist nicht in Sicht. Wann also, wenn nicht 1996/97 im Vorfeld der Währungsunion, soll die Haushaltskonsolidierung energisch angegangen werden?

Schaubild 18: *Bruttoinlandsprodukt der Europäischen Union der 15 – Steigerung des realen BIP zu Marktpreisen in v.H.*

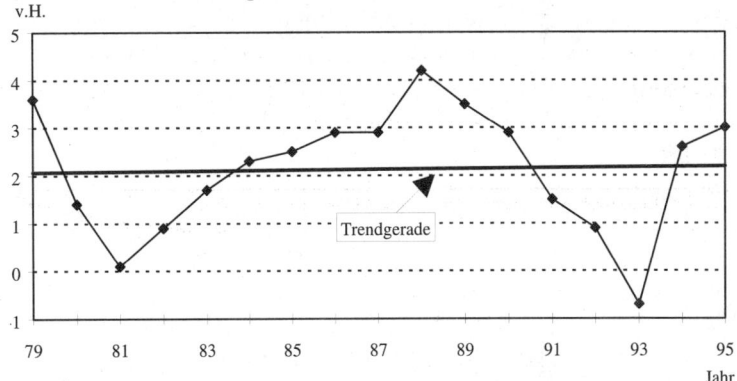

Quelle: Europäische Wirtschaft 60; eigene Berechnungen

Im übrigen erfahren auch die vermuteten restriktiven Wirkungen einer restriktiven Haushaltspolitik in der neueren wissenschaftlichen Literatur eine andere Bewertung:

- Es bleibt einerseits im Sinne der traditionellen keynesianischen Analyse stets richtig, daß staatliche Einsparungen oder Abgabeerhöhungen für sich genommen dem Wirtschaftskreislauf unmittelbar Nachfrage entziehen und somit

---

21 Vgl. die Analyse »Längerfristige Wachstumstrends in der EU« im Jahresbericht 1995 des EWI, S. 9 f.

das Wachstum dämpfen, während es grundsätzlich ungewiß ist, wann und in welchem Umfang die so entstandene Nachfragelücke durch private Nachfrage geschlossen wird.

- Auf der anderen Seite steht die Beeinflussung der Erwartungsbildung von Unternehmen und Konsumenten. Es ist mittlerweile zum Allgemeingut geworden, daß zu hohe staatliche Abgaben und eine unkontrolliert wachsende Staatsverschuldung für Wachstum und Beschäftigung auf längere Sicht eher ungünstig sind. Wenn nun die staatlichen Organe durch Einsparungen und Verzicht auf Steuererhöhungen glaubwürdig den Willen zur Konsolidierung und zur Begrenzung des Staatsanteils demonstrieren, dann steigt das Zukunftsvertrauen der Unternehmen und Konsumenten. Das wachsende Zukunftsvertrauen schlägt sich unmittelbar in steigenden privaten Ausgaben für Investitionen und Konsum nieder und kann auf diese Weise die restriktiven Effekte staatlicher Einsparungen unmittelbar kompensieren. Ergänzend kommt hinzu, daß glaubwürdige Konsolidierungsmaßnahmen auch einen dämpfenden Einfluß auf die langfristigen Zinsen ausüben und von daher Sachinvestitionen unmittelbar rentabler machen.[22] Dieser positive Erwartungseffekt stellt sich allerdings in vollem Umfang nur dann ein, wenn die Konsolidierung durch Einsparungen und nicht durch Abgabeerhöhungen erfolgt.

Effektiven Druck auf die Beachtung der fiskalischen Konvergenz können die Konvergenzkriterien allerdings nur bis zum Beginn der Währungsunion ausüben. Für die Zeit »danach« sind im Vertrag wirksame Budgetregeln nicht verankert worden. Ob dies überhaupt möglich oder auch nur sinnvoll ist, wird zu den in Kapitel 12 erörterten Fragen gehören. Dort wird auch

---

22 Vgl. den sehr guten Literaturüberblick in der Analyse »Welche gesamtwirtschaftlichen Auswirkungen hat die Konsolidierung der öffentlichen Finanzen?« im Jahresbericht des EWI 1995, S. 40 f.

der von der deutschen Seite angestoßene »Stabilitätspakt« für die 3. Stufe der Währungsunion diskutiert.

Terminverschiebung wegen unzureichender Konvergenz?

Nach dem Vertrag ist eine Terminverschiebung nur dann möglich, wenn sich nicht einmal zwei Teilnehmerstaaten finden, die die Konvergenzkriterien erfüllen. Das ist aus heutiger Sicht eher unwahrscheinlich. Die monetären Konvergenzkriterien werden jedenfalls von einer recht großen Zahl von Staaten erfüllt werden, und die dargestellten Interpretationsspielräume bei den fiskalischen Konvergenzkriterien erlauben eine große Entscheidungsmarge. Da bei der Abstimmung über den Teilnehmerkreis die qualifizierte Mehrheit des Europäischen Rates erforderlich ist, reicht es aus, wenn die weniger qualifizierten Länder die Sperrminorität von 26 der 87 Stimmen zusammenbringen, um eine aus ihrer Sicht zu strikte Auslegung der Konvergenzkriterien zu verhindern.[23] Nur dann, wenn sich die öffentlichen Finanzen in der EU zum Zeitpunkt der Entscheidung Mitte 98 generell in ziemlich heilloser Unordnung befänden, könnte es ratsam sein, eine Verschiebung zu erwägen, um die Währungsunion nicht mit einem zu großen psychologischen Vertrauensschaden zu beginnen. In solch eine Abwägung wären aber auch der große Vertrauensschaden für den europäischen Gedanken und die Risiken für die gesamte weitere Entwicklung der europäischen Integration einzubeziehen. Auch führt jede Verschiebungsdiskussion dazu, daß die praktische Politik die Konvergenzkriterien hier und heute weniger ernst nimmt als sie sie nehmen sollte. Schon die Erwägung der Ver-

---

23 Vgl. B. Rürup. Europäische Währungsunion, a.a.O.

schiebung kann deshalb zu einer selbsterfüllenden Prophezeiung werden.[24]

In diesem Zusammenhang wird immer wieder kritisiert, daß die Unschärfe der Kriterien zusätzliche Unsicherheit schaffe, und es wird eine Präzisierung der Konvergenzkriterien wie auch der Bedingungen, unter denen der Beginn der Währungsunion verschoben wird, gefordert.[25]

Diese Forderung ist unpolitisch, denn sie würde praktisch erzwingen, daß der politische Abwägungsprozeß im Rat der Staats- und Regierungschefs, der Mitte 1998 vorgenommen werden soll, vorweggenommen wird. Wirklich präzise Kriterien machen nämlich spätere politische Entscheidungen überflüssig, weil es dann nur noch um die Nachprüfung meßbarer Tatbestände anhand genau definierter Maßstäbe geht.

Exakt dies ist aber nicht beabsichtigt. Die Logik des Vertragswerks und die Äußerungen der zuständigen Staatsmänner machen nämlich deutlich, daß es darum geht,

- die Kriterien so strikt zu halten, daß sie in allen EU-Staaten wirkliche Anstrengungen auslösen,
- sie aber andererseits so unscharf zu halten, daß Mitte 1998 eine hinreichend große politische Entscheidungsmarge für die Zusammenstellung eines sinnvollen Teilnehmerkreises verbleibt.[26]

Das ist ein vernünftiger Ansatz. Im Ergebnis dürfte er dazu führen, daß die Währungsunion mit einem Teilnehmerkreis beginnt, der sich mindestens aus Deutschland, Frankreich, den

---

24 Vgl. H. J. Krupp: Die Europäische Währungsunion –Verschiebung ohne Risiken?, in: Wirtschaftsdienst 1995/XI, S. 575 ff., H. Matthes: Sollte die Endstufe der WWU verschoben werden?, ebenda, S. 578 ff., sowie die ebenda abgedruckten Beiträge der weiteren Teilnehmer des Zeitgespräches.

25 Vgl. Die Lage der Weltwirtschaft und der deutschen Wirtschaft im Frühjahr 1996, a.a.O., S. 310.

26 Selbst der für seine Skepsis bekannte Bundesbankpräsident Tietmeyer geht von einem pünktlichen Start des Euro 1999 aus, vgl. F. Kral: Tietmeyer rechnet mit Euro-Start nach Plan, Handelsblatt vom 13. August 1996.

Benelux-Ländern, Österreich und Dänemark, wahrscheinlich auch Irland, zusammensetzt. Dies wäre ein Währungsblock mit 183 Mio. Einwohnern und 61 % des Bruttoinlandsprodukts der EU. Damit würde bereits rund ein Drittel des deutschen Außenhandels im Bereich des Euro abgewickelt werden.

Tabelle 4: *Voraussichtliche Teilnehmer an der Währungsunion (INs)*

1995	Bruttoinlandsprodukt		Einwohner		
	1995 Mrd. DM	in v.H. des EU-15 BIP	1995 Mrd.	in v.H. der EU-15 Einwohner	1994 Anteil am deutschen Außenhandel* in v.H.
Belgien und Lux.	412	3	11	3	6,5
Dänemark	253	2	5	1	1,9
Deutschland	3.459	29	82	22	-
Frankreich	2.214	18	58	16	11,6
Irland	89	1	4	1	0,4
Niederlande	569	5	15	4	7,5
Österreich	338	3	8	2	5,6
INs	7.334	61	183	49	33,5
Europa der 15	12.118	100	372	100	57,1

* Exporte von Waren und Dienstleistungen (Spezialhandel, fob)
Quellen: Europäische Wirtschaft 60; Deutsche Bundesbank, Stat. Sonderveröffentlichungen 11 vom August 1996; eigene Berechnungen

7. Fragen und Probleme der einheitlichen Währung

Der Europäische Rat hat im Dezember 1995 in Madrid nicht nur den Namen für die neue Währung – Euro – beschlossen, sondern auch einen Zeitplan für die weiteren Schritte festgelegt:[1]

- Sobald für die Konvergenzkriterien die statistischen Daten des Jahres 1997 vorliegen, werden die Staats- und Regierungschefs möglichst früh im Jahre 1998, spätestens aber bis zur Jahresmitte, entscheiden, welche Mitgliedsländer sich für die Teilnahme am Euro-Währungsraum qualifiziert haben.

- Sodann werden sobald wie möglich die Mitglieder des Direktoriums der Europäischen Zentralbank (EZB) berufen. Die EZB und das Europäische System der Zentralbanken (EZBS) werden errichtet und übernehmen vom EWI, das in der EZB aufgeht, die weiteren vorbereitenden Arbeiten.

- Zum 1. Januar 1999 werden die Umrechnungskurse zwischen den Währungen der teilnehmenden Mitgliedstaaten und dem Euro unwiderruflich festgelegt. Der Euro wird an diesem Tag zur eigenständigen Währung. »Die nationalen Währungen und der Euro werden zu unterschiedlichen Ausprägungen der in wirtschaftlicher Hinsicht gleichen Währung.«[2] Materiell haben die nationalen Währungen an diesem Tage aufgehört zu existieren. Sie bestehen nur noch für einige Jahre als *Umrechnungshülle* zum Euro weiter.

---

1 Vgl. Jahresbericht 1995 des EWI, S. 48 ff. Siehe auch zu den Übergangsfragen insgesamt: Europäische Kommission: Grünbuch zu den praktischen Fragen des Übergangs zur einheitlichen Währung, KOM-Nr. (95) 333endg.

2 Ebenda, S. 49.

- Am 1. Januar 1999 beginnt die einheitliche Geld- und Währungspolitik des EZBS, die ausschließlich in Euro durchgeführt wird.
- Spätestens am 1. Januar 2002 werden Banknoten und Münzen auf Euro umgestellt. Diese Umstellung soll nach sechs Monaten abgeschlossen werden. Dann sind die nationalen Banknoten und Münzen kein gesetzliches Zahlungsmittel mehr.

Die Umrechnungskurse beim Übergang zum Euro

Beim Abschluß des Maastricht-Vertrages Ende 1991 hatte noch der Optimismus geherrscht, daß die damals seit längerer Zeit kursstabilen Verhältnisse im EWS bis zum Beginn der Währungsunion fortgeführt werden könnten, so daß die damaligen EWS-Kurse auch die Eintrittskurse in die Währungsunion gewesen wären. Wie bereits beschrieben, haben die 1992/93 aufgetretenen Turbulenzen im EWS diese Hoffnung zunichte gemacht.

Das Problem war dabei das Verhältnis zwischen Franc und D-Mark. Die erhebliche Abwertung bzw. völlige Kursfreigabe von Lira, Peseta und Escudo ließ sich aus der angestauten unterschiedlichen Inflationsentwicklung recht logisch erklären. Außerdem war auch damals schon klar, daß sich diese drei Länder wegen erheblicher Verfehlung der Konvergenzkriterien zunächst nicht für die Teilnahme am Euro-Währungsraum qualifizieren würden. Auch das Ausscheiden des britischen Pfund aus dem EWS war nicht weiter problematisch, da die Briten der gemeinsamen Währung sowieso distanziert gegenüberstanden und ihre Nicht-Teilnahme niemanden überraschen würde. Die Währungen der Benelux-Länder, von Dänemark und Österreich wiederum waren nicht der Anlaß für die EWS-Krise.

Schaubild 19: *Wechselkurs von Lira, Peseta, Pfund und Franc gegenüber der D-Mark; 1980 = 100*

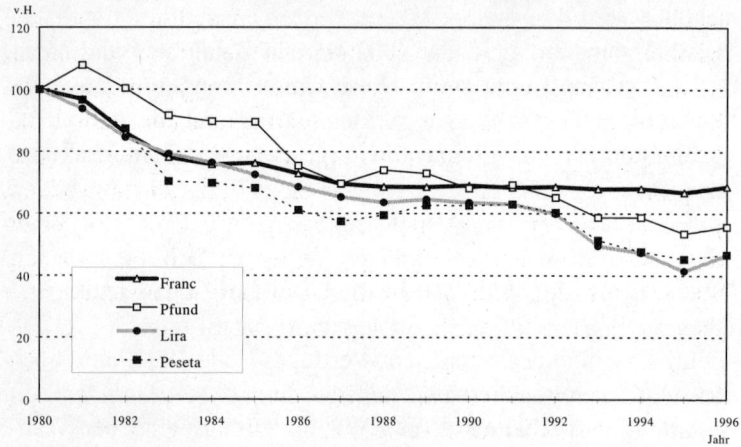

Quelle: Statistisches Bundesamt, Fachserie 17, Reihe 10

Schaubild 20: *Differenz von Wechselkurs und Kaufkraftparität von Lira, Peseta, Pfund und Franc gegenüber der D-Mark; im Verhältnis zum Wechselkurs*

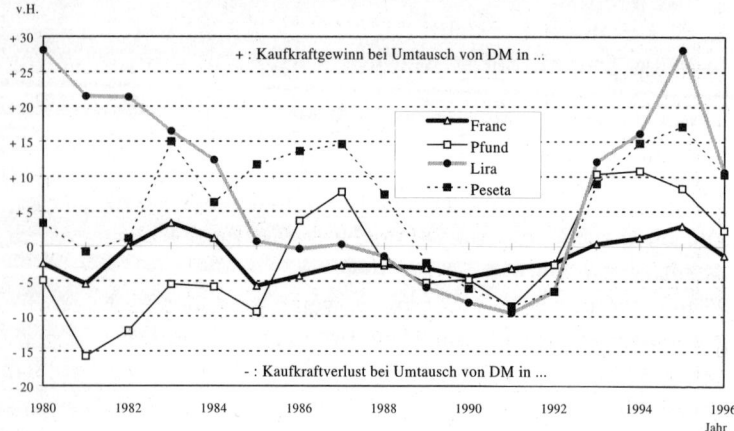

Quelle: Statistisches Bundesamt, Fachserie 17, Reihe 10

Dagegen geriet der französische Franc gegenüber der D-Mark unter einen trotz sehr großer Devisenmarkt-Interventionen schließlich nicht mehr beherrschbaren Kursdruck, weil die Märkte ganz einfach daran glaubten, daß der Franc vor Eintritt in die Währungsunion noch abgewertet werden müsse. Und dieser Glaube wurde an den Devisenmärkten zur selbsterfüllenden Prophezeiung, obwohl alle Fundamentaldaten der beiden Länder – Salden von Außenhandel und Leistungsbilanz, Preisentwicklung, kurz- und langfristige Zinsen – für einen angemessenen Kurs des Franc gegenüber der D-Mark sprachen. Wenn überhaupt, dann schien im Lichte der Fundamentaldaten eher die D-Mark als der Franc überbewertet zu sein.

Tabelle 5: *Inflation, Zinsen, Handels- und Leistungsbilanz in Deutschland und Frankreich*

	1990	1991	1992	1993	1994	1995	1996*
	Inflation in %						
Deutschland	2,7	3,6	5,1	4,5	2,7	1,8	1,6
Frankreich	3,4	3,2	2,4	2,1	1,7	1,7	1,9
Differenz	0,7	-0,4	-2,7	-2,4	-1,0	-0,1	0,3
	Kurzfristiger Zins in %						
Deutschland	8,5	9,2	9,5	7,3	5,4	4,5	3,3
Frankreich	10,3	9,6	10,3	8,6	5,8	6,6	3,9
Differenz	1,8	0,4	0,8	1,3	0,4	2,1	0,6
	Langfristiger Zins in %						
Deutschland	8,7	8,5	7,9	6,5	6,9	6,9	6,5
Frankreich	10,4	9,5	9,0	7,0	7,5	7,7	6,6
Differenz	1,7	1,0	1,1	0,5	0,6	0,8	0,1
	Saldo der Handelsbilanz in Mrd. US-$						
Deutschland	69,4	18,0	26,5	39,8	49,1	68,7	73,1
Frankreich	-13,1	- 9,4	2,4	7,5	7,7	11,7	10,2
	Saldo der Leistungsbilanz in Mrd. US-$						
Deutschland	48,9	-19,2	-21,5	-16,3	-21,4	-17,4	-11,3
Frankreich	-9,8	- 6,1	3,9	9,3	8,1	17,4	13,9

* Schätzungen

Quelle: OECD Economic Outlook 59; eigene Berechnungen

Mit der Einführung des breiten EWS-Kursbandes von +/– 15 % im Herbst 1993 waren die Spannungen zunächst beseitigt, flammten aber 1995 erneut auf, eine Abwertungstendenz des Franc gegenüber der D-Mark konnte nur durch im Verhältnis zur D-Mark höhere französische Zinsen aufgefangen werden.

Schaubild 21: *Arbeitslosenquote* in Frankreich, Deutschland und im EU-Durchschnitt seit 1980*

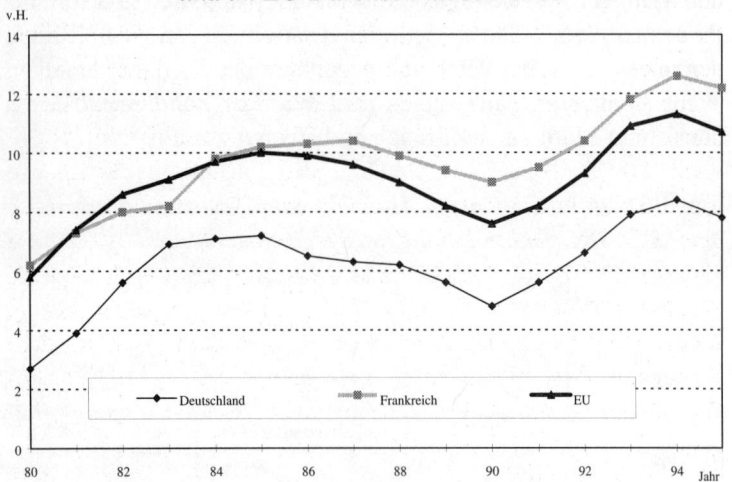

* nach Eurostat-Definition: Arbeitslose in v.H. der zivilen Erwerbsbevölkerung
Quelle: Europäische Wirtschaft 60

Dies zeigt einmal mehr exemplarisch die Schwierigkeiten, in offenen Märkten Wechselkursziele gegen Markteinschätzungen aufrechtzuerhalten. Es reicht aus, daß ein Teil der Marktteilnehmer der dauerhaften Stabilität einer Wechselkursrelation nicht glaubt, und schon wird für die nach der Markteinschätzung mit einem Abwertungsrisiko behaftete Währung eine Risikoprämie in Form höherer langfristiger Zinsen gefordert. Deshalb war der langfristige Zins in Frankreich in den letzten Jahren, trotz einer durchschnittlich niedrigeren Inflationsrate, um 0,6 Prozentpunkte höher als in Deutschland. Da auch die

148

Arbeitslosigkeit in Frankreich höher ist als in Deutschland (vgl. Schaubild 21) und niedrige Zinsen zur Belebung der Wirtschaft dringend erwünscht sind, tut dies der französischen Wirtschaftspolitik besonders weh. Der hohe Stellenwert der Währungsunion in der französischen Politik speist sich nicht zuletzt aus dem Wunsch, aus dieser Falle – stabile Wechselkurse zur D-Mark nur bei höheren Franc-Zinsen – endlich herauszukommen. Es müßten offenbar mehrere Jahrzehnte eines stabilen Franc/D-Mark-Wechselkurses vergehen, bis die Märkte dem Franc dasselbe Vertrauen schenkten wie der D-Mark.

Es ist deshalb nicht auszuschließen, daß sich bis zur unwiderruflichen Festsetzung der Umrechnungskurse zum Euro noch Turbulenzen im EWS ereignen. Allerdings bietet die große Schwankungsbreite im EWS den Devisenmärkten auch eine Chance, sich an die endgültigen Paritäten gleichsam »heranzutasten«. In diesem Falle würde die Erwartung weiterer Wechselkursänderungen umso mehr sinken, je näher der 1. Januar 1999 rückt. Damit würden sich auch die Zinsen vor dem 1. Januar 1999 weitgehend angleichen. Wenn nämlich das Wechselkursrisiko ausgeschaltet werden kann, ist für die Anlageentscheidungen allein das Zinsniveau entscheidend.

Unwahrscheinlich, aber nicht unmöglich ist der Fall, daß spekulative Bewegungen an den Devisenmärkten kurz vor Beginn der Währungsunion die aktuellen Wechselkurse weit entfernen von den unter langfristigen Gleichgewichtsüberlegungen »richtigen« Umrechnungskursen. Es herrscht deshalb mittlerweile Einigkeit darüber, daß der Beschluß über die Festlegung der Umrechnungskurse einige Zeit vor dem Beginn der 3. Stufe erfolgen oder zumindest das Verfahren, nach dem die endgültige Umrechnung vorgenommen wird, bekanntgegeben werden soll.[3] Dabei sind zwei Verfahren in der Diskussion:

---

3 Vgl. H. Lehment: Wie sollen die Wechselkurse in der Europäischen Währungsunion festgelegt werden?, in: Die Weltwirtschaft, 1/1996, S. 61 ff.

- Beim *Leitkursverfahren* entsprechen die Umrechnungskurse den – seit mindestens zwei Jahren unveränderten – Leitkursen im EWS.
- Beim *Durchschnittskursverfahren* werden die Umrechnungskurse auf der Grundlage der tatsächlichen Durchschnittskurse in dem der Umstellung unmittelbar vorangehenden Zeitraum festgelegt.

Wenn an den Devisenmärkten die Einschätzung wächst, daß das Leitkursverfahren angewandt wird, so werden sich die Devisenkurse mit näherrückendem Umstellungstermin automatisch an die Leitkurse annähern, da jeder Marktteilnehmer Umstellungsverluste vermeiden möchte, also vermeidet, die Währungen nachzufragen, deren Marktkurs noch unter dem Leitkurs liegt. Die Erwartung des Leitkursverfahrens würde also die Stabilität im EWS stärken.

Dagegen würde beim Durchschnittskursverfahren die Kursbildung weitgehend von den Erwartungen über die Kursbildung im noch verbleibenden Zeitraum bis zum 1. Januar 1999 bestimmt. Solche Erwartungen können zur selbsterfüllenden Prophezeiung werden, wenn etwa die Marktteilnehmer aus den Währungen fliehen, bei denen sie einen sinkenden Durchschnittskurs befürchten. Auf der anderen Seite wäre es bei der Entscheidung über das Verfahren zur Festsetzung der Umrechnungskurse sicher nicht ohne Belang, wenn – zum Zeitpunkt der Entscheidung – die Durchschnittskurse von der Leitkursen für längere Zeit abgewichen wären.

In den letzten Monaten vor dem 1. Januar 1999 wird es zu den wichtigsten Aufgaben der neu eingerichteten EZB gehören, durch eine geschickte Öffentlichkeitsarbeit bei den Marktteilnehmern

- einerseits die »richtigen« Erwartungen bezüglich der wahrscheinlichen Umrechnungskurse zu wecken,
- andererseits aber keine vorzeitigen Festlegungen zu treffen, die durch Spekulationswellen erschüttert werden können.

Der Übergang zur einheitlichen Währung

Die Neuverteilung der Zuständigkeiten

Im ersten Kapitel ist geschildert, wie eine moderne Notenbank den Wirtschaftskreislauf mit Geld versorgt. Diese Aufgabe geht am 1. Januar 1999 auf die EZB über. Sie allein stellt Zentralbankgeld – und zwar nur als Euro – zur Verfügung. Für die Umsetzung kann sie sich im Rahmen des ESZB der nationalen Notenbanken bedienen. Diese sind am 1. Januar 1999 wegen ihrer Weisungsgebundenheit und ihrer Einbindung in die von der EZB vorgegebenen technischen Abläufe faktisch zu Filialen der EZB geworden – ohne die Möglichkeit, die Geldpolitik noch eigenständig zu gestalten. An der Gestaltung der Geldpolitik wirken die nationalen Zentralbanken lediglich durch die Mitgliedschaft ihrer Präsidenten im EZB-Rat mit. Diese sind dort in der Ausübung ihres Mandates unabhängig.

Vereinfacht und anschaulich kann man sich die Veränderungen zum 1. Januar 1999 wie folgt vorstellen:

- Der Präsident der Deutschen Bundesbank verliert seine Zuständigkeiten an den Präsidenten der EZB.
- Das Direktorium der Deutschen Bundesbank verliert seine Zuständigkeiten an das Direktorium der EZB.
- Der Präsident der Deutschen Bundesbank übernimmt die bisherigen Zuständigkeiten der Präsidenten der 9 deutschen Landeszentralbanken.[4] An der europäischen Geldpolitik kann er durch seine Stimme im EZB-Rat mitwirken.
- Das Direktorium der Deutschen Bundesbank übernimmt die bisherigen Zuständigkeiten der Vorstände der 9 Landeszen-

---

4 Es handelt sich um die Landeszentralbanken für Schleswig-Holstein/Hamburg/ Mecklenburg-Vorpommern, Niedersachsen/Bremen, Nordrhein-Westfalen, Berlin/Brandenburg, Sachsen/Thüringen, Hessen, Rheinland-Pfalz/Saarland, Baden-Württemberg, Bayern.

tralbanken. Es kann nicht mehr an der Formulierung, sondern nur noch an der verwaltungsmäßigen Umsetzung der Geldpolitik mitwirken.

- Der deutsche Zentralbankrat – der sich zusammensetzt aus dem Bundesbankdirektorium und den Landeszentralbankpräsidenten – gibt seine Zuständigkeiten an den EZB-Rat ab und wird überflüssig.

Es bleibt dann noch die Frage offen, was mit den bisherigen 9 deutschen Landeszentralbanken, ihren Präsidenten und Vorständen geschieht. Eine Mitwirkungsmöglichkeit an der Formulierung der Geldpolitik gibt es nicht mehr. Die zunehmende Automatisierung im Zahlungsverkehr hat die ursprüngliche Funktion der Landeszentralbanken als Clearingsstelle für den Zahlungsverkehr bereits heute weitgehend überflüssig gemacht. Die mit der Einführung des Euro angestoßene grundlegende Modernisierung der Zahlungssysteme (s.u.) wird noch verbleibende Clearing-Funktionen nach kurzer Frist gänzlich obsolet machen. Auch volkswirtschaftliche Abteilungen für die Beratung der Landeszentralbankpräsidenten werden nicht mehr benötigt. Ferner deutet sich an, daß die Diskont- und die Mindestreservepolitik in der Geldpolitik der EZB nur eine geringfügige bzw. überhaupt keine Rolle spielen wird. Dies spart Arbeitskräfte. Insbesondere die Verwaltung der Wechsel im Rahmen der Diskontpolitik war recht aufwendig. Bedenkt man, daß die Bundesbank zusammen mit den Landeszentralbanken rd. 17.100 Mitarbeiter hat, die Bank von England aber bereits heute mit 4.100 Mitarbeitern auskommt[5], dann wird das Ausmaß des nach 1999 notwendigen Personal- und Kapazitätsabbaus bei der Bundesbank deutlich.

---

5 Vgl. Interview mit dem englischen Notenbankpräsidenten Eddie George, in: Wirtschaftswoche 4/1996, S. 30.

Einen Zuständigkeitsverlust bringt der Übergang zur europäischen Währung auch für die deutschen Bundesländer mit sich. Bisher wirkten die Länder indirekt an der Geldpolitik mit, indem ihnen das Recht zur Bestellung der Landeszentralbankpräsidenten zusteht, die alle im Zentralbankrat Sitz und Stimme haben. Rechtzeitig vor dem 1. Januar 1999 wird die Bundesregierung einen Gesetzentwurf zur Änderung des Bundesbankgesetzes vorlegen und dabei auch einen Vorschlag zur künftigen Mitwirkung der Länder bei der Bundesbank machen müssen. Da die Bundesbank als Institution keinen Einfluß mehr auf die Formulierung der Geldpolitik hat und der Bundesbankpräsident unabhängig ist, wird eine indirekte Mitwirkung der Länder nur noch im Rahmen eines nicht stimmberechtigten Beirates möglich sein. Die Währungsunion bedeutet insoweit auch, daß eine bisherige Zuständigkeit der Länder entfällt.

Die Änderungen im Zahlungsverkehr

Damit die EZB ihre geldpolitische Aufgabe erfüllen kann, muß von Anfang an im ganzen Euro-Währungsraum der Geldmarkt – also der Handel mit kurzfristigem Geld – auf der Grundlage des Euro einwandfrei funktionieren. Transaktionen innerhalb des ESZB, also zwischen nationalen Notenbanken und EZB, werden ausschließlich in Euro durchgeführt. Transaktionen des ESZB mit den Geschäftsbanken werden grundsätzlich ebenfalls in Euro durchgeführt.

Falls eine Geschäftsbank ihre internen Systeme noch nicht soweit umgestellt hat, daß sie in Euro buchen könnte, stellt ihr das ESZB sog. *Konvertoren* zur Verfügung. Das ist eine automatische Umrechnung zwischen Euro und nationaler Währung im Rahmen des Zahlungssystems ohne Rundungsfehler, so daß die ESZB z.B. in der Recheneinheit Euro leistet, die Bank aber in der Recheneinheit D-Mark oder Franc empfängt.

Im Auftrag des EWI wird gegenwärtig das neue Zahlungssystem TARGET entwickelt.[6] Es geht im Juni 1997 in den Testbetrieb und wird mit Beginn der Währungsunion einsatzfähig sein. TARGET ist ein sogenanntes *Echtzeit-Bruttosystem* für den Zahlungsverkehr. Das heißt:

1. Die elektronisch übermittelte Zahlung wird praktisch bei dem einen Partner im selben Moment zugebucht, wie sie beim anderen abgebucht wird,

2. Es entfallen alle Clearing-Vorgänge, die sowohl zeitraubend als auch fehleranfällig sind. Im Clearing läßt man Zahlungsvorgänge für einen bestimmten Zeitraum, überlicherweise einen Tag, auflaufen und verrechnet dann gegenläufige Zahlungsströme miteinander. Tatsächlich überwiesen werden dann am Ende nur noch die nach Verrechnung verbleibenden Nettosalden.[7]

Für den Zahlungs-Massenverkehr sind Echtzeit-Bruttosysteme erst durch die Fortschritte in der modernen EDV handhabbar geworden. Ein europaweites Echtzeit-Bruttosystem würde auch die teilweise steinzeitlichen Verhältnisse im »normalen« grenzüberschreitenden Zahlungsverkehr grundlegend ändern: Mit dem ESZB können die Banken ab 1999 über TARGET verkehren. Soweit Banken bisher für ihren übrigen Zahlungsverkehr die Dienste der Notenbanken in Anspruch genommen haben, werden sie künftig ebenfalls automatisch ins TARGET-System eingebunden. Damit wird es für die Banken attraktiv,

---

6 Vgl. EWI: The TARGET-System (Trans-European Automated Real-Time Gross Settlement Express Transfersystem); a Payment System Arrangement for Stage Three of EMU), Frankfurt 1995, sowie: First Progress Report on the TARGET project, August 1996.

7 Zur Integration der Großzahlungssysteme und vergleichenden Darstellung der Brutto- und Nettosysteme siehe W. Hartmann: Über Grenzen mit mehr Tempo, weniger Risiko. Effizienterer Zahlungsverkehr durch Integration der Großzahlungssysteme, in: Deutsche Börsenzeitung vom 27. April 1996, ferner TARGET – ein WWU-weites Echtzeit-Brutto-Zahlungssystem der Banken, Informationsbrief Nr. 1 der Deutschen Bundesbank zur WWU, S. 19 ff.

TARGET auch in ihrem übrigen Zahlungsverkehr zu benutzen, zumal es mit den anderen im Bankenbereich schon vorhandenen Echtzeit-Bruttosystemen verknüpft werden kann.

Das Verhältnis von Euro und nationalen Währungen

Im Rahmen des TARGET-Systems wird es auch möglich sein, Überweisungen gleichzeitig in der Recheneinheit Euro und der Recheneinheit nationale Währung durchzuführen, weil die elektronischen Überweisungsträger einen doppelten Datensatz haben.[8] Das heißt z.b., daß eine Privatmann eine Überweisung in D-Mark vornimmt, die aber dann bei der Bank bzw. beim Empfänger in Euro verbucht werden kann.

Banken, Unternehmen oder die öffentliche Hand, aber auch Private, können, wenn sie wollen, ihren gesamten Zahlungs- und Abrechnungsverkehr, einschließlich Buchhaltung, Jahresabschlüssen etc., schon vor der Abschaffung der nationalen Währungen auf Euro umstellen.[9] Das hat z.B. für international tätige Unternehmen große Vorteile und erhebliche Vereinfachungseffekte.[10] Es kann deshalb vermutet werden, daß schon vor Abschaffung der nationalen Währungen, spätestens im Jahre 2002, ein immer größerer Anteil der Zahlungen in Euro abgewickelt wird. Die Kosten der Umstellung sind zwar beträchtlich – allein für den Bereich der deutschen Banken wer-

---

8 Vgl. Europäisches Währungsinstitut: Der Übergang zur einheitlichen Währung, Frankfurt, November 1995, S. 53.

9 Eher in den Bereich der Fremdenverkehrsförderung gehört das Experiment im elsässischen Schlettstadt, wo schon seit dem 1. Mai 1996 alles in Euro – einer örtlichen Spielgeldvariante – bezahlt werden kann, vgl. M. Aberle: Ein Glas Weißwein kostet zweieinviertel Euro, Frankfurter Allgemeine Zeitung vom 11. Mai 1996.

10 Siemens z.B. will schon zum 1. Oktober 1999 alles auf Euro umstellen, einschließlich Rechnungen an Kunden und Gehaltszahlungen an Mitarbeiter, vgl.: »Kaum Vorbereitungen auf den Euro«, in: Beilage der Frankfurter Allgemeinen Zeitung vom 9. Juli 1996.

den sie auf 4 Mrd. D-Mark geschätzt[11] – entscheidender aber ist der Wettbewerbsvorteil, den jene erlangen können, die frühzeitig in Euro rechnen. Es verdichten sich deshalb die Anzeichen, daß in der Wirtschaft trotz der hohen Kosten die Umstellung relativ schnell vorankommt, von Einzelhandel und Mittelstand abgesehen. Für die Banken fallen mit der Umstellung auf den Euro bisher sichere Einnahmequellen im Sorten- und Devisenhandel und im Auslandsüberweisungsverkehr weg. Umso wichtiger wird es für sie, neue Marktchancen aus dem Euro schneller als ihre Wettbewerber zu nutzen, und umso kritischer werden die eher gemächlichen Planungen bei der Umstellung im staatlichen Bereich beäugt.[12]

Spätestens im Jahre 2002 werden – wie erwähnt – Euro-Banknoten und Münzen eingeführt und lösen nach höchstens sechs Monaten die nationalen Banknoten und Münzen ab. Parallel dazu müssen auch alle Automaten im weitesten Sinne – wie Registrierkassen, Fahrkarten-, Waren- oder Geldausgabeautomaten – umgerüstet werden.[13] Mit Abschluß der Bargeldumstellung sind auch alle in nationaler Währung lautenden Verträge – ob Kredit-, Arbeits- oder Mietverträge – automatisch auf die Recheneinheit Euro umgestellt.

Der dreijährige Übergangszeitraum der parallelen Nutzung von Euro als Zentralbankgeld und Buchgeld sowie der nationalen Währungen als Buchgeld und Bargeld mag relativ lang erscheinen. Unter dem rein technischen Aspekt des Drucks bzw. der Prägung der nötigen Mengen von Banknoten und Münzen sowie der Automatenumstellung könnte die Übergangszeit kürzer sein, auch wenn der damit verbundene Auf-

---

11 Vgl. U. Friese: Tücken im Detail, Capital 5/96.
12 R. Berschens: Ganz neu sortiert, Wirtschaftswoche vom 5. September 1996, S. 86 ff.
13 Vgl. zu den bank- und geldtechnischen Fragen ausführlicher: Deutsche Bank Research: Eine stabile Währung für Europa, Frankfurt 1995, S. 35 ff.

wand beträchtlich ist.[14] Für die Festlegung eines so langen Übergangs war wohl das Bestreben maßgebend, den Bürgern eine Gewöhnungszeit zu geben. Der normale Mensch hält das für Geld, was er in der Hand halten kann. Daß schon ab dem 1. Januar 1999 der Euro die einzige »eigentliche« Währung im neuen Währungsraum und das, was er in der Hand hält, nur ein umgerechneter Euro-Wert ist, diese Überlegung wird für die meisten ein nicht erfahrbares Abstraktum bleiben.

Der Euro an den Finanzmärkten

Ab dem 1. Januar 1999 besteht ein neuer einheitlicher europäischer Markt für kurzfristiges Geld – der Geldmarkt – in Euro. Deshalb werden im Euro-Währungsraum alle Geschäfte der Banken und großen Kunden am Geldmarkt von Anfang an ausschließlich in Euro getätigt werden.

Für mittel- und langfristiges Kapital gilt, daß die öffentliche Hand von Anfang an alle ihre Anleihen nur in Euro auflegen wird. Es ist zu vermuten, daß auch große Unternehmen ihre handelbaren Schuldtitel in großem Umfang auf Euro lauten lassen werden. Auch für international gehandelte Aktien wird die Benennung in Euro Vorteile haben, so daß auch an den Kapitalmärkten vermutlich schon bald nach Beginn der dritten Stufe das Gros der Transaktionen in Euro vorgenommen wird.

Grundsätzlich wird es im Euro-Raum keine Unterschiede mehr zwischen den nationalen Zinsniveaus geben. Es werden sich vielmehr grenzüberschreitend jeweils einheitliche Zinsniveaus für kurz- und langfristiges Geld herausbilden. Zinsunterschiede werden sich, wie in den nationalen Märkten auch, je nach der Bonität der Kreditpartner und dem mit ihnen verbun-

---

14 Es müssen 4,8 Mrd. Banknoten mit einem Gesamtgewicht von 3.840 t und 19,7 Mrd. Münzen mit einem Gesamtgewicht von 94.000 t gedruckt bzw. geprägt werden. Das entspricht der 3fachen »normalen« Jahresproduktion der europäischen Notendruckereien und Prägeanstalten.

denen Kreditrisiko ergeben. Deshalb werden auch die Mitglieder der Währungsunion, je nach ihrer Kreditwürdigkeit, abgestufte Zinsen akzeptieren müssen. Es ist also nicht zu erwarten, daß die Zinsunterschiede bei öffentlichen Anleihen in der Währungsunion völlig verschwinden werden.[15]

Die Geldpolitik im neuen Währungsraum

Mit der Zentralisierung der geldpolitischen Kompetenzen bei der EZB und der Schaffung der technischen Voraussetzungen für einen einheitlichen Euro-Geldmarkt im neuen Währungsraum sind am 1. Januar 1999 die institutionellen Bedingungen für eine europäische Geldpolitik gegeben. Eine wichtige Handlungsvorgabe enthält darüber hinaus die im EG-Vertrag festgelegte vorrangige Orientierung an der Preisstabilität.

Konzeptionell steht dann die europäische Geldpolitik gleichwohl vor denselben Problemen wie jetzt die Politik der nationalen Notenbanken:

1. Welche geldpolitischen Instrumente sollen in welcher Mischung eingesetzt werden?
2. An welchen operativen geldpolitischen Zwischenzielen – unterhalb des Oberziels Preisstabilität – soll sich die europäische Geldpolitik ausrichten?

Geldpolitische Instrumente

Die EZB wird die Geldversorgung im Währungsraum voraussichtlich in erster Linie mit den Instrumenten der *Offenmarktpolitik* steuern. Das heißt, sie bietet an, Wertpapiere bestimmter

---

15 Vgl.: Die besten Noten für Frankreich und Deutschland. Eine Bonitätsumfrage der BIZ für die Währungsunion, Frankfurter Allgemeine Zeitung vom 26. August 1996.

Qualifikation und Bonität zu von ihr festgelegten Bedingungen zu kaufen und zu verkaufen bzw. in Pension zu nehmen (zur näheren Beschreibung der Notenbank-Instrumente vgl. Kapitel 1). Sie gibt damit nach ihrer Wahl Zentralbankgeld in den Wirtschaftskreislauf (bei Ankauf von Wertpapieren) oder nimmt es aus dem Wirtschaftskreislauf heraus (bei Verkauf von Wertpapieren). Durch die dabei von ihr angebotenen Konditionen kann sie Zinsen am Geldmarkt heben oder senken.

Eine Kreditlinie für die Banken zur Spitzenfinanzierung und eine Möglichkeit für die Banken, überschüssiges Geld bei der Zentralbank anzulegen – sogenannte *dauerhafte Fazilitäten* – sollen ergänzend hinzutreten. Wenn eine Geschäftsbank am Tagesschluß ein Liquiditiätsdefizit hat, kann sie den benötigten Betrag bei der Zentralbank zu einem festgelegten Zinssatz ausleihen. Hat eine Geschäftsbank am Tagesschluß einen Liquiditätsüberschuß, so kann sie diesen Überschuß zu einem niedrigeren, ebenfalls von EZB festgelegten Zinssatz anlegen.

Diese beiden Zinssätze bilden quasi den Korridor für die Zinsentwicklung am Geldmarkt: Höhere Zinsen kann es nicht geben, weil keine Bank das Geld teurer leihen wird, als sie es bei der Zentralbank bekäme. Niedrigere Geldmarktzinsen kann es auch nicht geben, weil keine Bank Geld billiger verleihen wird, als sie es bei der Zentralbank anlegen könnte. Der obere und untere Zinssatz für die dauerhaften Fazilitäten gibt den Märkten auch einen eindeutigen Hinweis auf den mittelfristigen Kurs der Notenbankpolitik. Dies ist wichtig, weil die »Kosten« der Durchsetzung eines bestimmten geldpolitischen Kurses umso niedriger sind, je deutlicher und glaubwürdiger die Botschaft der Zentralbank über den eingeschlagenen und geplanten Kurs ist.

Mit diesen beiden Instrumenten – Offenmarktpolitik und dauerhafte Fazilitäten – wird die Europäische Zentralbank voraussichtlich im wesentlichen die Geldversorgung im Euro-

Währungsraum steuern.[16] Dagegen wird trotz der gegenteiligen Wünsche der Bundesbank die Mindestreservepolitik – ein deutsches Spezifikum – wahrscheinlich nicht zum Einsatz kommen.[17]

Dabei wird der EZB-Rat die Grundrichtung der Politik formulieren, das EZB-Direktorium wird sie umsetzen und sich bei der Umsetzung der nationalen Zentralbanken bedienen. diese haben aber keine eigenen geldpolitischen Entscheidungsmöglichkeiten.

Inflationsziel oder Geldmengenziel – Kann die Preisstabilität gesichert werden?

Das oberste Ziel der europäischen Notenbankpolitik ist nach dem EG-Vertrag die Sicherung eines stabilen Geldwertes. Es ist aber, wie auch bei der nationalen Notenbankpolitik, operativ nicht möglich, dieses Ziel unmittelbar anzusteuern. Zwischen einem (zu) expansiven geldpolitischen Kurs und steigenden Preisen bzw. einem (zu) restriktiven Kurs mit stabilen oder fallenden Preisen, möglicherweise aber auch steigender Unterbeschäftigung, vergehen nämlich lange und variable zeitliche Wirkungsverzögerungen, die durchaus mehr als ein Jahr betragen können. Die schier unlösbaren Probleme solcher Wirkungsverzögerungen haben die Möglichkeit einer diskretionären, auf Feinsteuerung gesamtwirtschaftlicher Aggregate aus-

---

16 Vgl. EWI: Der Übergang zur einheitlichen Währung, a.a.O., Anhang 2: Beispiel für die Umsetzung der einheitlichen Geld- und Währungspolitik in der Europäischen Währung, S. 31 f.

17 Die Beschreibung möglicher Instrumente im EWI-Jahresbericht ist sehr diplomatisch und vorsichtig und schließt die Mindestreservepolitik formal keineswegs aus. Zwischen den Zeilen allerdings ist eine eindeutige inhaltliche Position mit der Konzentration auf die beiden oben beschriebenen Instrumente zu erkennen, S. 54 ff. Zur Position der Bundesbank im Hinblick auf die Mindestreservepolitik vgl. H. Tietmeyer: Europäische Geldpolitik in globalen Märkten, in: Deutsche Bundesbank: Auszüge aus Presseartikeln vom 30. April 1996, S. 3.

gerichteten Geldpolitik schon seit Anfang der siebziger Jahre in Verruf gebracht (vgl. Kapitel 1).

Deshalb sucht die Geldpolitik fortwährend nach sogenannten *geldpolitischen Zwischenzielen.* Das sind Zielgrößen, die durch die geldpolitischen Instrumente unmittelbar gesteuert werden können und mit dem geldpolitischen Oberziel in einem hinreichend stabilen Zusammenhang stehen.

Häufig sind *Zinsziele* als geldpolitische Zwischenziele verwandt worden. Dazu sind sie aber denkbar ungeeignet. In einer Situation der Unterbeschäftigung und des fehlenden Kostendrucks kann z.B. ein Geldmarktzins von 3 % schon zu hoch sein (vgl. Diskussion der »Liquiditätsfalle« im 1. Kapitel). Bei überhitzter Konjunktur, übermäßigem Staatsdefizit und stabilitätswidrigen Lohnabschlüssen könnte aber auch ein Geldmarktzins von 10 % zu niedrig sein. Deshalb sind monetäre Aggregate – Zentralbankgeld, Geldmenge M3 oder das inländische Kreditvolumen – seit den siebziger Jahren die beliebtesten Zwischenziele. Zwar sind in allen Ländern mit der Änderung der Zahlungsgewohnheiten und dem Wandel in den Finanzierungsformen die Zusammenhänge zwischen den Geldmengenaggregaten und der Einkommens- bzw. Preisentwicklung loser geworden, insbesondere hat sich die Umlaufgeschwindigkeit des Geldes durchweg deutlich verlangsamt;[18] bisher war es aber immer noch so, daß es dauerhafte inflationäre Tendenzen ohne begleitende Expansion der Geldmenge nirgends gegeben hat.

In jüngerer Zeit haben sich manche Länder trotz aller damit verbundenen Probleme ein Inflationsziel gesetzt, teilweise auch kombiniert mit einem Geldmengenziel. Im Sinne einer kombinierten Betrachtung muß dies nicht falsch sein, als operatives Zwischenziel bleibt ein Inflationsziel aber wegen der Wirkungsverzögerungen ungeeignet.

---

18 Vgl. W. Flic: Geldmengenziel versus Inflationsziel in der Europäischen Währungsunion, in: Wirtschaftsdienst 1996/IV, S. 208 ff.

Tabelle 6: *Geldpolitische Ziele und Leitlinien der Mitgliedstaaten*

a) Geldmengen: Ziele und Leitlinien

*(Veränderung gegenüber Vorjahr in % *)*

	Referenz- größe	1994		1995		1996
		Ziel / Leitlinie[a]	Ergebnis	Ziel / Leitlinie[a]	Ergebnis	Ziel / Leitlinie [a]
Deutschland	M3	4 - 6	5,7	4 - 6	2,1	4 - 7
Griechenland	M3	8 - 10	8,8	7 - 9	10,4	6 - 9
Spanien	ALP	3 - 7	8,2	< 8 [b]	9,2	< 8 [b]
Frankreich	M3	5 [b]	0,8	5 [b]	3,7	5 [b]
Italien	M2	5 - 7	2,8	5	2,1	5
Großbritannien	M0	0 - 4	5,7	0 - 4	7,0	0 - 4
	M4	3 - 9	5,6	3 - 9	5,5	3 - 9

* Vom 4. Vj. zum 4. Vj. oder von Dezember zu Dezember (Großbritannien: von März zu März).

(a) Bei Großbritannien Beobachtungskorridore.

(b) Mittelfristiges Ziel.

b) Offizielle Inflationsziele

(in % gegenüber Vorjahr)

	Zielgröße [a]	1994		1995		1996	Mittelfristiges
		Ziel	Ergebnis	Ziel	Ergebnis	Ziel	Ziel
Spanien	CPI	-	4,7	-	4,7	3,5 - 4 [b]	< 3 [c]
Finnland	CPIY	-	1,3	2	-0,2	2	2
Schweden	CPI	- [d]	2,3	2 +/- 1	2,9	2 +/- 1	2 +/- 1
Großbritannien	RPIX	1 - 4	2,4	1 - 4	2,8	1 - 4	< 2,5 [e]

(a) CPI = Verbraucherpreisindex, CPIY = CPI ohne indirekte Steuern, Subventionen und Kapitalkosten für selbstgenutztes Wohneigentum (Hypothekenzinsen und Abschreibungen). RPIX = Einzelhandels- preisindex ohne Hypothekenzinsen.

(b) Bezieht sich auf das 1. Vj. 1996.

(c) Ziel für 1997.

(d) Das Inflationsziel für 1994 diente dazu, eine Beschleunigung der Kerninflation zu verhindern.

(e) Bezieht sich auf das Ende der gegenwärtigen Legislaturperiode (spätestens April 1997) und auf die Folgezeit. Das vorherige mittelfristige Ziel stellte darauf ab, den Anstieg des RPIX bis zum Ende der gegenwärtigen Legislaturperiode auf einen Korridor von 1 bis 2,5 % zu senken.

Quelle: Jahresbericht des Europäischen Währungsinstitutes 1995

Den vorsichtigen Äußerungen des EWI im Jahresbericht 1995 ist zu entnehmen, daß man dort einem *Geldmengenziel als geldpolitischem Zwischenziel* zuneigt.[19] Dafür sprechen insbesondere zwei Gründe:

---

19 Vgl. EWI: Jahresbericht 1995, S. 58.

1. Die beiden wichtigsten künftigen Mitgliedstaaten der künftigen Währungsunion – Deutschland und Frankreich – verwenden beide die Geldmenge M3 als Zwischenziel.[20] Beide hatten von 1994 bis 1996 ähnliche Zielgrößen. Die Bundesbank strebte in dieser Zeit einen jährlichen Zuwachs von 4-6 % und die Banque de France einen solchen von 5 % an. Im Durchschnitt der Jahre 1994/95 wuchs M3 in Deutschland um 3,9 % und in Frankreich um 2,3 %. Die unterschiedlichen Ergebnisse hatten mit den Währungsturbulenzen und den in Frankreich höheren langfristigen Zinsen zu tun.

2. Die zunehmende Globalisierung der Kapitalmärkte und die Verstärkung kurzfristig auftretender Ströme von Geld und Kapital über die Grenzen haben zwar auf nationaler Ebene die Zusammenhänge zwischen geldpolitischen Zwischenzielen und der Einkommens- bzw. Preisentwicklung instabiler gemacht. Auf europäischer Ebene aber sind die Zusammenhänge deutlich stabiler. Faßt man die EU-Mitgliedstaaten zu größeren Aggregaten zusammen, dann besteht auf EU-Ebene ein engerer Zusammenhang zwischen den monetären Aggregaten und den Einkommensgrößen als in den einzelnen Mitgliedsländern; d.h. im Euro-Währungsraum ist der Zusammenhang zwischen Geldvolumen und Einkommen stabiler als im nationalen Währungsraum, wie durch entsprechende Regressionsrechnungen und statistische Untersuchungen belegt ist.[21] Das bedeutet auch, daß eine stabilitätsgerechte Steuerung der Geldmenge im Euro-Währungsraum eher einfacher und insbesondere effektiver sein wird als im nationalen Währungsraum. Bei näherem

---

20 Zur vergleichenden Betrachtung des Geldmengenziels in Deutschland und Frankreich siehe auch W. Becker, G.R. Traud: Das Konzept eines deutsch-französischen Geldmengenziels – Voraussetzungen und Risiken, In Wirtschaftsdienst 1996/III, S. 153 ff. Die dort enthaltene Einschätzung, daß eine Verschiebung der Währungsunion immer wahrscheinlicher wird, wird allerdings nicht geteilt.

21 Ebenda, S. 58.

Nachdenken ist dies auch unmittelbar einleuchtend, weil statistische Verzerrungen, wie die von Deutschen bei Luxemburger Banken gehaltenen Geldbestände, im größeren europäischen Zusammenhang nicht im selben Maße auftreten. Hier ist in höherem Maße statistisch das zusammengeführt, was zusammengehört. Es ist eben nicht sinnvoll, daß z.B. Luxemburg und Deutschland nicht zum selben Währungsraum gehören.

Jenseits aller wissenschaftlichen und geldpolitischen Diskussionen, in denen sich einzelne Kausalzusammenhänge im statistischen Detail häufig weder beweisen noch widerlegen lassen, bleibt die Feststellung wichtig, daß seit Ende der siebziger Jahre die Inflationsbekämpfung in dem Maße erfolgreicher wurde, in dem die Notenbanken auf einen restriktiven aber verstetigten, in der Regel an der Geldmenge orientierten Kurs einschwenkten.

Aus gegenwärtiger Sicht ist davon auszugehen, daß die EZB mit ihrem ersten Geldmengenziel dort ansetzen wird, wo die deutsche und französische Notenbank geendet haben: bei einer geplanten Zuwachsrate der Geldmenge M3 von etwa 5 %. Damit würde der Euro-Geldmantel von Anfang an für eine größere Beschleunigung des Preisanstiegs zu eng sein. Das EWI geht in bezug auf das noch festzulegende geldpolitische Zwischenziel von der Einschätzung aus, daß dieses Zwischenziel tendenziell stabiler und aussagefähiger als an den nationalen Geldmärkten ist, »weil die Volatilität der autonomen Faktoren in der Währungsunion, insgesamt betrachtet, niedriger sein wird, als sie zur Zeit in den meisten Mitgliedsländern ist, es dürfte jedoch schwierig sein, das Ausmaß des Liquiditätsschocks in der Frühphase der Stufe Drei zu prognostizieren«.[22] Damit ist gemeint, daß ein von der Steigerungsrate her vergleichbares Geldmengenziel möglicherweise in der Währungsunion re-

22 Ebenda, S. 56.

striktiver wirkt als in den vormaligen nationalen Währungsräumen, weil die Ausweichmöglichkeiten, etwa durch Geldhaltung im benachbarten Ausland, geringer sind. Deshalb stellt die Frühphase, in der auch das Vertrauen in die europäische Geldpolitik noch ungefestigt ist, besonders hohe Anforderungen an die Qualität der geldpolitischen Steuerung und die begleitende psychologische Beeinflussung der Markterwartungen.

Stabilitätspolitisch erfolgreiche Notenbanken stützen sich im praktischen Handeln unabhängig von ihren öffentlichen Erklärungen niemals nur auf ein Ziel. Sie ziehen z.B. auch die unterschiedlichen Ursachen einer aktuellen Geldmengenentwicklung in Betracht, sie achten auf die Finanzpolitik des Staates, auf die Wechselkurse, den internationalen Zinszusammenhang sowie auf das gesamte Spektrum der Zinsen, also nicht nur auf den von der Notenbank unmittelbar beeinflußten Geldmarktzins.[23] Sie achten ferner auf den Kostendruck und den Beschäftigungsgrad in der Wirtschaft, und aus diesem Gesamtzusammenhang heraus wird über die aktuelle Ausrichtung der Geldpolitik entschieden.

Das Geldmengenziel hat deshalb eine herausragende Funktion,

1. weil es die Notenbank selber zur Ausrichtung ihrer Politik an einer stetigen Geldversorgung anhält und
2. weil es für die Finanzpolitik und die Tarifpartner ein wichtiges Signal gibt, welche Zuwachsraten der öffentlichen Haushalte und der Einkommen von der Notenbank als noch stabilitätsgerecht angesehen, also nicht mit höheren Zinsen und knapperer Geldversorgung »bestraft« werden.

Die Gegner einer stabilitätsorientierten Geldmengenpolitik (die zumeist auch die Befürworter einer expansiven staatlichen

---

23 Vgl. R. Jochimsen: German Monetary Policy in the 20th Century, Vortrag an der John Hopkins University in Bologna am 1. März 1996, abgedruckt in Deutsche Bundesbank: Auszüge aus Presseartikeln vom 2. April 1996, S. 10.

Haushaltspolitik sind) bezweifeln nicht nur die Möglichkeit, durch Begrenzung der Geldmenge die Inflation zu kontrollieren, sie befürchten insbesondere auch, daß dies mit übermäßigen Einbußen für Wachstum und Beschäftigung verbunden ist – anders ausgedrückt, sie halten Inflation nicht für ein ausschließlich oder hauptsächlich monetäres Phänomen.

Es gibt aber einen recht einfachen Beweis dafür, daß Inflation ein rein monetäres Phänomen ist: Bisher hat noch immer jede strikt auf den Geldwert ausgerichtete Geldpolitik die Inflation gestoppt. Auch bei hartnäckiger Inflationsgewöhnung haben sich die Verhaltensweisen der Wirtschaftssubjekte – allerdings mit unterschiedlichen Zeitverzögerungen – angepaßt. Dabei waren die anfänglichen sozialen Kosten einer stabilitätsorientierten Politik in Form von mehr Arbeitslosigkeit und Wachstumsverlust umso niedriger, je eher sich die Beteiligten auf den stabilitätsorientierten Kurs einstellten, und auf längere Sicht waren die Länder mit niedrigerer Inflation auch immer die Länder mit eher höheren Beschäftigungsgrad (vgl. Tabelle 7).

Tabelle 7: *Erwerbsquote und Inflation*

	Erwerbsquote 1994	Inflationsrate im Durchschnitt der Jahre 1980 bis 1994
Niederlande	38,4	2,8
Deutschland	42,8	3,0
Österreich	44,6	3,7
Belgien	36,9	4,2
Frankreich	38,6	5,7
Großbritannien	43,2	6,4
Spanien	29,9	8,6
Italien	35,2	9,2

Erwerbsquote: definiert als (Erwerbstätige/gesamte Einwohner) in v.H.
Quelle: Jahresgutachten des Sachverständigenrates 1995/96; eigene Berechnungen

Deshalb hat auch die EZB in bezug auf das Ziel der Preisstabilität dann sehr gute Erfolgschancen, wenn sie von Anfang an eindeutig für die Glaubwürdigkeit einer konsequenten Stabilitätsorientierung sorgt: Solange die EZB die kurzfristigen Zinsen – und über die Zinsen die Geldmenge – auf einem stabilitätsgerechten Kurs hält, sind Befürchtungen eines mit dem Euro einsetzenden verstärkten Preisanstiegs unbegründet. Allerdings kann ein stabilitätsgerechter Kurs der Geldpolitik – wie im nationalen Rahmen auch – dann zu Konflikten mit dem Wachstums- und Beschäftigungsziel führen, wenn sich die Finanzpolitik oder die Tarifpartner nicht stabilitätsgerecht verhalten[24] (vgl. Kapitel 11 und 12).

Die Währungspolitik

Während es bei der Geldpolitik um die Versorgung des Währungsraumes mit Geld geht, befaßt sich die Währungspolitik mit dem Verhältnis der eigenen Währung zu anderen Währungen, insbesondere also den Wechselkursen.

Aufgrund des EG-Vertrages hat der Europäische Rat – nach Anhörung der EZB und der Kommission – die Kompetenz zur Festsetzung von Wechselkursen bzw. zur Vorgabe von Leitlinien für die Wechselkurspolitik. Das Verfahren bei möglichen Konflikten zwischen dem Stabilitätsziel und dem Wechselkursziel ist allerdings nicht geregelt worden. Wie bereits dargestellt, sehen viele Kritiker hierin eine Stabilitätsgefahr. So hat z.B. der Sachverständigenrat für die gesamtwirtschaftliche Entwicklung die Befürchtung geäußert, Wechselkursvorgaben des Europäischen Rates könnten auf die EZB stabilitätswidrigen politischen Druck ausüben.[25] Bei derartigen Befürchtungen wird aber übersehen, daß es der EZB wegen der vorrangigen

---

24 Vgl. Sachverständigenrat für die gesamtwirtschaftliche Entwicklung: Jahresgutachten 1992/93, a.a.O., S. 240 f., sowie F. Holzheu: Probleme deutscher und europäischer Integration, in: Finanzarchiv N.F. 50, 1993, S. 257 ff.
25 Vgl. Sachverständigenrat a.a.O., S. 239 f.

Verpflichtung auf das Stabilitätsziel und der alleinigen Zuständigkeit für Devisenmarktoperationen jederzeit möglich ist, ein von ihr nicht gut geheißenes Wechselkursziel an den Realitäten scheitern zu lassen – und zwar so, daß sie im öffentlichen Meinungsbild nicht die »Schuldige« ist. Die Bundesbank hat sich darauf jedenfalls immer hervorragend verstanden.

Die Wechselkurspolitik hat für andere Länder der EU stets eine sehr große tatsächliche und psychologische Bedeutung gehabt: Einerseits haben mehr und mehr europäische Länder faktisch die Autonomie ihrer Geldpolitik zugunsten eines Wechselkurszieles im Verhältnis zur Ankerwährung D-Mark aufgegeben. Andererseits war der fortgesetzte oder periodisch wiederkehrende Kursverfall der eigenen Währung gegenüber der D-Mark für viele Länder eine psychologische Belastung. Und zum dritten gelten fundamental unbegründete Wechselkursschwankungen mehr und mehr als eigenständige Gefahrenquelle für Wachstum und Beschäftigung. Deshalb wurde – gegen deutschen Widerstand – die Währungs- und damit die Wechselkurspolitik nicht in die alleinige Zuständigkeit der EZB gegeben.

Wie die Geldpolitik, so werden aber auch die der Wechselkurspolitik dienenden Operationen am Devisenmarkt allein von der EZB zentral gesteuert, d.h. die nationalen Zentralbanken dürfen die bei ihnen verbliebenen Devisenreserven nur im Rahmen der von der EZB vorgegebenen Politik und in Abstimmung mit ihr einsetzen. Das bedeutet, daß die unabhängige EZB es stets in der Hand hat, bei einem etwaigen Zielkonflikt zwischen Geld- und Wechselkurspolitik eine ihr genehme Prioritätenentscheidung zu treffen.

Das Verhältnis des Euro zu den übrigen Währungen in der Europäischen Union

Die EU-Staaten, die 1999 noch nicht an der Währungsunion teilnehmen, teilen sich voraussichtlich in drei Gruppen auf:

- Länder, die sich noch nicht qualifizieren konnten, aber es in absehbarer Zeit schaffen werden, z.B. Spanien oder Schweden,
- Länder, die noch längere Zeit Schwierigkeiten haben werden, es zu schaffen, z.B. Italien oder Griechenland,
- Großbritannien und vielleicht auch Dänemark, die selbst dann nicht wollen, wenn sie können.

Für alle drei, am wichtigsten aber für die erste Gruppe, ist eine Teilnahme an einem fortgeführten EWS (EWS II) interessant. Die Währungen aller dieser Länder sind gegenüber dem Euro abwertungsgefährdet – teils aus Vertrauensgründen, teils wegen der Inflationsunterschiede. Abwertungen gegenüber dem Euro werden aber für diese Länder wesentlich größere Inflationseffekte als frühere Abwertungen nur gegenüber der D-Mark haben, weil der Euro-Raum einen wesentlich größeren Teil ihrer Handelsbeziehungen umfaßt als der frühere D-Mark-Raum.

Einige Kritiker befürchten, diese Länder, insbesondere Italien oder England, könnten gegenüber dem Euro-Raum zur Verbesserung ihrer eigenen Konkurrenzfähigkeit auf eine Abwertungsstrategie bauen. Das wird man sehen, es ist aber eher unwahrscheinlich. Diese Länder werden mit einer Abwertungsstrategie jedenfalls dann Schwierigkeiten haben, wenn sie im eigenen Lande für stabile Preise sorgen wollen.

Wahrscheinlicher ist es, daß es für die EU-Staaten außerhalb des Euro-Raums zur Prestige-Frage werden wird, den Kurs ihrer Währungen gegenüber dem Euro zu halten. Dabei sollten sie von der Währungspolitik des Euro-Raumes unterstützt werden, soweit dies stabilitätsgerecht möglich ist. Die Zusammenarbeit muß so gestaltet sein, daß der Euro nicht gefährdet wird und der Zugang zur Währungsunion offen bleibt.[26] Die hauptsächliche Bemühung um einen stabilen Kurs zum Euro sollte allerdings von diesen Ländern selber ausgehen, denn dann werden sie automatisch zu einer stabilitätsgerechten Geldpolitik und in gewissem Umfang auch zu einer stabilitätsgerechten Finanzpolitik gezwungen.

Tabelle 8: *Anteil des Außenhandels der OUTs mit dem voraussichtlichen Euro-Währungsraum*

Werte für 1993	Großbritannien	Italien	Spanien	Portugal
Anteil der Exporte am Gesamtexport	39,6	39,4	38,6	45,7
Anteil der Exporte am Export in die EG der 12	80,3	73,9	62,1	61,0
Anteil der Importe am Gesamtimport	38,0	45,2	43,0	37,9
Anteil der Importe am Import aus der EG der 12	83,0	81,6	69,4	52,9

Voraussichtlicher Euro-Raum (Ins): Deutschland, Frankreich, Niederlande, Belgien, Luxemburg, Österreich, Dänemark, Irland (hier allerdings ohne Österreich)
Quelle: Europäische Wirtschaft 60; eigene Berechnungen

Die Notenbankpräsidenten und Finanzminister haben im April 1996 in Verona folgende Eckwerte für ein EWS II festgelegt:[27]
• Die Leitkurse zum Euro sollen fest, aber änderbar sein und notfalls frühzeitig angepaßt werden.

---

26 Vgl. M. Neumann: Eine Währungsbrücke vom Kern zum Rand, Frankfurter Allgemeine Zeitung vom 7. September 1996.
27 Zur Darstellung und Diskussion vgl. W. Ochel: Teilwährungsunion: Nicht nur eine Frage des Wechselkurssystems, in: Ifo-Schnelldienst 12/96, S. 3 f., ferner Lamfalussy: Grundsatzeinigung EWS II für Dublin, VWD – Finanz- und Wirtschaftsspiegel vom 27. August 1996.

- Die EZB soll ein Initiativrecht für Paritätsänderungen erhalten, so daß man nicht immer auf die meist zu spät erfolgende – bessere Einsicht des abwertungsverdächtigen Landes warten muß.[28]
- Die Verantwortung für einen stabilen Kurs zum Euro soll in erster Linie beim betreffenden Land selber und nicht bei der EZB liegen.[29]
- Je nach Konvergenzgrad der beteiligten Länder werden unterschiedlich enge Bandbreiten zum Euro festgesetzt.

Diese Linie ist auf der Konferenz der Finanzminister und Notenbankpräsidenten im September 1996 in Dublin bekräftigt worden. Der Euro soll die Ankerwährung werden, die übrigen EU-Mitglieder sollen sich in ihrer Geldpolitik an stabilen Wechselkursen zum Euro orientieren.

Ein vor allem psychologisch interessanter Sonderfall wird Großbritannien. Falls dort die erwartete politische Entscheidung fällt, an der Währungsunion nicht teilzunehmen, wird ein großer interner Druck entstehen, fortgesetzt zu demonstrieren, daß man hätte teilnehmen können, wenn man nur gewollt hätte.[30] Die einzig erfolgreiche Demonstration kann aber nur ein stabiler Wechselkurs zum Euro sein. Mit der Zeit wird sich England dabei den gleichen Problemen gegenübersehen, wie sie jetzt Frankreich gegenüber der D-Mark erfährt:

Im Verhältnis zweier Währungen wird stets jene Währung, deren langfristige Stabilität glaubwürdiger ist, von den Märkten besser behandelt. Sie muß einen stabilen Kurs nicht mit einer

---

28 Damit wird die von M. Neumann u.a. befürchtete »Politisierung« der Wechselkurse vermieden. Vgl. M. Neumann: Politisierung der europäischen Wechselkurse muß vermieden werden, Handelsblatt vom 17. April 1996.

29 So auch EWI-Präsident Lamfalussy, vgl. »Die Verschiebung der Währungsunion wäre ein politischer und wirtschaftlicher Schock«, Frankfurter Allgemeine Zeitung vom 25. Januar 1996.

30 So meint der englische Notenbankpräsident George: »Wichtig ist, daß wir in der Lage sind, mitzumachen und die Konvergenzkriterien zu erfüllen«, Interview mit der Wirtschaftswoche 4/1996, S. 29.

höheren Zinsprämie »bezahlen« und gleichwohl bei jeder kleinen Turbulenz um den Kurs fürchten. Die Währung mit der höheren Glaubwürdigkeit wird gegenüber dem Pfund aber stets der Euro sein – schon weil die EZB (im Gegensatz zur Bank von England, die immer noch eine Abteilung des Finanzministeriums ist) uneingeschränkte Freiheit bei der Verfolgung des Stabilitätszieles hat. Es wird deshalb voraussichtlich nur eine relativ kurze Zeit vergehen, bis Großbritannien sich um Teilnahme am Euro-Währungsraum bemühen wird. Zunächst müssen wohl die letzten Träume von einer – hier währungspolitischen – Sonderrolle Großbritanniens in Europa ausgeträumt sein. Erst massive Sorgen der Londoner City um geschäftliche Nachteile gegenüber dem Euro-Raum werden voraussichtlich zu einer Umstimmung der Politik führen.

Der Euro im Weltwährungssystem

Im Weltwährungssystem wird der Euro die Rolle der D-Mark als zweitgrößte Reservewährung nach dem Dollar übernehmen und voraussichtlich noch ausbauen.

Aus gegenwärtiger Sicht schwer zu beurteilen ist die Entwicklung des Euro-Wechselkurses gegenüber Dollar und Yen. Dabei spielt auch das schwierige und immer wieder für Überraschungen gute Verhältnis des Yen zum Dollar eine Rolle. Es kann aber vermutet werden, daß die Schwankungen des Euro-Kurses gegenüber Dollar und Yen niedriger sind als im Falle der D-Mark (zu den Wechselkursschwankungen gegenüber Dollar und Yen vgl. Schaubild 5). Dafür sorgt das größere Gewicht des Euro-Blocks mit den damit verbundenen höheren Grundumsätzen am Devisenmarkt. Auch wird der amerikanischen Wechselkurspolitik die Einstellung des »benign neglect« gegenüber dem Euro-Raum nicht so leicht fallen wie gegenüber der D-Mark, weil das Gewicht im Außenhandel größer ist.

172

In diesem Zusammenhang stimmt auch hoffnungsvoll, daß die führenden Industriestaaten, insbesondere die USA, wieder ein insgesamt höheres Einvernehmen über die Notwendigkeit einer verstetigten internationalen Wechselkursentwicklung haben und auf dem letzten Weltwirtschaftsgipfel in Lyon eine verstärkte Konzentrierung ihrer Operationen am Devisenmarkt vereinbart haben.[31] Mit dem Euro werden solche Abstimmungsprozesse künftig einfacher, weil es dann nur noch auf das Kursverhältnis zwischen Dollar, Yen und Euro ankommen wird, während die übrigen Länder sich auf Anpassungsstrategien zu der von ihnen gewählten Anker-Währung konzentrieren werden. Es wird abzuwarten sein, ob die im Maastricht-Vertrag eröffnete Möglichkeit, daß der Europäische Rat allgemeine Orientierungen zur Wechselkurspolitik geben kann, von seiten der Politik mit Bedacht und Klugheit genutzt wird. Hier liegt ein potentielles Konfliktfeld mit der EZB (vgl. Kapitel 5).[32]

31 Vgl. W. Münster: Erlösung in Lyon, Süddeutsche Zeitung vom 29. Juli 1996.
32 Vgl. M. Neuman: Eine Währungsbrücke, a.a.O.

8. Währungsunion ohne politische Union – geht das überhaupt?

Wohl bei keinem Teilaspekt der Währungsunion gehen
- institutionelle und rechtliche Fragestellungen,
- unterschiedliche Einschätzungen der ökonomischen Wirkungszusammenhänge,
- divergierende Auffassungen über die »Finalität«, also das Endziel des europäischen Einigungsprozesses,
- die Interessen der von Machtverlagerungen Betroffenen sowie
- schiere emotionale Vorbehalte

derartig durcheinander, wie bei der Frage des inneren Zusammenhangs zwischen Währungsunion und politischer Union.

Die Warnungen der Deutschen Bundesbank

Die Behauptung, daß eine Währungsunion nur zusammen mit einer politischen Union dauerhaft funktionieren könne und deshalb ohne baldige politische Union möglicherweise (oder wahrscheinlich) gar nicht funktionieren werde, wird insbesondere immer wieder von Vertretern der Deutschen Bundesbank vorgebracht – jener Institution also, die in ganz Europa durch die Währungsunion den mit Abstand stärksten Machtverlust erfährt. Wegen des besonderen Prestiges der Bundesbank werden die aus ihrem Kreise vorgetragenen Argumente zudem öffentlich besonders stark beachtet und, mögen sie noch so abgewogen formuliert sein, stets auf denkbare Gegnerschaft zur Linie der Bundesregierung untersucht. Dies führt dann zu

Überschriften wie »Kontra für den Kanzler. Bundesbank-Chef geht zur Währungsunion auf Distanz.«[1]

In der mündlichen Verhandlung des Bundesverfassungsgerichts zur Verfassungsklage über den Maastricht-Vertrag hatte der damalige Bundesbankpräsident Helmut Schlesinger die Auffassung geäußert, daß eine Währungsunion letztlich nur gemeinsam mit einer politischen Union, nicht aber unabhängig davon oder als bloße Vorstufe auf dem Weg dahin verwirklicht werden könne. Das Bundesverfassungsgericht führte hierzu aus:

»Auch auf die stufenweise Entwicklung der nationalen Einheit Deutschlands im 19. Jahrhundert mag diese Auffassung sich stützen: Die Vereinheitlichung der Währung ging der nationalstaatlichen politischen Einigung nicht voraus, sie folgte der Bildung des Norddeutschen Bundes und des Deutschen Reiches durch das Münzgesetz vom 9. Juli 1873; vorher bestand über Jahrzehnte zwar der deutsche Zollverein, es gab auch Handelsverträge und wirtschaftsrelevante Abkommen, aber weder einen Währungsverbund noch eine Währungseinheit.«[2]

Zwar ist die letztere Behauptung schief, wenn nicht gar falsch – denn der Goldstandard sorgte natürlich auf dem Gebiet des Zollvereins für feste Wechselkursverhältnisse und nur weil dies so war, konnte man sich mit der gemeinsamen Währung bis drei Jahre nach der Reichsgründung Zeit lassen –, aber das BVG war klug genug, sich auf eine seine Kompetenzen überschreitende historisch-wirtschaftliche Betrachtung gar nicht einzulassen, indem es weiter ausführte:

»Hiermit wird indes keine verfassungsrechtliche, sondern eine politische Frage aufgeworfen. Die Währungsunion ohne eine

---

1 Saarbrücker Zeitung vom 22. März 1996.
2 Entscheidungen des Bundesverfassungsgerichtes, hrsg. von Mitgliedern des Bundesverfassungsgerichts, 89. Band, Tübingen 1994, S. 206.

gleichzeitige oder unmittelbar nachfolgende politische Union
zu vereinbaren oder ins Werk zu setzen, ist eine politische
Entscheidung, die von den dazu berufenen Organen politisch
zu verantworten ist. Stellt sich heraus, daß die gewollte Wäh-
rungsunion ohne eine (noch nicht gewollte) politische Union
nicht zu verwirklichen ist, bedarf es einer erneuten politi-
schen Entscheidung, wie weiter vorgegangen werden soll.«[3]

Was die Frage der Unwiderruflichkeit der Entscheidung für die
Währungsunion angeht, kommt das Verfassungsgericht zu
einer sehr überraschenden Interpretation des Maastricht-
Vertrages:

»Der Unions-Vertrag regelt die Währungsunion als eine auf
Dauer der Stabilität verpflichtete und insbesondere Geld-
wertstabilität gewährleistende Gemeinschaft. Zwar läßt sich
nicht voraussehen, ob die Stabilität einer ECU-Währung auf
der Grundlage der im Vertrag getroffenen Vorkehrungen tat-
sächlich dauerhaft gesichert werden kann. Die Befürchtung
eines Fehlschlags der Stabilitätsbemühungen, der sodann
weitere finanzpolitische Zugeständnisse der Mitgliedstaaten
zur Folge haben könnte, ist jedoch zu wenig greifbar, als daß
sich daraus die rechtliche Unbestimmtheit des Vertrages er-
gäbe. Der Vertrag setzt langfristige Vorgaben, die das Stabi-
litätsziel zum Maßstab der Währungsunion machen, die durch
institutionelle Vorkehrungen die Verwirklichung dieses Zieles
sicherzustellen suchen und letztlich – als ultima ratio – beim
Scheitern der Gemeinschaft auch einer Lösung aus der Stabi-
litätsgemeinschaft nicht entgegenstehen.«[4]

Das Gericht läßt offen, wie diese »Lösung« aussehen soll.
Denn nach Artikel N des Unions-Vertrages kann zwar jedes
Mitglied Änderungsvorschläge machen. Diese können aber nur
einvernehmlich wirksam werden, weil sie durch alle Mitglieder

---

3 Ebenda, S. 207.
4 Ebenda, S. 204.

ratifiziert werden müssen. Eine Kündigungsmöglichkeit sieht der Vertrag nicht vor. Die Einschätzung des Gerichts, bei Scheitern der Stabilitätsgemeinschaft könne man sich aus der Währungsunion »lösen«, bleibt unscharf in bezug auf die juristische Umsetzung einer solchen »Lösung«. Die Einschätzung des Verfassungsgerichts bedeutet aber immerhin, daß die Bindung Deutschlands an die Währungsunion ohne Vertragsbruch dann beendet werden könnte, wenn die Währungsunion ohne politische Union in bezug auf das Stabilitätsziel grundsätzlich scheitern sollte.

Damit verlieren die Warnungen vor den Risiken der einheitlichen europäischen Währung ihren Endzeitcharakter: Sollte die Währungsunion ohne politische Union zur Bewahrung eines hinreichend stabilen Geldwertes nicht in der Lage sein, so wäre dies schlimm. Aber in diesem Falle wäre die Entscheidung für die einheitliche europäische Währung eben auch nicht unwiderruflich.

Für Bundesbankpräsident Tietmeyer bedeutet die Währungsunion, insoweit abweichend von der zitierten Einschätzung des Bundesverfassungsgerichts, »einen endgültigen Verzicht auf einen zentralen Teil der bisherigen Souveränität«.[5] Kein Land könne in einer Währungsunion noch für sich allein Stabilität erreichen und erhalten. Genausowenig könne allerdings ein »übernationales Geld« auf Dauer binden, wenn Politik und Wirtschaft auseinanderlaufen. »Dies würde eine gemeinsame europäische Geldpolitik vor eine Zerreißprobe stellen. Es darf deshalb keine Illusion darüber geben, daß eine Währungsunion die interne stabilitätspolitische Fähigkeit und den politischen Willen zur dauerhaften Bindung ersetzen könnte. Der Zentralbankrat hat bereits 1990 darauf hingewiesen, daß eine Währungsunion eine ›unauflösliche Solidarge-

---

5 H. Tietmeyer: Der Beitrag der Währungspolitik zur europäischen Integration, a.a.O., S. 8.

meinschaft‹ oder deutlicher eine ›Risikogemeinschaft mit
Solidarhaftung‹ ist. Die unwiderrufliche Bindung der Währungen aneinander bedeutet nämlich, daß wirtschafts- und währungspolitische Fehlentwicklungen in einzelnen Ländern die
Gesamtheit durch eine entsprechende Entwicklung des Geldwerts belasten. In einer Währungsunion sind die Teilnehmerländer hinsichtlich der Entwicklung des Geldwertes für immer
... auf Gedeih und Verderb miteinander verbunden. Auch die
... Option eines Austritts stellt in einer Währungsunion keine
realistische Alternative mehr da, da sie nicht nur einen Ver-
tragsverstoß bedeuten würde, sondern auch einem vollkommenen Neuanfang auf währungspolitischem Gebiet gleichkäme.
... Jeder muß wissen: Der Weg in die Währungsunion ist ein
Weg ohne Umkehr.«[6]

Die gleiche Argumentationslinie, teilweise mit noch stärke-
rer Wortwahl, findet man auch in den öffentlichen Äußerungen
anderer Zentralbankratsmitglieder. So meint Jochimsen, wenn
die Währungsunion nicht von »einer vertieften politischen
Union begleitet« werde, »wird nicht nur die Stabilität der Europäischen Währungsunion selber auf Treibsand ruhen: Anstatt
das Band zu sein, das die Union zusammenhält, könnte sie sich
schnell zum Dynamit entwickeln, das sie explodieren läßt.«[7]

---

6 Ebenda, S. 9 f.
7 R. Jochimsen: German Monetary Policy in the 20th Century, a.a.O., S. 11: Reimut
   Jochimsen spricht der Währungsunion gar die ökonomische Daseinsberechtigung
   ab: »Wer die Notwendigkeit einer Währungsunion mit ökonomischen Argumenten
   begründen will, geht an der Realität vorbei. Wir haben es vielmehr mit einer wesentlich auf außerökonomischen Motiven beruhenden Entscheidung zu tun. ... In
   Maastricht wurde der politische Nutzen vielleicht höher als die möglicherweise
   auftretenden ökonomischen Kosten bewertet.« Perspektiven, a.a.O., S. 81. Der
   stellvertretende Bundesbankpräsident Johann Wilhelm Gaddum meint: »Letzten
   Endes ist eine Währungsunion eine nicht mehr kündbare Solidargemeinschaft, die
   nach aller Erfahrung für ihren dauerhaften Bestand eine weitergehende Bindung in
   Form einer umfassenden politischen Union benötigt.«, Fragen und Probleme der
   Europäischen Währungsunion aus der Sicht der Deutschen Bundesbank, in: Wirt-
   schaftsberichte I-96 der Landesbank Rheinland-Pfalz, S.15.

Zwar sind die Äußerungen der Bundesbank-Skeptiker ansonsten meist zu elastisch, um ihre Urheber als Gegner der Währungsunion festzulegen – damit würde die Bundesbank auch ihre Kompetenzen überschreiten –, aber sie zeigen doch, daß der Führung der Bundesbank die Grundrichtung der getroffenen Entscheidungen – Währungsunion ohne politische Union – mißfällt. Es gibt jedoch auch befürwortende Stimmen im Zentralbankrat, die allerdings in der veröffentlichten Meinung nicht eine den Skeptikern vergleichbare Resonanz finden.[8]

Eine genaue Analyse der oben zitierten – und für die Öffentlichkeitsarbeit der Bundesbank exemplarischen – Äußerung Tietmeyers zeigt freilich, daß die mit solchen Äußerungen – ohne offene Gegnerschaft und immer in der Rolle des verantwortungsbewußten Hüters des Geldwertes – vermittelte negative Grundeinschätzung der Währungsunion mit gewissen einseitigen Akzenten in der Darstellung einhergeht. Wenn man diese kleinen Einseitigkeiten vom Kopf auf die Füße stellt, so ist die Substanz der implizierten Kritik bereits erheblich ausgedünnt:

Zunächst:

- Wenn »Politik und Wirtschaft der Teilnehmerländer auseinanderlaufen«, kann diese überhaupt nichts »auf Dauer« binden außer der schieren Gewalt – auch nicht die einheitliche Währung. Deshalb kommt es immer wieder zum Zerfall von Staaten, deren Völker sich einander entfremdet haben – in jüngster Zeit friedlich im Falle Tschechoslowakei und krie-

---

8 Der Präsident der Landeszentralbank in Hamburg hält im Rahmen einer längeren Beschreibung der Vorteile der Währungsunion das (vorläufige) Fehlen einer politischen Union nicht einmal der kritischen Erwähnung wert. Vgl. H.J. Krupp: Die ökonomische Bewertung der Europäischen Währungsunion, Vortrag, abgedruckt in der Frankfurter Rundschau vom 2. Dezember 1995. Der Präsident der Landeszentralbank von Sachsen meint, daß die Sachzwänge in einer funktionierenden Währungsunion für eine effektive Disziplinierung der Tarifpartner und der Finanzpolitik sorgen werden, vgl. O. Sievert: Interview mit der Sächsischen Zeitung vom 25./26. Mai 1996.

gerisch im Falle Jugoslawien. Darum erfordert die politische Einheit unterschiedlicher Teile stets die Stärkung und Pflege des Bandes gemeinsamer Interessen. Folgerichtig hat die Logik des europäischen Einigungsprozesses seit 40 Jahren darin gelegen, gemeinsame Interessen mit Bindungswirkung zu schaffen: zunächst durch die Zollunion, dann durch den Gemeinsamen Markt, und jetzt durch die Währungsunion. Wenn Partner auseinandergehen wollen, wird sie auch eine gemeinsame Währung nicht hindern, aber dies wird dann das kleinste Problem sein.

- Die zentrale Logik einer einheitlichen Währung mit einer unabhängigen auf das Stabilitätsziel verpflichteten Notenbank besteht darin, durch die Vorgabe eines stabilitätsgerechten Geldmantels auf die öffentlichen Haushalte, die Tarifparteien und die übrigen Wirtschaftssubjekte nachhaltig im Sinne eines stabilitätsgerechten Verhaltens einzuwirken. Diese Logik – der ordnungspolitische Kern der modernen geldpolitischen Theorie – aber ist die große Chance der Europäischen Währungsunion und kann einen wesentlichen Beitrag leisten, nicht nur das befürchtete Auseinanderlaufen von Politik und Wirtschaft zu verhindern, sondern darüber hinaus identitätsstiftende gemeinsame Verhaltensweisen und Interessen zu fördern. Natürlich kann man, wie Tietmeyer es an anderer Stelle tut, die Befürchtung äußern, die EZB könne unter dem Druck der öffentlichen Meinung vom Stabilitätskurs abweichen.[9] Solche Befürchtungen gelten aber im national-staatlichen Rahmen nicht weniger und sind kein spezifisches Risiko des fehlenden politischen Überbaus einer Europäischen Währungsunion.

---

9 Vgl. H. Tietmeyer: Währungsunion und politische Integration: Historische Erfahrungen und europäische Perspektiven, Grußwort beim 9. wissenschaftlichen Kolloquium des Instituts für bankhistorische Forschung in Frankfurt am 3. November 1995, in: Deutsche Bundesbank. Auszüge aus Presseartikeln vom 10. November 1995, S. 2.

- In bezug auf die europäische Währungsunion ist es mißverständlich, wenn nicht gar falsch, von einer »unwiderrufliche(n) Bindung der Währungen aneinander« zu sprechen. Es gibt vielmehr nur noch eine einzige Währung und nur noch eine Notenbank, die mehr Macht und Unabhängigkeit besitzt als heute die Bundesbank und über ein vergleichbares geldpolitisches Instrumentarium verfügt. Deshalb gibt es – anders als Tietmeyer unterschwellig andeutet – in der Währungsunion auch keine größeren Risiken für die Geldwertstabilität. Gegenüber den nationalen Währungsräumen wird die wirksame Kontrolle des Geldangebots vielmehr eher erleichtert (vgl. Kapitel 7). Etwaige Spannungen im System, die folgenschwer genug sein können, werden sich weniger in der Inflationsrate äußern als in unterschiedlich hoher Staatsverschuldung, in Arbeitslosigkeit und Wachstumsverlusten einzelner Mitgliedsländer (vgl. Kapitel 11 und 12).

- Wenn die Währungsunion aufgrund solcher Spannungen zerfiele, so wären zwar der politische Schaden und der Schaden für die deutsche Exportwirtschaft sicherlich immens. Der Schaden für die Geldwertstabilität in Deutschland würde sich aber in Grenzen halten, weil die Währungsunion eben nicht aufgrund unerträglich hoher Inflationsraten, sondern wegen wirtschafts- und finanzpolitischer Spannungen bei den weniger stabilitätsorientierten Mitgliedstaaten zerfallen würde. Die dann wieder neu einzuführende D-Mark würde sofort gegenüber dem übrigen ehemaligen Euro-Währungsraum eine erhebliche Aufwertungstendenz erfahren und auf diese Weise zusätzlich Stabilität importieren.[10] Von einem »vollkommenen Neuanfang auf währungspolitischem Gebiet« (womit unterschwellig eine Parallelität zur Währungs-

---

10 Nach der Auflösung der Tschechoslowakei hat sich auch die Tschechenkrone gegenüber der slowakischen Krone erheblich aufgewertet.

reform 1948 hergestellt wird) kann also auch in diesem schlechtesten aller denkbaren Fälle nicht die Rede sein.

Es wäre aber zu billig, die aus der Bundesbank – teils offen, teils zwischen den Zeilen – vorgetragenen Warnungen einfach als interessenbezogen abzutun. Und es bleibt ja auch richtig, daß eine derartige Währungsunion ohne politische Union historisch ohne Beispiel ist, denn wie bereits dargestellt, beließen alle bisherigen Währungsunionen das Recht zur Produktion von Geld letztlich bei den Mitgliedsländern und regelten lediglich die Koordinierung ihres geldpolitischen Vorgehens (vgl. Kapitel 2). Weil der Fall, das *alle* geldpolitischen Kompetenzen an eine überstaatliche Ebene abgetreten wurden, ohne daß es begleitend zu einer politischen Vereinigung kam, bisher noch nicht aufgetreten ist, fehlt es – im Positiven wie im Negativen – an anwendbaren historischen Beispielen.

Interessant ist jedenfalls, daß sich die Befürworter und Skeptiker aus der Bundesbank ebensowenig nach einem Links/Rechts-Schema sortieren lassen wie die Befürworter und Skeptiker in der Politik. Auch dieses zeigt, daß es um eine Entscheidung geht, bei der erprobte Gesinnungen ihre Wegweiser-Funktion verlieren, weil wirkliches Neuland betreten wird.

Vergleich einer geldpolitischen Entscheidungslage auf deutscher und europäischer Ebene

Fassen wir nochmals das sachliche Kernproblem einer einheitlichen Währung ohne gleichzeitige politische Union ins Auge: Dies besteht in der Formulierung von Horst Siebert darin,

»*daß bei der politischen Willensbildung, auch bei der Bewertung des Zielkonflikts zwischen Inflation und kurzfristigen Beschäftigungseffekten, nationale politische Entscheidungsprozesse und damit nationale politische Präferenzen ein starkes Gewicht haben. Damit gewinnen die Sachzwänge einzel-*

ner Länder einen größeren Stellenwert. Die europäische Geldpolitik, die unteilbar zwischen den verschiedenen Ländern ist, muß dann bei der politischen Bewertung vor dem Urteil der differenzierten nationalen Präferenzen und Gegebenheiten bestehen. Hier liegt ein systematisches politisches Konfliktfeld für die Europäische Zentralbank und eine Problemfeld für die Durchsetzungsfähigkeit der Geldpolitik.« [11]

Wir wollen dieses »systematische politische Konfliktfeld« anhand der vergleichenden Betrachtung einer konstruierten Entscheidungslage auf nationaler und europäischer Ebene durchspielen. Gegeben sei jene Situation, die für eine Notenbank stets am schwierigsten ist:

- In der Spätphase eines Konjunkturzyklus hat sich ein gewisser inflationärer Druck aufgebaut, die Inflationsrate liegt bei etwa 4 % oder noch etwas höher. Die Kreditnachfrage ist rege, das Geldmengenwachstum liegt oberhalb des langfristig stabilitätsgerechten Pfades.

- Sowohl die Lohnabschlüsse als auch die Zuwachsraten der öffentlichen Haushalte haben den stabilitätsgerechten Kurs um einiges verlassen.

- Das Wirtschaftswachstum flacht zyklisch bedingt bereits ab, eine entsprechende Ermüdung beim Wachstum der Steuereinnahmen und demzufolge wachsende staatliche Haushaltsprobleme kündigen sich an.

- Auch am Arbeitsmarkt ist bereits eine Beruhigung zu spüren, die Zahl der Beschäftigten nimmt nicht mehr zu.

Fall 1: Zuständigkeit der Bundesbank

Die Bundesbank entschließt sich zu einer fühlbaren Erhöhung der Geldmarktzinsen, ggf. in mehreren Stufen, um die Geldkapitalbildung anzuregen und die Kreditnachfrage zu senken. Als

---

11 H. Siebert. Bedingungen für eine stabile europäische Währung, S. 45 f., in: Die Weltwirtschaft, Heft 1/1992, S. 45 f.

Folge steigen die langfristigen Zinsen von 7 auf 9 %. Die Bundesbank hält den restriktiven Kurs durch, bis das Geldmengenwachstum auf einen stabilitätsgerechten Kurs eingeschwenkt ist, die durchschnittlichen Lohnzuwächse sich deutlich zurückgebildet und die öffentlichen Haushalte ihre durchschnittlichen Zuwachsraten fühlbar abgesenkt haben. Das dauert etwa zwei Jahre. (In dieser Zeit muß die Bundesregierung zufälligerweise auch über die Vertragsverlängerungen einiger wichtiger Direktoriumsmitglieder entscheiden.)

In diesen beiden Jahren

- steigt die Arbeitslosigkeit um weitere 20 % auf einen Nachkriegsrekord,
- geraten die Bundesanstalt für Arbeit und die gesetzliche Rentenversicherung in eine Finanzkrise,
- steigt das Defizit des Bundeshaushalts ebenfalls auf einen Nachkriegsrekord,
- gibt es zwei EWS-Krisen, beide ausgelöst durch Spekulationswellen zugunsten der D-Mark,
- beklagt der Bundesverband der deutschen Industrie erhebliche Marktanteilsverluste im Export wegen einer erneuten zinsbedingten Aufwertung der D-Mark,
- berichtet der Bundesverband des Einzelhandels über fortgesetzt fallende Umsätze,
- führen der Bundesverband der Bausparkassen und der Mieterbund den dreißigprozentigen Einbruch im Wohnungsbau auf das unvernünftig hohe Zinsniveau zurück,
- warnt der DGB mehrfach davor, die Konjuktur kaputtzusparen,
- legt das DIW eine ökonometrisches Modell vor, mit dem belegt wird, daß die Hochzinspolitik bereits 500.000 Arbeitsplätze gekostet hat,
- schlägt die Forschungsgruppe alternativer Ökonomen vor, die Unabhängigkeit der Bundesbank abzuschaffen, weil sie dem deutschen Volke Schaden zufüge,

- geben der Bundeskanzler und der Bundesfinanzminister in mehreren strikt vertraulichen Hintergrundgesprächen der Bundesbank die Schuld, falls die nächste Wahl von der Opposition gewonnen werden sollte,
- werden die Verträge der drei zur Verlängerung anstehenden Direktoriumsmitglieder um 8 Jahre verlängert, weil die Bundesregierung – wie der Bundesfinanzminister in einem weiteren vertraulichen Hintergrundgespräch sagt – die Bundestagswahl ganz bestimmt verlieren würde, wenn sie in einem öffentlich erkennbaren Gegensatz zur Stabilitätspolitik der Bundesbank gerate,
- wird der Inhalt der zahlreichen Telefon-Gespräche des Bundeskanzlers und des Bundesfinanzministers mit dem Bundesbankpräsidenten der Öffentlichkeit nicht bekannt.

Nach diesen beiden Jahren
- liegt die Inflationsrate bei 2,2 %,
- befindet sich das Geldmengenwachstum am unteren Rand des jährlich festgelegten Zielkorridors,
- haben sich die Zuwachsraten bei den Lohnabschlüssen und in den öffentlichen Haushalten auf 2 bis 3 % eingependelt,
- zeigt das neue Sozialversicherungskonsolidierungsgesetz erste Wirkungen,
- wertet sich die D-Mark gegenüber dem Dollar leicht ab, weil dort die Zinsen steigen,
- sinken die deutschen Zinsen stufenweise auf das niedrigste Niveau seit 10 Jahren,
- führen eine Belebung der Auslandsnachfrage und ein Lageraufbau in der Industrie zu einem Wiederanstieg der Produktion,
- kommt der Beschäftigungsabbau zum Stillstand,
- steigt der Optimismus der Verbraucher,
- gewinnt die Bundesregierung knapp die Bundestagswahl.

Soweit das »ganz normale« und seit den sechziger Jahren mit leichten Abwandlungen gewohnte deutsche Szenario. Versuche, öffentlich, halböffentlich oder vertraulich auf die geldpolitischen Entscheidungen der Bundesbank einzuwirken, gab und gibt es viele. Da aber die Amtsträger der Bundesbank wissen, daß ihr öffentliches Prestige und ihr Kompetenz-Image fast ausschließlich von den bei der Inflationsbekämpfung erzielten Erfolgen abhängen und daß (nur) dieser Erfolg sie von Pressionen aller Art unabhängig macht, haben diese Versuche zur Einflußnahme über eine stets wünschenswerte Steigerung des Informationsgrades hinaus praktisch keine Wirkung.

Fall 2: Zuständigkeit der ESZB

Es wird unterstellt, daß alle EU-Staaten, die Mitglied des Euro-Währungsraums geworden sind, bei Eintritt in die Währungsunion einen vergleichbaren Konvergenzgrad gehabt haben (mit gewissen Abstrichen bei der Schuldenstandsquote). Es wird ferner unterstellt, daß die EZB die Kontrolle über die Geldpolitik im Euro-Währungsraum effektiv übernommen hat. Das heißt, es gibt einen einheitlichen europäischen Geldmarkt, und Unterschiede bei den langfristigen Zinsen hängen lediglich von der Bonität der jeweiligen Kreditnehmer ab. Es wird weiter unterstellt, daß die oben beschriebene konjunkturelle Situation dem Durchschnitt des Währungsraumes entspricht.

Nun hat statt des Zentralbankrats der EZB-Rat über den einzuschlagenden geldpolitischen Kurs zu entscheiden. Alle Mitglieder des EZB-Rats wissen, daß das Prestige des ESZB und ihr persönliches Ansehen davon abhängen, ob die EZB in der Lage ist, die Preisstabilität zu sichern. Allen ist durch Artikel 107 des EU-Vertrages untersagt, Weisungen von anderen Stellen einzuholen oder anzunehmen. Alle sind durch Art. 105 vorrangig auf die Einhaltung der Preisstabilität verpflichtet. Die Mitglieder des Direktoriums wissen ferner, daß sie nur *eine* 8jährige Amtszeit haben. Die Präsidenten der nationalen Zentralbanken sind auf mindestens 5 Jahre bestellt. Die objektive und subjektive Absicherung gegen Pressionsversuche ist also in der Summe noch höher als bei der Bundesbank. Was könnte die Mitglieder des EZB-Rats dazu bewegen, weniger stabilitätsorientiert zu entscheiden als die Mitglieder des Zentralbankrats?

- Dem Zentralbankrat der Bundesbank stehen bundesweit organisierte Verbände, Gewerkschaften, bundesweit tätige wissenschaftliche Institute, eine in enger Kommunikation stehende bundesweite politische Öffentlichkeit und eine Bundesregierung gegenüber.
- Die Mitglieder des EZB-Rats dagegen sehen sich einem heterogenen und von ganz unterschiedlichen Prioritäten gekennzeichneten europäischen Rat, zahlreichen Regierungen mit wahrscheinlich unterschiedlichen Meinungen und einer noch auf lange Sicht nationalstaatlich zersplitterten politischen Öffentlichkeit gegenüber. Sie fühlen sich, wenn überhaupt, dann höchstens gegenüber ihrer nationalen Öffentlichkeit in einer Weise gebunden, die mit ihren gesetzlichen Pflichten und ihrer Unabhängigkeit kollidieren könnte.

Die im Vergleich zu einer nationalen Öffentlichkeit, wie sie dem Zentralbankrat gegenübersteht, wesentlich höhere Fragmentierung der dem EZB-Rat gegenüberstehenden europäischen Öffentlichkeit mitsamt den nationalen Regierungen und Pressure-Groups gereicht aber der Unabhängigkeit der EZB nicht zum Schaden. Vielmehr ist das Gegenteil der Fall: Während

- der Europäische Rat sich mit schwerfälligen Entscheidungsprozessen abplagt und zumeist auf Einstimmigkeit angewiesen ist,
- das Europäische Parlament noch weitgehend machtlos ist,
- eine die EU überspannende politische Öffentlichkeit kaum existiert (kaum ein Mailänder liest die Frankfurter Rundschau und kaum ein Frankfurter den Corriere della Sera) und also auch keinen gemeinschaftlichen Druck ausüben kann,

fällt der EZB-Rat Mehrheitsentscheidungen, und unter seinen 15 bis 20 Mitgliedern hat jeder nationale Notenbankpräsident nur eine Stimme. Selbst wenn sich – beispielsweise – der italienische Notenbankpräsident durch den Müllarbeiterstreik auf Sizilien oder die in Rom drohende 105. Regierungskrise der Nachkriegszeit in seiner Entscheidung beeinflussen ließe, hätte dies auf die Mehrheitsverhältnisse im EZB-Rat keinen Einfluß – und da niemand gerne bei den Verlierern ist, wahrscheinlich nicht einmal auf das Stimmverhalten des ialienischen Notenbankpräsidenten. Wenn dieser aber doch eine Mehrheit im EZB-Rat für seine Position fände, dann müßte man angesichts der Unabhängigkeit und Heterogenität der Ratsmitglieder unterstellen, daß es hierfür auch geldpolitisch wichtige Gründe gibt.

Die EZB ist zudem die einzige Europäische Institution mit einem ihr auf nationaler Ebene nachgeordneten weisungsgebundenen Unterbau, nämlich den nationalen Notenbanken. Während EU-Vorgaben auf allen anderen Gebieten den Weg über die nationalen Regierungen nehmen und dort vielfältig verzerrt werden können, gestaltet die EZB das Verwaltungshandeln im Bereich der Geldpolitik unmittelbar.

Fazit: Die dem Zentralbankrat überlegene institutionelle Stärke des EZB-Rates wird ergänzt durch eine die EZB begünstigende asymmetrische Machtverteilung auf europäischer Ebene.

Folgerung: Auf der Ebene der geldpolitischen Willensbildung ist die fehlende politische Union für die Durchsetzungsmöglichkeit einer stabilitätsorientierten einheitlichen Geldpolitik nicht ein Nachteil, sondern ein Vorteil!

Kehren wir zur oben beschriebenen Entscheidungslage – jetzt auf europäischer Ebene – zurück. Nachdem die objektiven Voraussetzungen für ein sachgerechtes Entscheidungsverhalten des EZB-Rates eher höher sind als auf der nationalen Ebene, könnte nur noch eine im Vergleich zur nationalen Ebene größe-

re Komplexität der Entscheidungssituation ein Problem dar-
stellen. Diese größere Komplexität könnte darin begründet sein,
daß wichtige gesamtwirtschaftliche Daten im Euro-Währungsraum stärker voneinander abweichen als im nationalen Währungsraum. Wegen der einheitlichen Geldpolitik und dem
Fortfall des divergierenden Einflusses schwankender Wechselkurse im Währungsraum könnte es solche Abweichungen im
wesentlichen nur geben bei
1. Arbeitslosigkeit,
2. Lohnanstieg,
3. den Auswirkungen asymmetrischer externer Schocks (vgl.
   Kapitel 3) und
4. öffentlichen Defiziten.
Beginnen wir bei der *Arbeitslosigkeit.* Hier sind die Unterschiede zwischen den verschiedenen Ländern der EU zwar
beachtlich, aber nicht höher als zwischen den unterschiedlichen
Regionen Deutschlands, wie Tabelle 9 zeigt.

Im übrigen impliziert der mit dem Maastricht-Vertrag ge-
wählte ordnungspolitische Grundansatz zur Stabilitätspolitik,
daß ein stabiler Geldwert auf längere Sicht Voraussetzung
eines hohen Beschäftigungsgrades ist. Eine sachlich richtig
angelegte Geldpolitik kann deshalb, folgt man diesem Grundsatz, nicht in einen dauerhaften Gegensatz zur Beschäftigungspolitik geraten. Dies ist übrigens eine Position, die gerade von
der Bundesbank immer mit großer Energie vertreten wurde.
Deshalb können – objektiv gesehen – unterschiedlich hohe
Arbeitslosenraten für die Effizienz der einheitlichen Geldpolitik der EZB keine größeren Probleme aufwerfen, als dies im
nationalen deutschen Rahmen heute auch der Fall ist.

Es gibt allerdings auch die abweichende Meinung, daß eine
zu strikte Verfolgung des Stabilitätszieles schon heute in der
Bundesrepublik zu einer Überbewertung der D-Mark geführt
und Arbeitslosigkeit produziert hat und daß eine Übertragung
der deutschen »Stabilitätskultur« auf den europäischen Wäh-

rungsraum zu einer Überbewertung des Euro führen und mehr Arbeitslosigkeit produzieren werde.[12] Der hier aufscheinende Dissens hat aber nichts zu tun mit der Währungsunion als solcher, sondern ist Ergebnis einer grundsätzlich anderen Auffassung von der Aufgabe und den Wirkungen der Geldpolitik, die mit dem Gegensatzpaar keynesianisch/monetaristisch ansatzweise umschrieben ist.

Tabelle 9: *Arbeitslosenquote in Deutschland und Europa 1994*

Deutschland	Arbeitslosenquote	EWU-INs	Arbeitslosenquote
Bayern	5,6	Österreich	5,9
Baden-Württemberg	7,2	Niederlande	7,5
Hessen	7,4	Deutschland	9,6
Rheinland-Pfalz	7,4	Dänemark	12,2
Schleswig-Holstein	7,9	Frankreich	12,3
Hamburg	8,6	Belgien	13,1
Niedersachsen	9,5	Irland	14,3
Nordrhein-Westfalen	9,8		
Saarland	11,1	**EWU-OUTs**	Arbeitslosenquote
Berlin	12,0	Portugal	6,9
Bremen	12,4	Schweden	8,0
Brandenburg	14,6	Großbritannien	9,2
Sachsen	15,1	Griechenland	9,6
Thüringen	15,7	Italien	11,3
Mecklenburg-Vorpommern	15,9	Finnland	18,3
Sachsen-Anhalt	16,9	Spanien	24,2

Arbeitslosenquote: hier definiert als Arbeitslose/Erwerbspersonen
Quellen: Statistisches Bundesamt, Statistisches Jahrbuch 1995, Fachserie 14, Reihe 5; Europäische Wirtschaft 60; OECD Economic Outlook 59; eigene Berechnungen

---

12 Vgl. C. Noé: Maastricht fehlt die ökonomische Dimension, Heft 75 des wirtschaftspolitischen Diskurses der Friedrich Ebert Stiftung, Bonn 1975, S. 6 ff.

Damit sind wir bei der *Lohnentwicklung*: Soweit ein regional unterschiedlich hoher Lohnanstieg durch eine entsprechende Produktivitätsentwicklung unterfüttert wird und sich insoweit kostenneutral vollzieht, ist er gesamtwirtschaftlich und stabilitätspolitisch unbedenklich. Soweit der Lohnanstieg in Teilen des EU-Währungsraums in besonderer Weise über das gesamtwirtschaftlich zuträgliche Niveau hinausgeht, verschiebt dies die Kostenrelationen und damit die relative Wettbewerbsfähigkeit im Euro-Währungsraum zulasten der Regionen mit übermäßiger Lohnentwicklung. Kaufkräftige Nachfrage wandert aus den sich stabilitätswidrig verhaltenden Regionen zu den sich bei der Lohnkostenentwicklung stabilitätsgerechter verhaltenden Regionen ab. Bereits ohne geldpolitische Eingriffe wirkt dieser Effekt als »automatischer Stabilisator« konjunkturdämpfend in den Regionen mit übermäßigem Kostenanstieg und konjunkturbelebend in den übrigen Regionen. Die Regionen, die durch eine striktere Geldpolitik, als sie aufgrund ihrer internen Kostenentwicklung nötig wäre, quasi »schuldlos« getroffen werden, sind also gleichzeitig die durch die Verschiebungen in der Wettbewerbsfähigkeit besonders begünstigten und damit »robusten« Regionen. Sie werden durch eine strikte Geldpolitik am allerwenigsten beeinträchtigt.

Soweit eine unterschiedliche Wettbewerbs- und Konjunkturlage in den Regionen durch *asymmetrische externe Schocks* bewirkt wurde (vgl. Kapitel 3), ist das geldpolitische Instrumentarium zur gezielten Hilfestellung ungeeignet. Selbstverständlich ist dabei, daß eine verantwortungsbewußte Geldpolitik größere unaufhebbare Kostenwirkungen von außerhalb des Währungsraums, die überproportional bestimmte Regionen treffen, genauso akkomodieren müßte, wie die Bundesbank in ihrer Geldpolitik die Kostenwirkungen der beiden Ölkrisen akkomodiert hat.

In bezug auf die *Defizite der öffentlichen Haushalte* darf für die Strategie der Geldpolitik stets nur der Grundsatz gelten, daß die einheitliche Geldpolitik im Euro-Währungsraum das *Gesamtgleichgewicht des Kapitalmarkts* im Währungsraum im Auge haben muß. Die direkte oder indirekte Notenbankfinanzierung öffentlicher Defizite ist ja durch die Vorkehrungen des Maastricht-Vertrages wirksam ausgeschlossen. Wenn die öffentlichen Haushalte in der Summe bei stabilitätsgerechter Geldmengenentwicklung und Kreditexpansion die Möglichkeiten des Kapitalmarkts übersteigen, dann wird das Realzinsniveau ebenfalls steigen.

Ein unter langfristigen fiskalischen Aspekten verantwortbares Verschuldungsverhalten der öffentlichen Haushalte in Deutschland konnte leider auch die Bundesbank nicht erzwingen. Sie hat aber durch strikte Geldpolitik immer wieder Auswüchse verhindern und eine stabilitätsgerechte Finanzierung öffentlicher Defizite sicherstellen können. Dies wird auch die Aufgabe der einheitlichen Währungspolitik im Euro-Währungsraum sein. Wie in Kapitel 12 näher gezeigt wird, hat eine stabilitätsorientierte Geldpolitik im Euro-Währungsraum darüber hinaus auch eine langfristig disziplinierende Wirkung auf das finanzielle Verhalten der besonders defizitgeneigten öffentlichen Haushalte.

An dieser Stelle sei eine für die Gesamtbewertung der Währungsunion wichtige Schlußfolgerung gezogen: Bei näherer Betrachtung denkbarer Problemlagen und konkreter Abläufe ist überhaupt nicht erkennbar, daß die Durchführung einer effizienten einheitlichen Geldpolitik durch das Fehlen einer politischen Union beeinträchtigt werden könnte. Derartige Vermutungen und Befürchtungen haben nur so lange ein scheinbares Gewicht, als sie hinreichend inkonkret formuliert sind.

Ein Teil der hartnäckigen Mißverständnisse mag aus der unscharfen Verwendung des Begriffs »Währungsunion« herrühren. Dieser Begriff wird nämlich gleichermaßen

(1) für unterschiedliche Stufen währungspolitischer Zusammenarbeit – bis hin zu den Münzunionen des 19. Jahrhun-

derts (vgl. Kapitel 2) – ohne Übertragung der geldpolitischen Souveränität an eine übergeordnete Instanz und
(2) für die tatsächliche Abgabe der gesamten geldpolitischen
Zuständigkeiten an eine übergeordnete Instanz verwandt.
Das ist eigentlich unzulässig. Die üblicherweise vorgetragenen Bedenken zur Stabilität einer Währungsunion ohne politische Union beziehen sich bei genauerer Betrachtung fast sämtlich auf den Fall (1), werden aber implizit und unzulässig übertragen auf den Fall (2). Der letztere aber ist der Fall der einheitlichen europäischen Währung, der historisch ohne Beispiel
ist.

»Politische Union« als begriffliches Konstrukt mit unzureichendem Erkenntniswert

Erhebliche Mißverständnisse schleichen sich aber auch in die
Debatte ein durch die unscharfe Verwendung des Begriffs der
»politischen Union«. Tatsächlich handelt es sich bei der Verteilung staatlicher Souveränitätsrechte auf verschiedenen staatlichen Ebenen um gleitende Übergänge, die graduell der einen
oder anderen Ebene etwas mehr oder etwas weniger
»Staatscharakter« verleihen können. So übt die EU auf dem
Gebiete des Wirtschafts- und Wettbewerbsrechts schon heute
wichtige, in den Mitgliedstaaten unmittelbar gültige Rechte
aus, weil ihr die entsprechenden Zuständigkeiten von den Mitgliedstaaten übertragen wurden. Dieser Prozeß wird mit der
Übertragung der geld- und währungspolitischen souveränen
staatlichen Rechte an die EU intensiviert und fortgesetzt. An
welchem Punkte Quantität in Qualität umschlägt und der Staa-
tenbund zum Bundesstaat wird, bleibt letztlich ein Spiel um
Worte. Und daß die EU den relativ unverbindlichen Charakter
eines Staatenbundes bereits hinter sich gelassen hat, ist durch

das Bundesverfassungsgericht mit dem Begriff »Staatenverbund«[13] in sehr schöner Weise charakterisiert worden.

Besonders anschaulich wird die Relativität – auch mangelnde Relevanz – der Klage über das Fehlen einer die Währungsunion begleitenden politischen Union, wenn man die heutige Situation in der EU mit der Situation des Deutschen Reiches nach seiner Gründung 1871 vergleicht. Gerade dieses Beispiel wird ja immer wieder herangezogen, wenn belegt werden soll, daß eine einheitliche Währung einen weitergehenden staatlichen Überbau braucht.

Die EU hat mit der Verwirklichung der Währungsunion an Zuständigkeiten bei sich versammelt

- die vollständige Kompetenz auf dem Gebiet der Geld- und Währungspolitik sowie der Außenzölle,
- die Rahmenkompetenz für die Rechtssetzung auf dem Gebiet des Wirtschafts-, Verkehrs- und Wettbewerbsrechts und damit die Möglichkeit, eine weitgehende Angleichung des nationalen Rechts zu erzwingen,
- beratende Rechte auf dem Gebiet der Justiz, der Polizei, des Zivilrechts außerhalb des Wirtschaftsrechts und des Militärwesens,
- einen Haushalt im Umfang von 1,2 % des BIP der EU,
- einen Verwaltungsapparat von über 20.000 Mitarbeitern
- sowie eine politische Struktur, welche die Willensbildung hauptsächlich beim Europäischen Rat ansiedelt und dem Europäischen Parlament relativ wenig Rechte gibt.

Damit seien nun verglichen die Zuständigkeiten und Zugriffsmöglichkeiten, mit denen das Deutsche Reich 1871 begann:

- Gemäß Reichsverfassung lag die Souveränität nicht beim Volk, sondern bei den »verbündeten Regierungen«, also dem Bundesrat, und damit indirekt beim Lande Preußen, das

---

13 Vgl. Entscheidungen a.a.O., S. 182.

mit seinen 17 Stimmen im Bundesrat jede Vorlage des Reichstages still sterben lassen konnte.[14]

- Der vom deutschen Kaiser und preußischen König ernannte und vom Reichstag nicht zu stürzende Reichskanzler war der einzige Reichsminister. Bis 1918 gab es keine Reichsregierung, sondern nur eine »Reichsleitung«. Die allmählich entstehenden Ämter des Reiches wurden von Staatssekretären geleitet.
- Die Zuständigkeiten für Polizei und Militär lagen bei den Ländern (eine Ausnahme bildete lediglich die Reichsmarine). Der Reichstag hatte beim Militär lediglich eine organisatorische Rahmenzuständigkeit.
- Es dauerte viele Jahrzehnte, bis die Rechtseinheit im Reich verwirklicht worden war. Das HGB und das BGB traten erst 1900, rd. 30 Jahre nach der Reichsgründung, in Kraft.
- Eine eigene Steuerhoheit stand dem Reich nur in sehr beschränktem Umfang zu, im wesentlichen lebte es von den Matrikularbeiträgen der Länder, wo auch die Steuergesetzgebung lag. Diese waren auch zuständig für die gesamte Infrastruktur einschließlich des Verkehrswesens. 1881 hatte der Reichshaushalt einen Umfang von 836 Mio. Mark, das waren rund 2,2 % des damaligen BIP.

Fazit: Mit Beginn der einheitlichen Währung sind die Zuständigkeiten und Durchgriffsmöglichkeiten der EU für den wirtschaftlichen und finanziellen Bereich nicht wesentlich geringer als die Zuständigkeiten des Deutschen Reiches nach 1871.

Was das Reich neben der preußischen Militärmacht und der einigenden Kraft der nationalen Idee zusammenhielt, das waren nicht die Zahl der vom Reichstag verabschiedeten Gesetzesvorlagen (die »Produktion«, gemessen an Seitenzahlen, machte nicht einmal 1 % der heutigen EU-Vorschriftenproduktion aus),

---

14 Vgl. M. Stürmer: Das ruhelose Reich, Deutschland 1866 bis 1918, Berlin 1983 S. 99 ff.

oder etwa das Übermaß der Kompetenzen des Reiches oder der goldene Zügel des Reichshaushalts. Das waren die Freizügigkeit und der gesicherte Friede im gemeinsamen Wirtschaftsraum, der im übrigen durch das Reich wesentlich weniger reguliert wurde als der europäische Wirtschaftsraum in der EU. Nicht die Gründung des Deutschen Reiches 1871, sondern die Gründung des Deutschen Zollvereins 1834 war – wirtschaftlich gesehen – der große Wendepunkt. Erst unter der Geltung der Weimarer Reichsverfassung traten nach dem verlorenen Ersten Weltkrieg im Reich stärkere zentralistische Tendenzen ein, die auch heute die Bundesrepublik noch prägen.[15]

Mit der Feststellung, daß ein stabilitätsorientierter einheitlicher Währungsraum auch dann voll funktionsfähig ist, wenn die Zuständigkeiten und Kompetenzen der EU zunächst nicht weiter ausgedehnt werden als jetzt im Unionsvertrag vorgesehen, hat sich in bezug auf die europäische Währung die Frage nach der »Finalität« des europäischen Einigungsprozesses in ihrer Bedeutung relativiert. Das Pro und Contra der einheitlichen Währung kann also abgewogen werden, ohne daß über das »Endziel« des europäischen Einigungsprozesses, die Wahrscheinlichkeit einer weitergehenden politischen Union oder den Zeitpunkt ihrer Verwirklichung Einigkeit oder auch nur Klarheit herrschen müßte.

Bei aller Gemeinsamkeit der kulturellen Wurzeln und vielfältiger Interessenidentität sind die europäischen Völker und Regionen viel zu reich gegliedert und zu unterschiedlich, als daß sie ohne weiteres unter ein gemeinsames politisches Dach

---

15 Vgl. Manfred Botzenhart: Deutsche Verfassungsgeschichte (1806 – 1949), Stuttgart 1993, Seite 142/143; Klaus Kröger: Einführung in die jüngere deutsche Verfassungsgeschichte (1806 – 1933). Ein Grundriß ihrer Entwicklungslinien, München 1988, S. 160 ff.; Heinrich Mitteis und Heinz Lieberich: Deutsche Rechtsgeschichte, 19. Auflage München 1992, S. 460; Reinhold Zippelius: Kleine deutsche Verfassungsgeschichte. Vom frühen Mittelalter bis zur Gegenwart, 2. Auflage München 1995.

gebracht werden könnten. Schon konzeptionell ist es kaum möglich, den gemeinsamen politischen Weg Europas zu beschreiben[16]. Das gilt noch verstärkt, wenn man an die bevorstehende Öffnung der EU nach Osten und Südosten denkt. Wer eine politische Union als Voraussetzung einer Währungsunion fordert, ist tatsächlich bereit, für unbegrenzte Zeit auf eine Währungsunion zu verzichten.

Auch in Deutschland selbst gibt es ja zur Frage, ob die »Finalität« der politischen Einigung Europas in einem europäischen Bundesstaat bestehen soll, und welche Rolle künftig den Nationen und ihren staatlichen Verbänden zukommt, sehr unterschiedliche Auffassungen: Die einen träumen von einem »Europa der Regionen«, in dem die emotionale Bindekraft und institutionelle Bedeutung der Nationalstaaten allmählich dahinbleicht, während – nach Europa – subnationale Einheiten – die Lombardei, Katalanien oder Baden-Württemberg – die größte emotionale Bindungswirkung für die Menschen haben.[17]

Für andere bleibt in Europa der historisch gewachsene Nationalstaat das mächtigste Bindemittel der menschlichen Gemeinschaft, weil die Identität der Menschen als Bürger sich in erster Linie an ihrer nationalen Identität definiert.[18] Für diese Position sprechen die an Umfragen gemessenen empirischen Belege, wonach in allen europäischen Staaten nur für eine kleine Minderheit von 10 bis 20 % Europa wichtiger ist als die Nation. Auch Deutschland macht da keine Ausnahme.[19] In den meisten europäischen Staaten, ob innerhalb oder (noch) außerhalb der EU, hat zudem selbst die politische Klasse nicht die

---

16 Vgl. M. Riedel: Einheit in der Vielfalt. Vom geistigen Weg Europas, Vortrag auf dem 4. Jahreskolloquium der Alfred Herrhausen Gesellschaft für internationalen Dialog in Frankfurt am 21. Juni 1996.
17 So wiederholt der ehemalige baden-württembergische Ministerpräsident Späth.
18 Vgl. Theo Waigel: Was hält das Ganze zusammen. Nur selbstbewußte Nationen garantieren ein stabiles Europa, Frankfurter Allgemeine Zeitung von 21. Juni 1996.
19 Umfrage der Europäischen Kommission, Sonntagsblatt vom 3. November 1995.

geringste Bereitschaft, den Nationalstaat zu Disposition zu stellen.

Zum dritten ist das Zusammenwachsen Europas mit offenem Endzustand eingebettet in die zunehmende Integration noch größerer Weltregionen und der gesamten Erde, vorangetrieben durch die wachsende Bedeutung transnationaler Unternehmen, die globale elektronische Vernetzung und die wachsende Bedeutung internationaler Vereinbarungen und Organisationen auf zahlreichen Gebieten. Wir haben zwar keine Weltregierung und werden auch nie eine bekommen, aber wir bekommen mehr und mehr weltweit bedeutsame Regierungs- und Einflußnetze.[20]

Vor der Plastizität der heutigen Wirklichkeit und der historischen Entwicklung mit ihren unendlichen Variationen bei der Organisation des menschlichen Zusammenlebens wirkt schon das Reden von einer politischen Union ohne gleichzeitige präzise Inhaltsbeschreibung seltsam naiv und unhistorisch. Folgerichtig beschreibt die Europäische Kommission in ihrem Vorbereitungspapier zur Regierungskonferenz 1996 die europäische Einigung als Prozeß und spricht nicht von einer politischen Union, sondern vom »Übergang zu einer politischeren Union«.[21] Jenseits der Sicherung des Friedens und der Steigerung des Wohlstands kann die Finalität der politischen Integration letztlich dahingestellt bleiben.[22] Der gesamte europäische Einigungsprozeß erfuhr und erfährt seine Dynamik aus der Ambivalenz, daß jeder Integrationsschritt einerseits für sich

---

20 Vgl. D. Messner, F. Nuscheler: Global Governance. Herausforderungen an die deutsche Politik an der Schwelle zum 21. Jahrhundert, Stiftung Entwicklung und Frieden, Bonn 1996.

21 Europäische Kommission: Stärkung der politischen Union und Vorbereitung der Erweiterung, Luxemburg, Februar 1996.

22 Als Gesamtübersicht zum Thema der Regierungskonferenz 1996 siehe H. Krägenau, W. Wetter: Maastricht II: Die Europäische Integration auf dem Prüfstand, in: Wirtschaftsdienst 1995/X, S. 525 ff.

genommen einen konkreten Eigenwert hat, andererseits aber auch Baustein und Voraussetzung für weitere Integrationsschritte ist.

Solange eine einheitliche europäische Währung aus sich selbst heraus wirtschaftlich gerechtfertigt werden kann und keine größeren Risiken für die Preisstabilität und die wirtschaftliche Entwicklung aufwirft, solange bleibt es auch unschädlich, wenn die Währungsunion für weitergehende politischen Ziele instrumentalisiert wird und eine Katalysatorfunktion für die weitere europäische Integration haben soll. Von daher gesehen sind die bislang recht enttäuschenden Ergebnisse der Regierungskonferenz 1996, was konkrete weitere Schritte zur Stärkung der Institutionen der EU und zur Verbesserung der Entscheidungsabläufe angeht, für die Beurteilung der Währungsunion ohne Belang.

9. Außenwirtschaft und Kapitalmarkt

Einheitliche Europäische Währung und Außenhandel

Bei den Auswirkungen des Euro auf die Handelsbeziehungen ist zu unterscheiden zwischen den Auswirkungen im Euro-Währungsraum und außerhalb des Währungsraums.

Schaubild 22 zeigt die Entwicklung des gesamten Weltexports seit 1978, und die Anteile der EG der 9 sowie Deutschlands daran. Es wird deutlich, daß die Anteile Deutschlands und die der EU im langfristigen Trend stagnieren, seit Anfang der neunziger Jahre sogar sinken. Die abnehmenden Weltmarktanteile sind sowohl Ursache als auch Folge des – im Vergleich zum aufstrebenden südostasiatischen Raum – deutlich geringeren Wirtschaftswachstums in Europa. Wie Schaubild 23 zeigt, haben aber auch die USA und Japan ihren Anteil am Weltexport in den letzten Jahren nicht steigern können. Anteilsverluste oder -stagnation sind in den letzten Jahren kennzeichnend für die gesamte industrialisierte westliche Welt.

Die deutsche Außenhandelsintensität, also der Anteil des Außenhandels am Bruttoinlandsprodukt und damit seine Bedeutung für das Wirtschaftswachstum, ist in den vergangenen Jahren zwar nicht mehr gestiegen, sondern nach 1990 zunächst sogar zurückgegangen (vgl. Tabelle 10). Dieser Rückgang ist aber großenteils aus den Sonderentwicklungen im Zusammenhang mit der deutschen Einheit erklärbar. Die deutsche Einheit hat zwar das Bruttoinlandsprodukt der Bundesrepublik um rd. 10 % vergrößert, wegen der sehr geringen Exportintensität der neuen Bundesländer gleichzeitig aber die deutsche Exportquote statistisch deutlich gedrückt.

Tabelle 10 zeigt zudem, daß die im Vergleich zu Japan oder den USA besonders hohe Exportabhängigkeit Deutschlands ausschließlich auf dem intensiven Handel mit den EU-Ländern beruht. Bereinigt um den EU-Binnenhandel, lag der deutsche Waren-Export Welt 1995 bei 9,4 % des Bruttoinlandsprodukts. Diese Größenordnung entspricht den Verhältnissen in den USA oder Japan.

Schaubild 22: *Entwicklung des Welthandels und Anteile der EG der 9 und Deutschlands*

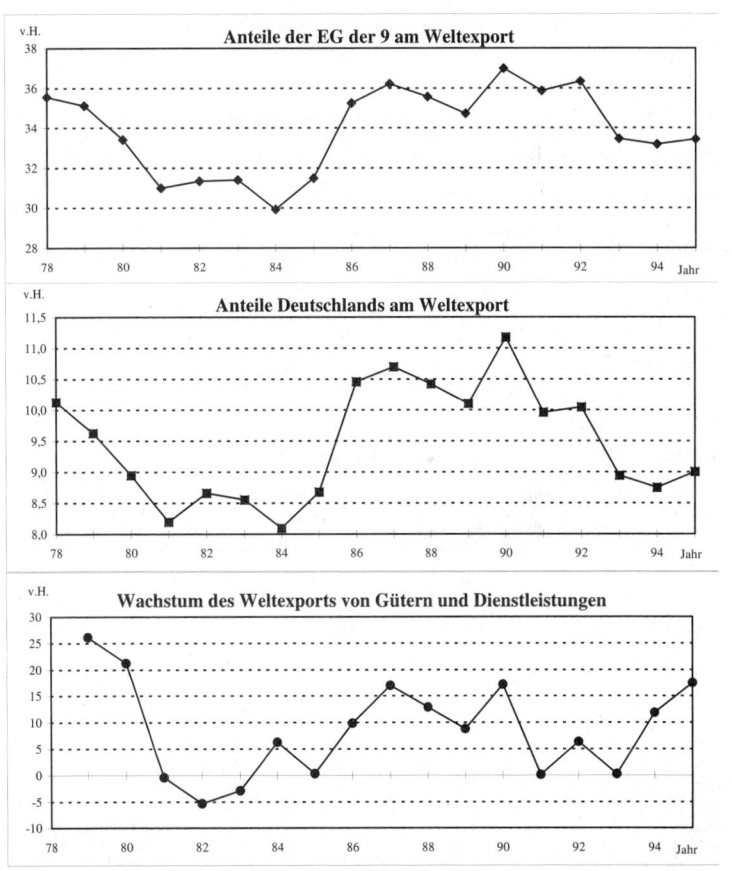

Quelle: Europäische Wirtschaft 60; OECD Economic Outlook Nr. 59; eigene Berechnungen

Schaubild 23: *Anteile Japans und der USA am Weltexport*

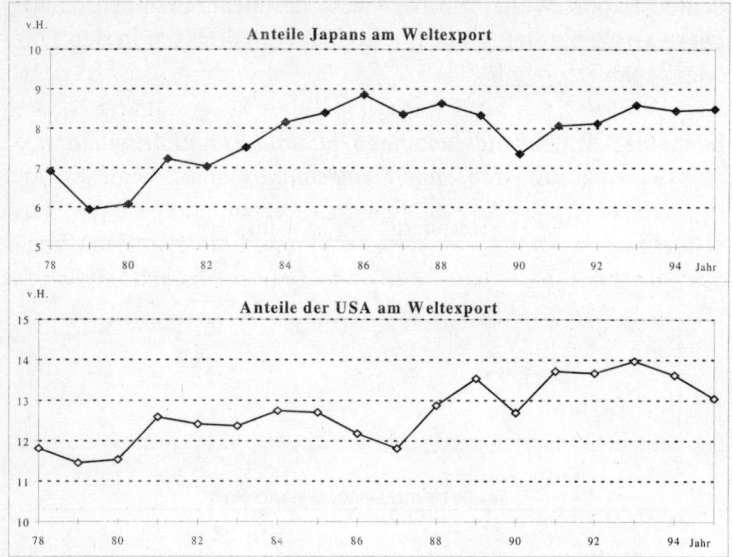

Quelle: Europäische Wirtschaft 60; OECD Economic Outlook Nr. 59; eigene Berechnungen

Tabelle 10: *Entwicklung der Außenhandelsintensität*
Ausfuhr von Waren und Dienstleistungen in v.H.
des nominalen BIP

	1978	1984	1990	1995
Deutschland	24,8	30,6	32,1	22,2
Deutschland ohne EU-Binnenhandel	10,6	12,6	11,6	9,4
Europa der 15 ohne EU-Binnenhandel	10,7	12,5	9,7	10,9
USA	8,3	7,9	10,0	11,3
Japan	11,1	15,0	10,8	9,3
Schweiz	35,1	37,8	36,6	.

Quelle: Europäische Wirtschaft 60; Jahresgutachten des Sachverständigenrates 1995/96; Deutsche
Bundesbank, Monatsbericht 8/96; eigene Berechnungen

Die Bedeutung der einheitlichen Währung zeigt sich auch an den branchenspezifischen Außenhandelsanteilen. Durchweg geht die Hälfte des Exports des deutschen verarbeitenden Gewerbes in andere EU-Länder. Dabei werden die Auswirkungen des Euro je nach ausländischem Zulieferanteil und Fakturierungsgewohnheiten unterschiedlich sein. Es könnte auch sein, daß bei einer weltweit zunehmenden Bedeutung des Euro insbesondere Kontrakte im Rohstoffbereich nicht mehr ausschließlich in Dollar, sondern zunehmend auch in Euro abgeschlossen werden. Auch dies könnte helfen, Risiken aus Wechselkursunsicherheiten zu reduzieren.[1]

Tabelle 11: *Außenhandelsanteile* ausgewählter Branchen 1994***

	Export Mrd. DM	davon: EU-Länder (12) - v.H. -	USA / Kanada - v.H. -
Chemische Industrie	93	49,9	8,4
Stahlindustrie	21	54,0	9,7
Maschinenbau	102	32,9	11,8
Straßenfahrzeuge	118	51,0	12,1
Elektrotechnik	88	45,8	7,9
Textil / Bekleidung	31	46,8	3,5
Verarbeitendes Gewerbe insgesamt	677	48,8	8,6

* Anteil der jeweiligen Ausfuhr an der Gesamtausfuhr der Branche
** Vorläufig
Quelle: Deutsche Bank Research

Aus den Außenhandelsstatistiken nicht unmittelbar ableitbar sind die beträchtlichen Veränderungen in der Struktur der Außenhandelsbeziehungen: Im Zuge der Intensivierung der weltwirtschaftlichen Arbeitsteilung steigt der Anteil der sogenannten Produktionsvorleistungen am Import, und es sinkt der

---

1 Vgl. Deutsche Bank Research: EWU-Monitor vom 3. Juli 1996, S. 12.

Anteil der heimischen Wertschöpfung am Export. Wenn z.B. die Komponenten eines Produktes zunächst in Deutschland hergestellt werden, dann das Produkt für eine weitere lohnintensive Bearbeitungsstufe in ein Land mit niedrigeren Lohnkosten verbracht wird und schließlich die Fertigstellung des Produktes, weil sie auf einer anspruchsvollen Technologie mit niedrigem Lohnkostenanteil beruht, wiederum in Deutschland vorgenommen wird, dann tauchen das Produkt oder Teile desselben zweimal in der deutschen Exportstatistik und einmal in der Importstatistik auf. Die immer noch sinkende Bedeutung der anteiligen Transportkosten führt zusammen mit der wirtschaftlichen Öffnung immer neuer Niedriglohnstandorte dazu, daß sich dieser Prozeß der grenzüberschreitenden Arbeitsteilung in den letzten Jahren dramatisch intensiviert hat.[2]

Während die Bedeutung Europas für den Außenhandel der Welt in den letzten Jahren tendenziell gefallen ist, ist der Anteil des Außenhandels (ohne EU-Binnenhandel) am Bruttoinlandsprodukt der EU-Länder weiter gestiegen.

Analoges gilt für Deutschland: Während die sogenannten Export-Performance Deutschlands, gemessen an seinem Marktanteil im Welthandel, fällt, steigt die Bedeutung des Außenhandels für die deutsche Wirtschaft, nur kurzfristig unterbrochen durch die Wirkung der Wiedervereinigung, weiter an. Dabei ist der fallende Anteil Deutschlands und der übrigen westlichen Industriestaaten eine natürliche Folge der wachsenden Industralisierung immer neuer Länder der ehemals Dritten Welt. Wenn sich etwa China mit 1,5 Mrd. Einwohnern, Indien mit 1,1 Mrd. Einwohnern oder Indonesien mit 200 Mio. Einwohnern zunehmend industrialisieren, so wäre es völlig absurd anzunehmen, daß die Exporte der Industrieländer dorthin eben-

---

2 Vgl. H.C. Sherman: Globalisierung: Transnationale Unternehmen auf dem Vormarsch, Ifo-Schnelldienst 23/96.

so schnell wachsen könnten wie diese Länder.[3] Die Arbeitsteilung mit diesen Ländern vollzieht sich vielmehr so, daß die traditionellen Exportländer auf einigen Gebieten – häufig beginnend im Textilbereich – Marktanteile abgeben, dafür aber zusätzliche Exportchancen für hochwertige Produkte bekommen. Damit sichern sie, wenn sie erfolgreich sind, ein Exportwachstum, das groß genug ist, um ihre steigenden Importe aus diesen Ländern auszugleichen. Unmöglich ist es aber, daß ein Land, welches – wie Deutschland – durchschnittlich mit etwa 2 % wächst, seine Exporte so schnell ausdehnen kann wie ein Land, daß wie China mit jährlich 10-15 % wächst.

Diese sich mit der Entwicklung der Weltwirtschaft folgerichtig ergebenden Abläufe werden auch bei unveränderten Wechselkursen dafür sorgen, daß die Länder der industrialisierten Welt zwar einerseits für einen Teil ihrer Exportpalette zusätzliche Kunden gewinnen können, andererseits aber auf immer mehr Gebieten traditioneller, ja mittlerweile auch technologisch fortgeschrittener Produktion unter ständig wachsenden Kostendruck geraten. Die Importe aus der Dritten Welt und aus den sogenannten Schwellenländern wie Thailand oder Malaysia, aber auch aus den bereits entwickelten Staaten in Fernost wie Taiwan oder Korea, versorgen die Industriestaaten nicht nur mit unvergleichlich billigen Schuhen, Textilien, Radios, Fernsehern oder Computer-Komponenten und erhöhen unsere Exportchancen dorthin, sondern diese Importe machen es auch immer schwieriger, lohnintensive Produktionen, mittlerweile aber auch schon Produktionen mittlerer oder hoher Technologie, bei uns rentabel zu betreiben.

Wenn freilich die Nettobilanz für die Arbeitsplätze in der westlichen Welt nicht noch negativer werden soll, als sie teil-

---

3 Deshalb ist die aus der Industrie, aber auch von woanders erhobene Kritik, hierin zeige sich eine nachlassende Konkurrenzfähigkeit Deutschlands, von Unverständnis über die ablaufenden Prozesse geprägt. Vgl. IW-Trends 4/1995, S. 3.

weise schon ist, dann wäre es der falsche Weg, sich diesem Problem durch Abschottung zu entziehen: Wenn andere die Möglichkeit erwerben, Dinge selbst industriell herzustellen, die sie bislang nicht herstellen konnten, und dies zu niedrigeren Kosten tun, dann geben wir damit unwiderruflich Absatzmöglichkeiten und Einnahmequellen auf. Neue Absatzmöglichkeiten auf Gebieten, wo die komparativen Vorteile (noch) bei uns liegen, gewinnen wir dagegen nur in dem Umfang, in dem auch wir unsere Märkte für diese aufstrebenden Länder offenhalten. Das ist die elementare Logik der weltwirtschaftlichen Arbeitsteilung, der sich kein Land entziehen kann, das seine wirtschaftliche Zukunft gestalten und sichern will. Und nur dann, wenn man diesen Prozeß dort, wo der Kosten- und Qualitätswettbewerb dies so ergibt, auch gegen sich wirken läßt, kommt man zu einer hinreichend diversifizierten, zukunftssicheren und »strapazierfähigen« eigenen Produktionsstruktur.

Diese in jedem Fall schwierige und in bezug auf die gewohnte Sicherheit der Arbeitsplätze und die Beweglichkeit der Menschen mit hohen Opfern verbundene Anpassung der Industriestaaten an die Veränderungen in der weltwirtschaftlichen Arbeitsteilung kann durch ständige, fundamental nicht gerechtfertigte Wechselkursschwankungen noch zusätzlich erschwert werden. »Die Volatilität der Währungen hat inzwischen ein solches Ausmaß angenommen, daß die Risiken aus dem Wechselkurs unkalkulierbar werden und in keiner vernünftigen Relation zu den kostenbestimmenden ökonomischen Faktoren stehen.«[4] Beispielsweise war die D-Mark allein von Frühjahr 1994 bis Frühjahr 1995 um 8 % aufgewertet worden, da war die Frage, ob die Löhne in der Industrie um 2,5 oder um 3 % stiegen, vergleichsweise irrelevant.

---

4 H.-J. Krupp: Ein wirksamer Schutz gegen die Unbilden der Finanzmärkte. Über die Vorteile einer gemeinsamen Währung. Die ökonomische Bewertung der Europäischen Währungsunion. Frankfurter Rundschau vom 2. Dezember 1995.

Zwar ist es aus den in Kapitel 2 beschriebenen Gründen eine Utopie, zu weltweit festen Wechselkursen zurückkehren zu wollen. Je größer aber ein Währungsraum ist, umso leichter können die Auswirkungen von Wechselkursschwankungen aufgefangen werden. Tabelle 10 zeigt für die USA, Japan, die Schweiz und Deutschland, daß der Anteil des Außenhandels am Bruttoinlandsprodukt, gemessen an der sogenannten Exportquote, umso kleiner ist, je größer die Volkswirtschaft ist.

In einem gemeinsamen europäischen Währungsraum wird der gesamte EU-interne Handel quasi zum Binnenhandel, der durch Wechselkursschwankungen nicht mehr gestört werden kann: Während Deutschland eine Exportquote von 22,2 % hat und der Durchschnitt der Exportquoten der übrigen EU-Länder sogar bei 31,5 % liegt, summiert sich der Export der EU-Länder in die Welt außerhalb der EU lediglich zu einer Exportquote von 10,9 %, d.h., in einem gemeinsamen europäischen Währungsraum wäre der Einfluß von Wechselkursschwankungen auf die Nachfrage wesentlich verringert (vgl. Tabelle 10).

Soweit EU-Länder wechselseitig grenzüberschreitend investieren, steigt die unmittelbare Verflechtung noch mehr, als in der Entwicklung des Handels innerhalb der Gemeinschaft zum Ausdruck kommt. Dies mag eine Erklärung dafür sein, daß der Handel innerhalb der Gemeinschaft seit Ende der achtziger Jahre langsamer wächst als das Bruttoinlandsprodukt.[5]

Nun werden sich, wie dargestellt, nicht alle EU-Länder schon 1999 an der gemeinsamen Währung beteiligen können. Wahrscheinlicher ist ein Beginn nur mit Deutschland, Frankreich, Benelux, Österreich, Dänemark und Irland. Auf diese Länder entfallen immerhin bereits rund ein Drittel aller deutschen Exporte und etwa 60 % des deutschen Exports in die EU. Auch der Beginn der gemeinsamen Währung mit einem kleineren Teilnehmerkreis wäre also ein wesentlicher Fortschritt in

---

5   Vgl. EMI: Progress towards convergence, a.a.O., S. 58.

Richtung einer größeren Unabhängigkeit von Währungs-schwankungen.

Dabei sind, wie bereits dargestellt, Paritätsveränderungen insoweit wirtschaftlich richtig und auch begrüßenswert, als sie tatsächliche Veränderungen der Kosten- und Wettbewerbsver-hältnisse reflektieren. Sowohl die erhebliche Abwertung von Dollar, Pfund und Lira seit 1970 als auch die erhebliche Auf-wertung des Yen im selben Zeitraum waren insofern gerecht-fertigt. Insbesondere die Aufwertung des Yen spiegelt die in diesem Zeitraum überdurchschnittlich zunehmende Produkti-vität und technologische Spitzenstellung der japanischen Indu-strie wider, wie sie ja auch im Leistungsbilanz-Überschuß Japans zum Ausdruck kam (vgl. Tabelle 12).

Tabelle 12: *Leistungsbilanzsalden – in Mrd. US-$ –*

	USA	Japan	Deutschland
1970	2,3	2,0	0,9
1980	2,3	- 10,8	-13,2
1985	-126,4	49,2	17,0
1990	- 91,8	35,8	48,9
1995	-152,9	111,9	-17,4

Quelle: Jahresgutachten des Sachverständigenrates 1995/96; OECD Economic Outlook 59

Leider hat sich aber gezeigt, daß die Devisenmärkte bei der Bewertung von Währungen keineswegs nur auf die sich aus den Handelsbeziehungen ergebenden Fundamentalfaktoren achten. Zwar schwanken die Wechselkurse langfristig um einen relativ stabilen Trend, der sich aus den realen Kosten- und Konkur-renzverhältnissen der Volkswirtschaft ergibt, für Zeiträume von 2 bis 4 Jahren kann es aber bei den aktuellen Devisenkursen erhebliche Abweichungen nach oben und nach unten geben.[6]

---

6 Vgl. die Literaturübersicht zur neueren Wechselkursforschung bei R. Maurer: Die Bestimmungsfaktoren des Wechselkurses, Frankfurter Allgemeine Zeitung vom 26. August 1996.

208

Für die aktuelle Kursbestimmung spielen Spekulationen, Erwartungen und die Rentabilität von Finanzanlagen an den Devisenmärkten eine wachsende und in der herkömmlichen Außenhandelstheorie weit unterschätzte Rolle.

Die Bemühungen der Investoren in Finanzanlagen wie auch der Spekulanten, auf- und abwertungsgefährdete Währungen möglichst frühzeitig herauszufinden und auf entsprechende Kursänderungserwartungen bereits vorausschauend zu reagieren, führen dazu, daß die Devisenmärkte bei der Bewertung von Währungen im Positiven wie im Negativen zu Übertreibungen neigen. Schaubild 24 zeigt für Dollar, Yen, Franc, Pfund und Lira im Verhältnis zur D-Mark die reale Wechselkursentwicklung seit 1980. Danach haben Pfund, Lira und Franc gegenüber der D-Mark seit 1980 inflationsbereinigt deutlich abgewertet, der Dollar hat leicht abgewertet; der Yen dagegen hat stark aufgewertet.

Schaubild 24: *Reale Wechselkursentwicklung seit 1980*

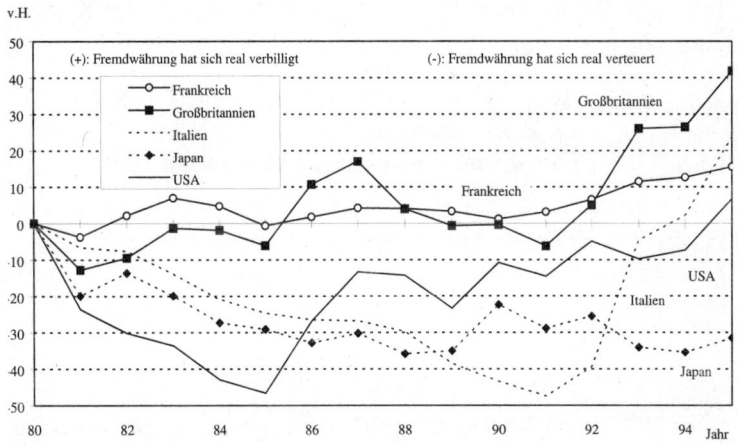

Quelle: Jahresgutachten des Sachverständigenrates 1995/96; OECD Economic Outlook 59; Statistisches Bundesamt, Fachserie 17, Reihe 10; eigene Berechnungen

Die seit 1980 eingetretene Aufwertung von D-Mark und Yen ist über den Stabilitätsvorsprung der beiden Länder weit hinausgegangen. Nicht nur hat sich der niedrigere interne Kostenanstieg dieser beiden Volkswirtschaften nicht in einem entsprechenden internationalen Kostenvorteil niedergeschlagen, sondern durch die überproportionale Aufwertung wurde vielmehr aus dem Vorteil einer geringeren internen Kostenentwicklung auch der Nachteil einer ständigen relativen Verteuerung der eigenen Produktion, gerechnet zu den jeweiligen Devisenkursen. Noch deutlicher wird dieses Bild bei einem Vergleich der Entwicklung der Lohnstückkosten in nationaler Währung mit der Entwicklung zu Devisenkursen (vgl. Tabelle 13). Es zeigt sich das geradezu paradoxe Ergebnis, daß die Länder mit dem höchsten Lohnkostenanstieg am Ende abwertungsbedingt die niedrigsten Lohnkosten haben. Der schlechte Ruf der Abwertungswährungen führt offenbar zu einem die kostenbedingten Nachteile überschießenden Abwertungseffekt. Umgekehrt heißt dies: Die besonders stabilitätsbewußten Länder wie Deutschland, Japan oder auch die Schweiz erleiden fortgesetzt Kostennachteile durch eine übermäßige Aufwertungstendenz.

Tabelle 13: *Lohnstückkostenentwicklung in ausgewählten Ländern – im Verhältnis zur deutschen Entwicklung der Lohnstückkosten seit 1980*

	auf Eigenwährungsbasis					
	Deutschland	Frankreich	Italien	Großbritannien	USA	Japan
1980	100	100	100	100	100	100
1985	100	134	174	120	114	94
1990	100	136	217	153	127	91
1995	100	131	224	157	127	86
	auf DM-Basis					
	Deutschland	Frankreich	Italien	Großbritannien	USA	Japan
1980	100	100	100	100	100	100
1985	100	102	126	108	183	144
1990	100	94	138	104	113	127
1995	100	88	93	84	100	165

Quelle: Europäische Wirtschaft 60; Deutsche Bundesbank Monatsbericht 8/96; eigene Berechnungen

Fassen wir also zusammen:

- Wechselkursschwankungen können generell den Außenhandel und damit indirekt auch das Wirtschaftswachstum stören, weil sie zu kurzfristigen Umorientierungen der Nachfrageströme führen, die fundamental nicht gerechtfertigt sind und durch die nächste Wechselkursänderung zugunsten einer anderen kurzfristigen Änderung wieder revidiert werden.

- Für manche Währungen mit besonderem »Stabilitätsimage« und traditionell hoher Exportstärke kann sich darüber hinaus ein kontinuierlicher übermäßiger Aufwertungsdruck ergeben, der den Strukturwandel über das fundamental notwendige Maß hinaus forciert und so zu vermeidbaren Arbeitsplatzverlusten führt.

Tabelle 14: *Binnenmarktanteil des Exports – Anteil des Exports in das Gemeinschaftsgebiet am gesamten Export von Waren in v.H.*

	1978	1984	1990	1995
Belgien/Luxemburg	75,8	72,9	78,5	74,9
DEUTSCHLAND	57,2	58,8	64,0	57,7
Spanien	51,7	52,7	71,4	71,1
Frankreich	58,6	55,4	65,1	63,7
Italien	55,3	51,4	62,3	56,5
Niederlande	76,0	76,6	75,3	69,9
Portugal	65,3	67,8	80,7	80,4
Großbritannien	45,0	52,8	57,4	54,4
Europa der 15	59,2	59,3	65,9	62,1

Quelle: Europäische Wirtschaft 60

Der letztere Fall ist in den letzten Jahren für Deutschland prägend gewesen. Insgesamt haben sich die Wechselkursschwankungen in der EU in den letzten Jahren als ein Hemmnis für den Gemeinsamen Markt erwiesen und dazu geführt, daß die kontinuierliche Intensivierung der Handelsbeziehungen innerhalb der EU im Verhältnis zu früher abgebremst worden ist. Im Unterschied zu früher ist nämlich seit 1990 der EU-Binnenhandel nicht mehr stärker gewachsen als der gesamte Handel der EU-Länder.

Die Währungsunion könnte dazu beitragen, den Handel, aber auch die gesamte Arbeitsteilung in den Produktionsabläufen, zwischen den Teilnehmern des Euro-Währungsraumes wieder verstärkt zu intensivieren.

Von besonderer Bedeutung wird auch hier die Rolle der Erwartungen sein: Wer künftig Lieferbeziehungen oder Produktionsstandorte innerhalb des EU-Währungsraums begründet, der kann sicher sein, daß er neue währungsbedingte Verschiebungen in den Kostenrelationen insoweit nicht zu erwarten hat. Das niedrigere Planungs- und Kalkulationsrisiko kann bis zu einem gewissen Grade auch andere Kostennachteile des EU-Währungsraums ausgleichen. Die Vorteile eines großen Wirtschaftsgebiets ohne Wechselkursschwankungen und der verkleinerte Anteil des mit Wechselkursrisiken behafteten Außenhandelsanteils sind umso höher zu schätzen, je stärker der Anpassungsdruck aus den Veränderungen der weltwirtschaftlichen Arbeitsteilung wird.

Für die EU-Staaten, die (noch) nicht an der einheitlichen Währung teilnehmen, wird die Ankerfunktion des Euro in einem EWS 2 für relativ stabile Wechselkurse sorgen. Insgesamt ist es wahrscheinlich, daß der Euro-Währungsraum gegenüber Dollar und Yen eine höhere Wechselkursstabilität hat und nicht unter so hohem Aufwertungsdruck stehen wird wie immer wieder die D-Mark. Während die Vereinigten Staaten seit Anfang der achtziger Jahre hartnäckige strukturelle Handelsbilanz- und Leistungsbilanzdefizite haben und Japan ebenso hartnäckige Überschüsse in der Handels- und Leistungsbilanz aufweist[7], ist die außenwirtschaftliche Bilanz eines Euro-Währungsraumes, sei es mit dem voraussichtlich kleineren Teilnehmerkreis zu Beginn, sei es mit einem Europa der 15, wesentlich ausgeglichener.

Insbesondere gegenüber dem Fundamental-Vorteil der einheitlichen Währung für die Handels- und Produktionsbeziehungen innerhalb des Euro-Raumes verblassen die ebenfalls beachtlichen Kostenersparnisse, die sich z.B. aus dem Verzicht auf aufwendige Kurssicherungsgeschäfte und dem Fortfall der üblichen Wechselkursverluste beim Geldumtausch ergeben können. Schätzungen ermitteln hier jährliche Beträge in Höhe von 0,5 % des Sozialprodukts, das wären für Deutschland etwa 18 Mrd. D-Mark.[8]

Der Kapitalmarkt im Euro-Währungsraum

Legt man die bereits genannten voraussichtlichen Teilnehmer für den Beginn der einheitlichen Währung 1999 zugrunde, so ergibt sich ein gemeinsamer Kapitalmarkt, der in bezug auf den Wert der an den Börsen gehandelten Aktiengesellschaften etwa 2,8 mal und in bezug auf das Volumen aller ausstehenden Anleihen etwa 2,2 mal so groß ist wie der deutsche Kapitalmarkt. Das hört sich eindrucksvoll an, angesichts der heute schon erreichten internationalen Beweglichkeit des Kapitals erscheint es jedoch zweifelhaft, ob und inwieweit sich dieser Größenvorteil in dauerhaft niedrigeren Geldbeschaffungskosten niederschlagen wird. Wie Schaubild 13 zeigt, hat Deutschland

---

7 Zur strukturellen Analyse des japanischen Außenhandels und zum Vergleich mit Deutschland und USA siehe: Japans Außenhandel im Zeichen weltwirtschaftlichen Strukturwandels, in: IW-Trends, Quartalshefte zur empirischen Wirtschaftsforschung, 4/1995, S. 27.
8 Vgl. Deutsche Bank Research: EWU-Monitor Nr. 14 vom 10. Juli 1996.

im internationalen Vergleich seit Jahrzehnten auch ohne Währungsunion recht niedrige nominale und reale Zinsen.

Falls der Euro an die Stabilitätstradition der D-Mark anknüpfen kann, könnte es allerdings sein, daß die anderen Teilnehmer des EU-Währungsraumes, insbesondere Frankreich, künftig niedrigere Zinsen haben. Durch die damit verbundene Anregung der Wirtschaftsaktivität könnten sich indirekt auch positive Wachstumswirkungen für Deutschland ergeben.

Beim Übergang zur einheitlichen Währung könnte es für Anleihen einerseits und Aktien andererseits unterschiedliche Auswirkungen geben:

- Falls das Zinsniveau der für die 3. Stufe der Währungsunion zugelassenen Länder durchschnittlich höher ist als in Deutschland, könnte es 1999 zunächst einen Zinsanstieg und damit Kursverluste im Anleihenbestand geben. Dies muß nicht so kommen. Relativ unwahrscheinlich ist aber der umgekehrte Fall, daß der Euro mit niedrigeren Zinsen beginnt, als vorher im D-Mark-Bereich üblich waren. Vielmehr wird zunächst an den Märkten die Wirksamkeit und Durchsetzungsfähigkeit der neuen europäischen Geldpolitik sorgfältig beobachtet werden. Möglich ist aber auch, daß ein Zinsanstieg in Erwartung der Währungsunion bereits 1997/98 vorweggenommen wird. Bisher aber sind negative Auswirkungen der Euro-Diskussion auf die Rentenmärkte nicht erkennbar.

- An den Aktienmärkten wird sich die allgemeine Erwartung positiv auswirken, daß insbesondere die deutsche Industrie von der Währungsunion profitiert. Außerdem ist zu erwarten, daß ein europäischer Aktienmarkt mit dem Fortfall bisheriger währungsbedingter Hemmnisse die europäische Nachfrage nach deutschen Aktien steigert.

Generell unberechtigt sind in jedem Falle die Bemühungen ängstlicher Anleger, jetzt aus Furcht vor dem Euro in andere Währung, z.B. Franken oder Dollar, zu gehen. Dort bekommt

er teilweise niedrigere Zinsen und hat zudem das Wechselkursrisiko. Damit sich z.B. der Kauf einer Frankenanleihe mit
10jähriger Laufzeit im Vergleich zu einer 10jährigen Bundes-
anleihe lohnt, müßte die D-Mark gegenüber dem Franken bis
2006 um fast 25 % abwerten![9] Dies wäre nur dann der Fall,
wenn die EZB bei der Durchführung der europäischen Geldpolitik vollständig versagte – ein ganz unrealistisches Szenario.
Viel wahrscheinlicher ist es dagegen, daß sich der – gemessen
an seiner Kaufkraft in der Schweiz stark überbewertete – Franken deutlich abwertet, sobald der Euro eingeführt und die Katastrophe ausgeblieben ist.

Ein Vorteil für den Finanzplatz Deutschland?

In Deutschland gibt es, sowohl gemessen an der Zahl der
Bankbeschäftigten als auch gemessen am Umsatzvolumen der
Börse, einen absolut dominierenden Bankenplatz, das ist Frank-
furt.

Tabelle 15: *Börsenplätze im Vergleich*

Börsenumsätze 1995 im Handel mit Aktien	
	Mrd. DM
Frankfurt	653
London	1.664
Paris	308
New York	4.419
Tokyo	1.164
Mailand	126

Quelle: Deutsche Börse, Fact Book 1995; Wirtschaftswoche 35/96

---

9 Vgl. G. Schwarte: Zielgruppe Gutgläubige. Die Angst vor dem Euro treibt seltsame
  Blüten, DIE ZEIT vom 28. Juni 1996.

Im europäischen und weltweiten Vergleich spielt Frankfurt allerdings keineswegs eine dominierende Rolle, sondern es agiert nach New York, London und Tokyo eher unter »ferner liefen«.

Eine Ursache hierfür ist die relativ bescheidene Rolle, die die Aktie in Deutschland als Instrument der Unternehmensfinanzierung spielt. Während z.B. die britische Volkswirtschaft nur etwa 50 % des deutschen Bruttoinlandsprodukts erwirtschaftet, ist die Börsenbewertung der britischen Aktiengesellschaften fast dreimal so hoch wie die Bewertung der deutschen Aktiengesellschaften. Die Börsenbewertung der US-Aktiengesellschaften ist fast zwölfmal, die der japanischen Aktiengesellschaften siebenmal so hoch wie die Börsenbewertung der deutschen Aktiengesellschaften.

Tabelle 16: *Börsenwert und Gewinn von Aktiengesellschaften*

	Börsenwert [1]		Gewinn vor Steuern 1995	
	Mrd. DM	in v.H. des BIP	Mrd. DM	in v.H. des BIP
USA	9.085	81	767	8
Japan	5.479	81	127	2
Großbritannien	2.047	119	195	12
Deutschland	774	22	27	1
Frankreich	738	32	32	1

1) Marktkapitalisierung am 28.6.96
Quelle: Landesbank Rheinland-Pfalz; eigene Berechnungen

Auch im Anleihe-Handel spielt Frankfurt im Vergleich der genannten Bankplätze eher eine untergeordnete Rolle.

Selbst der Handel mit D-Mark-Anleihen (und darunter insbesondere Bundesanleihen) wird zu 75 % in London, aber nur zu 25 % in Frankfurt abgewickelt.

Im großen Strukturwandel des Geld- und Kapitalgeschäfts haben die deutschen Banken eher Nachholbedarf. Weltweit hat sich das unmittelbare Kreditgeschäft der Banken deutlich langsamer entwickelt als das sogenannte Investment-Banking, das ist der Handel mit Wertpapieren, die Vermittlung von Finanzierungen und die Vermögensverwaltung. Im Investment-Banking aber hat der Bankenplatz London mittlerweile so große Wettbewerbsvorteile, bedingt durch das dort konzentrierte qualifizierte Personal und die Dichte der Kundenkontakte, daß selbst die deutschen Großbanken den Schwerpunkt ihres Investment-Banking nach London verlegen.[10]

Tabelle 17: *Komponenten der Weltwährungsreserven**
– vorläufiger Stand am Jahresende 1994 –

	Mrd. US-Dollar	- v.H. -
Devisen [1]		1.050	86
darunter:		
US-Dollar	639	
D-Mark	181	
Japanischer Yen	98	
Pfund Sterling	37	
Gold [2]		38	3
Sonstiges [3]		139	11
Gesamtreserven*		1.227	100

* Bruttowährungsreserven aller IWF-Länder zuzüglich Taiwan.
1) Einschließlich Guthaben in privater ECU.
2) Bewertet mit 42,22 US-$ je Unze Feingold.
3) Sonstiges = Sonderziehungsrechte, IWF-Reservepositionen, Guthaben in offizieller ECU.
Quelle: Geschäftsbericht der Deutschen Bundesbank für das Jahr 1994

Die große Rolle der D-Mark als zweitstärkste Reserve- und Anlagewährung der Welt (vgl. Tabelle 17) hat sich also nicht in einer entsprechenden Bedeutung des Bankenplatzes Frankfurt niedergeschlagen.

---

10 So konzentriert z.B. die Deutsche Bank ihre gesamten Aktivitäten im Investment-Banking auf ihre neuerworbene britische Beteiligung Morgan-Grenfell. Deutsches Personal spielt dort nur noch eine untergeordnete Rolle.

Zwar ist davon auszugehen, daß der Euro als Anlage- und Reservewährung eher noch wichtiger als die D-Mark sein wird. Dies muß aber nicht heißen, daß der Bankenplatz Frankfurt davon profitiert.

Die Entscheidung für Frankfurt als Standort der EZB hat immerhin verhindert, daß dem Bankenstandort Frankfurt aus der einheitlichen Währung Nachteile erwachsen. Ob diese Standortentscheidung sich positiv auswirkt, muß hingegen noch abgewartet werden. Die Vorteile dieses EZB-Standorts liegen vor allem darin, Balsam für ein nach dem Verlust der D-Mark möglicherweise angeschlagenes deutsches Selbstbewußtsein zu sein.

Es könnte zwar sein, daß eine Weigerung Großbritanniens, an der Währungsunion teilzunehmen, psychologisch gegen London wirkt. Für London wird aber weiterhin nachhaltig die englische Sprache wirken. Diese Vorteil ist auf der Ebene der Kommunikation und geschäftlichen Kontaktpflege weitaus gewichtiger als die räumliche Nähe zu einer noch so wichtigen europäischen Institution. Denn räumliche Distanzen sind bei der bereits erreichten und weiter absehbaren Entwicklung der Kommunikationssysteme für den Handel mit so etwas Unstofflichem wie Geld kein Hindernis mehr.

Konkret wird die Chance für den Finanzplatz Frankfurt ab 1999 von den weiteren Entwicklungen und Entscheidungen auf drei Gebieten abhängen:

- Wenn die für die Banken recht kostspielige Geldmarktsteuerung durch *Mindestreservepolitik* von der EZB auch für den Euro übernommen würde, so hätte ein außerhalb des Euro-Raumes verharrender Finanzplatz London gegenüber allen Finanzplätzen im Euro-Raum einen fühlbaren Kostenvorteil. Dabei würde dieser auch heute schon für Frankfurt bestehende Nachteil in Zukunft nicht mehr durch die privilegierte Stellung Frankfurts als einzigem bedeutenden Finanzzentrum im D-Mark-Raum abgemildert. Insbesondere die deutschen Großbanken kämpfen schon seit langem gegen das Instrument der Mindestreservepolitik und beschimpfen die Mindestreservepolitik der Bundesbank als »Arbeitsplatzexportprogramm«.[11] Da auch das EWI bei seinen Vorbereitungsarbeiten zur Währungsunion dem Instrument der Mindestreservepolitik eher distanziert gegenübersteht (vgl. Kapitel 7) bestehen trotz der Liebe der Bundesbank zur Mindestreservepolitik sehr gute Aussichten, daß dieses Instrument im Euro-Raum keine Anwendung findet.

- Es ist noch nicht entschieden, ob auch ein außerhalb des Euro-Raumes verharrender Bankenplatz London an das neue *Bankenabrechnungssystem TARGET* (vgl. Kapitel 7) angeschlossen wird und – wenn ja – welche Refinanzierungsfazilitäten den Londoner Banken von der EZB eingeräumt würden. Insbesondere die französischen Banken wollen den Einsatz von TARGET ausschließlich für jene Länder reservieren, die an der Währungsunion teilnehmen[12], aber auch deutsche Banken neigen dieser Linie zu.[13] Die Bundesbank tendiert aus Gründen der Geldmengenkontrolle zu einer ähnlichen Haltung. Mit TARGET würden nämlich die blitzschnell zu verschiebenden Geldmarktanlagen in London faktisch zur Geldmenge des Euro-Raumes zählen. Falls der Bankenplatz London nicht oder nur zu einschränkenden Bedingungen an TARGET angeschlossen wird, dürfte sich der Druck der Londoner City auf die Regierung, doch 1999 dem Euro-Raum beizutreten, erheblich verschär-

---

11 So eine Äußerung des Vorstandssprechers der Deutschen Bank, Hilmar Kopper, in der Londoner City. Vgl.: R. Böhmer, D. Student, M. Baumann: Den Wirt wechseln. Wirtschaftswoche Nr. 35 vom 22. 8. 1996.

12 Vgl. ebenda.

13 BHF-Bank: Umstrittene Target-Ausgestaltung für die Währungsunion, Zeitschrift für das gesamte Kreditwesen 16-96, S. 784 f.

fen.[14] Falls aber Großbritannien von Anfang an an der Währungsunion teilnimmt, wird es schwierig für den Finanzplatz Frankfurt.

- In diesem Falle nämlich machen sich die relative Kleinheit des Finanzplatzes Frankfurt, insbesondere aber die antiquierten Verfahren bei der Begebung von Bundesanleihen, der Mangel an sehr kurzen und sehr langen Laufzeiten deutscher öffentlicher Anleihen und die bisher zögerliche Haltung des Bundes bei der Umstellung seiner Altanleihen auf Euro negativ bemerkbar. Der französische Staat ist auf allen diesen Gebieten gegenwärtig wesentlich aktiver. Auch der Finanzplatz Paris wird im Euro-Raum als Konkurrent wesentlich ernster zu nehmen sein als bisher, zumal sich die französische Zentralbank und die Geschäftsbanken mit sehr großer Energie auf den Euro vorbereiten.[15]

---

14 Vgl. London: Finanzwelt grübelt über Euro-Vorbereitung, Frankfurter Allgemeine Zeitung vom 9. August 1996. Vgl. ferner G. Tett: Banks warn of EMU damage to City, Financial Times vom 21. August 1996.
15 Vgl. J. Frohag: Paris stellt sich auf den Euro ein, Börsenzeitung vom 6. August 1996.

10. Mehr Wachstum und Beschäftigung durch eine einheitliche Währung?

Fortfall von Aufwertungsdruck und Wechselkursschwankungen als Chance

Fassen wir aus dem bisher Gesagten zusammen:

Mit der einheitlichen Währung entfällt im neuen Euro-Währungsraum das Risiko künftiger ungeplanter Änderungen der Kostenrelationen aufgrund von Wechselkursverschiebungen. Für den Währungsraum insgesamt ist die an Import- und Exportquote gemessene Außenhandelsintensität geringer als für die früheren nationalen Währungsräume. Ferner ist das Risiko von Wechselkursschwankungen für den Euro voraussichtlich niedriger als bisher für die einzelnen nationalen Währungen, und schließlich dürfte der Euro-Währungsraum unter geringerem Aufwertungsdruck stehen als die D-Mark.

Dieser Aufwertungsdruck wirkte und wirkt bei Standortentscheidungen in- und ausländischer Unternehmen als negativer Selektionsmechanismus zulasten von Deutschland. Wenn ausländische Unternehmen über Produktionsstandorte innerhalb der EU entscheiden, so herrscht offenbar mittlerweile die Devise »Überall hin, nur nicht nach Deutschland«. Im Durchschnitt der letzten 10 Jahre haben ausländische Unternehmen in Deutschland nur 10 bis 15 % dessen investiert, was deutsche Unternehmen im Ausland investiert haben.[1] So hat nicht nur England, sondern auch Frankreich mittlerweile deutlich höhere Investitionen ausländischer Unternehmen als Deutschland.

---

1 Vgl. R. Jungnickel: Globalisierung: Wandert die deutsche Wirtschaft aus? Wirtschaftsdienst 1996/VI, S.315.

Der Fortfall des Aufwertungsdrucks hat neben den Banken insbesondere die deutsche Großindustrie zu sehr engagierten Befürwortern der einheitlichen Währung gemacht, und beide bringen diese ihre Meinung mittlerweile in Hochglanzbroschüren unters Volk.[2] In starken Worten nennt Mercedes-Chef Helmut Werner »die gemeinsame Währung ... die letzte große Chance Europas«[3]. Die Industrie hofft insbesondere darauf, daß nicht jede Produktivitätssteigerung und Kostensenkung gleich wieder durch eine Aufwertungstendenz der D-Mark überkompensiert wird, und daß der gemeinsame Währungsraum die Absatzchancen innerhalb der EU besser sichert. Außerdem wird die integrierte Standort- und Produktionsplanung wesentlich erleichtert. Grenzüberschreitende Investitionsentscheidungen und Produktionsbeziehungen können innerhalb des Euro-Raumes mit einem höheren Maß an Entscheidungssicherheit gestaltet werden. Dadurch sinkt die Risikoprämie in der Investitionsrechnung, und es steigt die Bereitschaft, zugunsten von Investitionen im Euro-Währungsraum auf Investitionen außerhalb des Währungsraums zu verzichten.

Für Wachstum und Beschäftigung im Euro-Währungsraum insgesamt werden deshalb die Auswirkungen der einheitlichen Währung eher positiv sein. Sie werden allerdings nicht so hoch sein, daß sie nicht durch eine besonders gute oder schlechte Wirtschafts- und Finanzpolitik allemal überkompensiert werden können. Ein allgemeingültiger Zusammenhang zwischen der Größe eines Wirtschafts- und Währungsraums und seinem Wirtschaftswachstum oder seinem Beschäftigungsniveau ist nämlich nicht nachweisbar, wie ein Blick auf die Wachstumsraten verschiedener Volkswirtschaften in der Nachkriegszeit zeigt.

---

2 Vgl. die Schrift des BDI: Der Euro: Chance für die deutsche Industrie. Report des Industrieforums EWU, Köln 1996.
3 Interview im SPIEGEL 27/1996.

Tabelle 18: *Binnenmarktgröße und Wachstum*

| | reales jährliches Wachstum in den | | | Marktgröße 1995 | |
| | | | | BIP in Mrd. ECU | Einwohner in Mio. |
	60ern	70ern	80ern		
Österreich	4,7	3,6	2,1	181	8
Schweden	4,6	2,0	2,0	168	9
W.-Deutschland	4,4	2,7	2,2	1.671	66
Japan	10,5	4,5	4,8	4.229	125
USA	3,8	2,7	2,7	5.348	265

Quelle: Europäische Wirtschaft 60

Wichtiger ist deshalb die Frage, wie sich die einheitliche Währung auf die relative Wettbewerbsposition der verschiedenen Regionen des neuen Währungsraumes, insbesondere auf Deutschland, auswirken wird. Dabei muß die Unterschiedlichkeit, teilweise Gegenläufigkeit der verschiedenen Einwirkungen gesehen werden.

Transparenz von Lohn- und Kostenunterschieden als Risiko

Künftig sind Kostenunterschiede, insbesondere Lohnkostenunterschiede, der verschiedenen Regionen unmittelbar vergleichbar. Unterstellt man die Kosten- und Wechselkursrelationen des Jahres 1995, so ergibt sich die in Tabelle 19 dargestellte Situation der Lohnkosten pro Stunde in der EU, gerechnet in Euro. Damit hätten die meisten EU-Länder in der Ausgangslage gegenüber Deutschland einen erheblichen Kostenvorteil. Zwar spiegeln die Kostenunterschiede zu einem großen Teil auch entsprechende Produktivitätsunterschiede wider. Für größere Neuinvestitionen oder -ansiedlungen innerhalb des Währungsraums können solche Produktivitätsunterschiede »im Bestand« jedoch weitgehend vernachlässigt werden, weil für größere Neuinvestitionen die Produktivität in erster Linie durch die neuen Produktionsanlagen und die mit ihr verbundenen organisatorischen Abläufe bestimmt wird.[4]

Tabelle 19: *Arbeitskosten in Europa*

1995	Arbeitskosten pro Stunde in ECU	in v.H. zu Deutschland-West
Deutschland-West	24,29	100
Belgien	20,45	84
Österreich	19,66	81
Dänemark	19,47	80
Finnland	19,32	80
Niederlande	18,97	78
Luxemburg	18,08	74
Schweden	16,61	68
Deutschland-Ost	15,93	66
Frankreich	15,50	64
Italien	13,17	54
Spanien	11,92	49
Großbritannien	11,19	46
Irland	11,00	45
Griechenland	6,88	28
Portugal	4,95	20

Quelle: iw-trends 2/96; Deutsche Bundesbank, Monatsbericht 8/96; eigene Berechnungen

D.h.: (Lohn)Kostenunterschiede haben im gemeinsamen Währungsraum insbesondere dann Entscheidungsrelevanz, wenn sie

---

4 So liegt die über alles gerechnete Produktivität der neuen Bundesländer immer noch bei nur 54 % der Produktivität der alten Bundesländer, die industriellen Neuinvestitionen dort aber haben zum größten Teil sogar eine höhere Produktivität als im Westen, weil sie den neuesten technischen und betriebswirtschaftlichen Erkenntnissen entsprechen. So ist z.B. das neue Opel-Werk in Eisenach deutlich produktiver als die beiden Werke in Rüsselsheim und Bochum.

von den Investoren als hinreichend dauerhaft eingeschätzt werden. Und der Ausschluß künftiger Wechselkursänderungen erhöht, für sich genommen, zunächst den dauerhaften Charakter von Kostenunterschieden.

Daraus folgt: Die Verantwortung der Tarifpolitik für die Ergebnisse der Standortkonkurrenz innerhalb des Währungsraums nimmt erheblich zu! Die nominalen Löhne sind bekanntlich nach unten deutlich weniger flexibel als nach oben. Für eine Reihe europäischer Länder – z.B. Großbritannien, Italien oder Schweden – war deshalb das Instrument einer Abwertung der eigenen Wege immer wieder eine indirektes Korrekturinstrument für ein zu hohes nationales Lohnniveau.[5] Dieses Korrekturinstrument steht bei einheitlicher Währung nicht mehr zur Verfügung.

Die Konvergenz der Inflationsraten seit Mitte der achtziger Jahre war von einer entsprechenden Konvergenz der nominalen Lohnzuwächse begleitet. Seit Anfang der neunziger Jahre sind die nominalen Lohnstückkosten (in Landeswährung) z.B. in Großbritannien nicht mehr stärker, in Frankreich sogar langsamer gestiegen als in Deutschland.[6] Seit Anfang der neunziger Jahre kann man eine beträchtliche Abflachung des Zuwachses bei den Lohnstückkosten in allen EU-Ländern außer Portugal und Griechenland beobachten.[7]

Tabelle 20 zeigt, daß der durchschnittliche Lohnzuwachs seit 1991 im Kreise der »INs« schon recht nahe beieinanderliegt, die »OUTs« dagegen haben bis auf Großbritannien, Italien und Schweden noch deutlich höhere Lohnzuwächse als die

---

5 Für Großbritannien ist dies ein besonders wichtiger Punkt. Vgl. H. Davies: The economic implications of a single European Currency, Review of the Bank für International Settlements vom 17. Juli 1996.

6 Vgl. Ifo-Institut: Sind Löhne und Steuern zu hoch? Bemerkungen zur Standortdiskussion in Deutschland, Ifo Schnelldienst 20/96,S. 8.

7 Vgl.: DIW: Europäische Währungsunion. Reale Konvergenz unentbehrlich, DIW Wochenbericht 31/96,S. 516 f.

voraussichtlichen Teilnehmer. Es zeigt sich außerdem, daß die Wechselkursveränderungen die Rangfolgen beim Lohnanstieg geradezu auf den Kopf stellen: In ECU gerechnet fiel der durchschnittliche Lohnanstieg in Deutschland relativ zu den anderen nämlich deutlich höher aus.

Tabelle 20: *Lohnkostenentwicklung bei den voraussichtlichen Teilnehmer- und den Nicht-Teilnehmerländern an der EWU*

	Arbeitskosten pro Stunde in ECU 1995	durchschnittliche jährliche Steigerungsrate 1991 bis 1995 in v.H. auf der Basis	
		des ECU	der nationalen Währung
INs			
Belgien	20,45	7,2	4,8
Dänemark	19,47	6,3	4,3
Deutschland-Ost	15,93	15,6	12,5
Deutschland-West	24,29	5,3	3,0
Frankreich	15,50	4,4	2,7
Irland	11,00	1,1	2,6
Luxemburg	18,08	5,3	3,0
Niederlande	18,97	4,9	2,4
Österreich	19,66	6,7	4,3
Durchschnitt*	18,15	6,33	4,41
OUTs			
Finnland	19,32	19,7	10,5
Griechenland	6,88	6,1	14,3
Großbritannien	11,19	0,2	1,6
Italien	13,17	- 4,4	3,7
Portugal	4,95	6,6	9,1
Schweden	16,61	- 2,1	3,5
Spanien	11,92	2,1	8,4
Durchschnitt*	12,01	4,02	7,28

* ungewichtet
Quellen: iw-trends 1/92, 2/94, 2/95, 2/96; Deutsche Bundesbank, Monatsbericht 8/96; eigene Berechnungen

Die Währungsunion kann insoweit für Deutschland Entlastung bringen. Allerdings können auch andere die Wettbewerbsfähigkeit beeinflussende Entwicklungen nicht mehr über Wechselkursänderungen kompensiert werden. Hieraus erwachsende negative Wirkungen für die strukturelle Anpassungsfähigkeit einzelner Regionen können nur noch vermieden werden, wenn zu einem stabilitätsgerechten allgemeinen Lohnanstieg eine entsprechende Flexibilität der Arbeitskosten hinzutritt.

Die jetzt schon zu beobachtende Entwicklung einer zunehmenden betriebsnahen Flexibilisierung der Löhne und der übrigen Arbeitsbedingungen wird also durch die Anpassungsnotwendigkeiten im einheitlichen Währungsraum noch forciert. Im einheitlichen Währungsraum wird eine Region bei der Konkurrenz um Beschäftigungsmöglichkeiten umso erfolgreicher sein, je mehr sie die Arbeitsbedingungen flexibilisiert und differenziert.

Schaubild 25: *Beschäftigungsquoten* in den USA, Japan und der EU der 15*

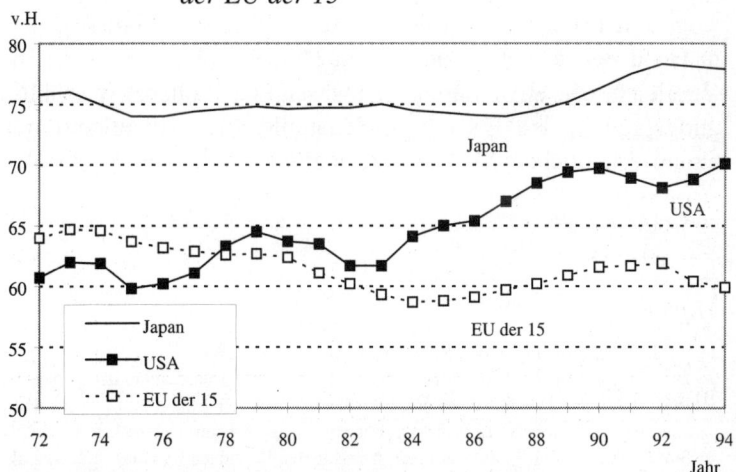

* Erwerbstätige in v.H. der Bevölkerung im arbeitsfähigen Alter (15-64 J.)
Quelle: EU-Beschäftigungsbericht 1995

Die größere Transparenz der Entlohnung bei einheitlicher Währung verschärft aber nicht nur per se die Konkurrenz der Standorte, sie könnte auch Anlaß für neue Fehlentwicklungen bei der kollektiven Lohnfindung sein.[8] Wenn nämlich in der Währungsunion an verschiedenen Standorten vergleichbare Arbeitsproduktivitäten vergleichbar entlohnt werden, dann steigen in den weniger entwickelten Regionen entweder die Einkommensunterschiede zwischen produktiv und weniger produktiv Beschäftigten erheblich über das bisher gewohnte Ausmaß an, oder steigender Lohnkostendruck bei den weniger produktiv Beschäftigten erhöht die Arbeitslosigkeit und vermindert die Standortattraktivität.

Hier ist ein Blick auf die Verhältnisse in den Vereinigten Staaten instruktiv: Im einheitlichen Währungsraum USA sind bei durchweg erheblich höherem Beschäftigungsgrad die Wohlstandsunterschiede zwischen den Staaten kaum weniger ausgeprägt als in der EU und deutlich höher als im Euro-Raum der 8.[9] Die recht großen Unterschiede beim BIP pro Kopf in den USA zeigen, daß ein einheitlicher Währungsraum keineswegs mit Einheitlichkeit der wirtschaftlichen Ergebnisse Hand in Hand gehen muß. Gleiches gilt für das Lohnniveau: Der im Vergleich zur EU durchweg wesentlich höhere Beschäftigungsgrad in den USA (vgl. Schaubild 25) wird erkauft mit einem erheblichen Maß an interregionaler und interpersonaler

---

8 Vgl. H. Lesch: Strategische Lohnpolitik in einer Europäischen Währungsunion, Bonn 1995, wo die Vorteile einer produktivitätsorientierten, flexiblen Lohnpolitik für die Beschäftigung in der Währungsunion im Detail aufgezeigt werden.

9 Das Bruttoinlandsprodukt pro Kopf betrug 1986 im obersten Zehntel der damals 12 EG-Staaten das Zweifache des untersten Zehntels, ohne Portugal und Griechenland allerdings lediglich das 1,6fache. Dies entsprach in etwa dem Unterschied in den 50 Staaten der USA (1,7) und war niedriger als in den Provinzen Kanadas (2,2) oder als heute im vereinten Deutschland. Vgl. M. Emerson, C. Huhne: Der ECU-Report, Bonn, Heidelberg, Brüssel 1991.

Lohndifferenzierung, das die Lohnkostenunterschiede im Bereich der Euro 8 noch übertrifft.[10]

Die Auswirkung externer Schocks

In Kapitel 3 wurde dargelegt, daß sich der Zuschnitt eines unter Wachstums- und Beschäftigungsaspekten optimalen Währungsraums auch daran bemißt, ob die Auswirkungen externer Schocks auf die Regionen ähnlich oder sehr unterschiedlich sind. Falls nämlich die Auswirkungen sehr unterschiedlich sind, erfordert die nunmehr fehlende Möglichkeit der Wechselkursanpassung eine besondere Flexibilität bei der Anpassung interner Kostenfaktoren.

Um die Auswirkungen unterschiedlicher externer Schocks zu prüfen, wurden für die 15 EU-Staaten die direkten gesamtwirtschaftlichen Wirkungen einer

- Verdoppelung der Einfuhrpreise für Energie,
- Verdoppelung der Preise für die übrige Rohstoffeinfuhr,
- Absenkung der Ex- und Importpreise für Investitionsgüter um 30 %

durchgespielt, jeweils gemessen in % des Bruttoinlandsprodukts. Es hängt von der Flexibilität und Leistungsfähigkeit der einzelnen Volkswirtschaft, aber auch von der Handlungsfähigkeit des Staates ab, wie schnell die Auswirkungen solcher Schocks z.B. durch Energie- und Rohstoffeinsparung oder den Wechsel zu neuen Produkten ausgeglichen werden können.

---

10 Auf die zurückgehende Arbeitskräftenachfrage im industriellen Bereich ergab sich in den USA als Reaktion eine starke Steigerung der Lohnunterschiede. Dies führte zusammen mit den auch sonst wesentlich stärker regulierten Arbeitsmarktbedingungen zu dem bekannten US-Beschäftigungswunder, dessen Schattenseite allerdings in den sehr niedrigen Löhnen am unteren Ende der Einkommensskala besteht. In den EU-Ländern nahmen großenteils die Einkommensunterschiede nicht in vergleichbarem Umfang zu, dafür ist aber auch der Beschäftigungsgrad deutlich niedriger. Vgl. Beschäftigungspolitik im internationalen Vergleich. Strategien, Instrumente, Erfolge, hrsg. von der Friedrich Ebert Stiftung, Bonn 1996.

Tabelle 21: *Wirkungen exogener Schocks auf die einzelnen EU-Nationalwirtschaften – Kostensteigernder (+) bzw. -senkender (–) Primärimpuls in v.H. des BIP*

Schock:	Verdopplung der Ein- und Ausfuhrpreise für Energie	Verdopplung der Ein- und Ausfuhrpreise für Rohstoffe	Absenkung der Ein- und Ausfuhrpreise für Investitionsgüter um 30 %
INs	**1,20**	**0,36**	**0,42**
Belgien-Luxemburg	2,28	1,58	-0,21
Dänemark	0,17	-0,22	0,06
Deutschland	1,28	0,52	1,10
Frankreich	1,15	0,16	0,13
Niederlande	0,53	-0,24	-1,25
Irland	1,93	-0,59	0,19
Österreich	1,24	0,23	-0,66
OUTs	**0,83**	**0,47**	**-0,15**
Spanien	1,31	0,55	-0,40
Italien	1,00	0,89	0,13
Portugal	2,03	0,10	-2,29
Finnland	1,79	-0,51	-0,01
Schweden	1,04	-1,11	0,73
Großbritannien	0,02	0,47	-0,17
Griechenland	1,86	0,34	-2,34
Europa der 15	1,04	0,41	0,17

Quelle: Europäische Wirtschaft 60; Statistisches Jahrbuch für das Ausland; eigene Berechnungen

Als Ergebnis kann festgestellt werden, daß – mit Ausnahme Belgiens und der Niederlande, die mit ihren großen Seehäfen ein wichtiges Eingangstor für Europa sind – die dargestellten externen Schocks recht gleichmäßig auf die gesamte EU und noch gleichmäßiger auf den Kreis der Euro 8 einwirken. Von daher erfüllen sowohl die gesamte EU als auch der Kreis der Euro 8 in erstaunlich hohem Umfang die in Kapitel 3 diskutierten Voraussetzungen für einen optimalen Währungsraum.[11]

---

11 Zu einer anderen Auffassung s. J. Altmann: Ist die Europäische Union ein optimaler Währungsraum? Wirtschaftsdienst 1994/VI, S. 312 ff.

Zusammenfassung

Die Summe der voraussichtlichen Auswirkungen der einheitlichen Währung auf Wachstum und Beschäftigung kann also wie folgt zusammengefaßt werden:

- Bedingt durch den niedrigeren Anteil der Außenwirtschaft im neuen Währungsraum, durch die voraussichtlich niedrigeren Währungsschwankungen und einen niedrigeren Aufwertungsdruck, als er bisher gegenüber der D-Mark herrschte, werden sich die globalen Aussichten für Wachstum und Beschäftigung in Deutschland durch die einheitliche Währung leicht verbessern.

- Unterschiedliche Auswirkungen externer Schocks können weitgehend vernachlässigt werden. Sowohl die gesamte EU wie der Kreis der voraussichtlich acht zunächst an der dritten Stufe teilnehmenden Länder erfüllen insoweit die Bedingungen eines optimalen Währungsraums.

- Durch den Fortfall des Wechselkursrisikos und die einheitliche Recheneinheit steigt die Kostentransparenz im einheitlichen Währungsraum, und es sinkt die Risikoprämie für grenzüberschreitende Investitionen im Währungsraum. Das verschärft die Standortkonkurrenz im Währungsraum. Auch kleinere Kostenunterschiede können künftig Investitionsverlagerungen bewirken.

- Die Anpassungslast tragen dabei im wesentlichen die Arbeitskosten, da die übrigen Kosten im Währungsraum entweder identisch (Investitionskosten) oder durch den normalen Marktmechanismus hinreichend flexibel sind (Bodenpreise).

- Für Deutschland bedeutet dies, daß sein gegenwärtiger Arbeitskosten-Vorsprung im Euro-Währungsraum nur mit Beschäftigungseinbußen gehalten werden könnte. Relativ zu den wesentlichen Partnern im neuen Währungsraum werden deutsche Löhne und Gehälter sinken bzw. wesentlich flexibler werden müssen, wenn nicht Beschäftigung netto abwandern soll.[12]

- Als ein Vorteil für den Produktionsstandort Deutschland kann sich jedoch die seit Jahrzehnten eingeschliffene deutsche *Stabilitätskultur* erweisen, das ist die an die Erfahrung der stabilen Mark gekoppelte Gewöhnung an relativ niedrige nominale Lohnzuwächse. Schon seit 1980 sind die deutschen Löhne und Gehälter real und netto kaum noch gestiegen.[13]

- Wenn die Lohnzuwächse bei Partnern in der Währungsunion durchschnittlich nur geringfügig höher sind als in Deutschland, ist der deutsche Lohnkostennachteil schnell verschwunden. Falls also die erhöhte Transparenz von Kosten und Preisen in Partner-Staaten zu einer unbedachten Angleichung an deutsche Lohnkosten führt, könnte die Währungsunion dort sogar Wachstums- und Beschäftigungsverluste mit sich bringen.[14]

- Höhere Lohnkosten in Deutschland sind nämlich bis zu einem gewissen Grade gerechtfertigt durch besondere Standortvorteile,[15] nämlich

  – räumliche Zentralität in der EU bzw. im Euro-Raum,
  – dicht geballte Industrie- und Dienstleistungsstruktur mit hoher Angebotstiefe und großem Diversifikationsgrad,

---

12 Im einheitlichen Währungsraum wird auch die Allgemeinverbindlichkeit der Tarifverträge für ein bestimmtes Tarifgebiet nicht mehr aufrechterhalten werden können.

13 Reale Nettolöhne in Westdeutschland 1995 kaum höher als 1980, DIW-Wochenbericht 22-23/96, S. 387 ff.

14 So hat z.B. im Falle Spaniens bereits das Festhalten an der Wechselkursstabilität im EWS in den achtziger Jahren in erheblichem Umfang Arbeitsplätze gekostet, weil die notwendigen begleitenden Konsequenzen für Lohnentwicklung und Staatsverschuldung nicht gezogen wurden. Vgl. L.A. Rojo: Die Länder am Rande der Europäischen Gemeinschaft und die Europäische Währungsunion, in: Zeitschrift für Wirtschaftspolitik, Jg. 52 (1993), S. 151 ff.

15 Vgl. R. Köddermann: Sind Löhne und Steuern zu hoch? Bemerkungen zur Standortdiskussion in Deutschland, in: Ifo-Schnelldienst 20/96, S. 6 ff.

- hoher Ausbildungsgrad,
- gute Infrastruktur,
- durchweg leistungsfähige staatliche Verwaltung.

• Diese deutschen Standortvorteile wurden bisher fortlaufend durch die ständige Tendenz zur Aufwertung der D-Mark überkompensiert. Diese Art von Kompensation kann im einheitlichen Währungsraum künftig nicht mehr stattfinden.

Für den Verfasser ergibt sich hieraus die Schlußfolgerung, daß die *einheitliche Währung für Wachstum und Beschäftigung in Deutschland eine relativ größere Chance* darstellt als für die Partner der Währungsunion.[16] Dagegen ist sie für jene Partner, deren Arbeitskosten traditionell unter dem deutschen Niveau lagen und die zudem an durchschnittlich höhere Inflationsraten gewöhnt waren, auch mit erheblichen Risiken verbunden. Wachstum und Beschäftigung könnten nämlich in diesen Ländern beträchtlich leiden, wenn der (Lohn)Kostenabstand zu Deutschland über jenes Maß hinaus abgesenkt würde, das durch die deutschen Produktivitäts- und Standortvorteile gerechtfertigt ist.

Dann könnte eine ähnliche Lage eintreten, wie sie sich im Verhältnis zwischen alten und neuen Bundesländern ergeben hat: Ein zu hohes Lohnkostenniveau

• hindert die ärmeren Regionen an der Wahrnehmung ihrer spezifischen Beschäftigungschancen,
• führt möglicherweise sogar zu Absatz- und Produktionseinbußen gegenüber dem Zustand vor der Währungsunion,
• reißt durch solcherart verursachte Steuerausfälle und kostenbedingte Mehrausgaben zusätzliche Löcher in die öffentlichen Finanzen,

---

16 Allerdings lernen z.B. die Franzosen schnell, ihr durchschnittlicher Lohnstückkostenanstieg in nationaler Währung war in den letzten 10 Jahren nicht mehr höher als in Deutschland, in Japan war er gar nur halb so hoch. Vgl. H.-H. Härtel: Hochlohnland Deutschland, Wirtschaftsdienst 1886/VIII, S. 383.

- weckt oder verstärkt Forderungen nach finanzieller Unterstützung aus den reicheren Regionen des einheitlichen Währungsraums.

Bei derartigem Verhalten könnte sich ergeben, daß die Währungsunion in manchen Regionen neue Ungleichgewichte und zusätzliche Arbeitslosigkeit schafft. Der Standort Deutschland würde allerdings durch solches Fehlverhalten von Partnern erheblich begünstigt werden und bekäme die Rechnung höchstens indirekt durch die Forderung nach besserer finanzieller Ausstattung der verschiedenen Ausgleichsfonds der EU präsentiert.

Notwendige Bedingung für friktionsfreies Funktionieren der Währungsunion ist also eine hinreichende Lohndifferenzierung. Fehlsteuerungen bei der Lohnentwicklung dürfen deshalb nicht durch kompensierende staatliche Nachfrage- und Einkommensstützung ausgeglichen werden. Wenn in den durch übermäßige Lohnsteigerungen betroffenen Partner-Ländern der Ruf laut wird, die einheitliche Geldpolitik soweit zu lockern, daß sie die eigene nicht wettbewerbsgerechte Lohnentwicklung und die eigenen Haushaltsdefizite akkomodiert, dann ist der wichtigste Test für die Unabhängigkeit und Stabilitätsorientierung der einheitlichen Geldpolitik gekommen.[17]

17 An dieses Szenario knüpfen die Gegner einer unabhängigen stabilitätsorientierten Geldpolitik implizit mit ihrer Befürchtung an, eine Geldpolitik entsprechend den Vorgaben des Maastricht-Vertrages werde die Arbeitslosigkeit in der EU erhöhen. Hier zeigt sich wieder der ewige Gegensatz zwischen kurzfristigem keynesianischem Denken und langfristig orientierter geldpolitischer Rahmensetzung für stabilitätsgerechtes Verhalten.

11. Währungsunion und Sozialunion

Die Peitsche der Globalisierung

Die einheitliche Währung vollendet eine seit 40 Jahren andauernde Entwicklung, durch die innerhalb der EU stufenweise die vollständige Freizügigkeit für die Wanderung von Kapital, Arbeit, Waren und Dienstleistungen hergestellt wird.[1] Weltweit ist, teils gesteuert, teils wildwüchsig, ein ähnlicher Prozeß im Gange:

- Das Kapital geht dorthin, wo es die höchste Rendite hat.
- Die Reichen – ob sie nun Flick, Schumacher oder Schreinemakers heißen – siedeln sich dort an, wo sie die niedrigsten Steuern zahlen.
- Die Armen der Welt strömen dorthin, wo es Arbeit und gute Sozialleistungen gibt.

Für die wohlhabenden Industriestaaten mit hoher Umverteilung, hohen Löhnen und ausgebautem Sozialsystem bedeutet die rapide wachsende Mobilität, daß

- einerseits die Möglichkeiten zur innerstaatlichen Umverteilung geringer werden, weil das Kapital in die Länder mit niedrigeren Löhnen, niedriger Besteuerung und besserer Rendite fließt und die reichen Steuerzahler notfalls umziehen,
- andererseits aber um die nationalen Arbeitsplätze und Umverteilungstöpfe mehr und mehr Zuwanderer mitkonkurrieren.

---

1 Vgl. H.-W. Sinn: Implikationen der vier Grundfreiheiten für eine nationale Fiskalpolitik, Wirtschaftsdienst 1995/V, S. 240 ff. Sinn arbeitet die Konsequenzen der Mobilität für den nationalen Autonomiegrad sehr plastisch heraus.

Aus globaler Sicht führt dieser Prozeß zwar zu höherem Wachstum und besserer Wohlstandsverteilung in der ganzen Welt. Für den Lebensstandard der breiten Schichten in den Industriestaaten und die Finanzierbarkeit der dortigen Sozialsysteme kann er aber zunächst negative Folgen haben und politischen sowie sozialen Sprengstoff bedeuten. Die Warnzeichen – etwa Zunahme von Ausländerfeindlichkeit oder wachsende Stimmanteile rechtsradikaler Parteien – sind vielfältig. Einen Weg zurück in die Abschottung nationaler Wirtschaftsräume gibt es aber nicht.

Standorte mit besonders guter Infrastruktur oder anderen Vorteilen können sich zwar auch im verschärften Wettbewerb weiterhin höhere Löhne und bessere soziale Standards leisten, aber nicht unbegrenzt. Entscheidend ist heute nicht mehr, ob die nationalen Arbeitskosten im Vergleich zur Produktivität zu hoch sind, sondern ob sie an konkurrierenden Standorten niedriger sind.[2] Dies gilt um so mehr, als im Zeitalter des Internet und des rasenden Wachstums der Telekommunikation die Bedeutung physischer Infrastrukturen als Wettbewerbsfaktor eher abnimmt.[3]

Durch die einheitliche Währung innerhalb der EU wird diese Entwicklung zu ihrer logischen Konsequenz getrieben. Ohne Umtauschkosten, Wechselkursrisiken und damit verbundene Probleme gewinnen in der EU auch kleinere Unterschiede in Arbeitskosten und Steuerbelastung für Standortentscheidungen an Bedeutung.

---

2 Vgl. H. Mundorf: Der technische Fortschritt läßt sich durch Lohnsenkungen nicht aufhalten, Handelsblatt vom 19. Juli 1996.

3 Vgl. U.J. Heuser: Rasch gekommen, rasch gegangen. Im digitalen Zeitalter gibt es keine Marktnischen mehr. Ökonomische Sicherheit wird immer teurer, DIE ZEIT vom 30. August 1996.

Ein Europäisches Sozialmodell als Schutzwall gegen Globalisierung?

Da ist die Überlegung bestechend, daß parallel zur wirtschafts- und währungspolitischen Integration der Europäischen Union auch die sozialen Standards im weitesten Sinne einander angeglichen werden sollten. Sozialpolitiker und Gewerkschaften haben schon seit Jahrzehnten immer wieder Bemühungen in diese Richtung unternommen.

Solange und soweit es darum geht, beim Arbeitsschutz, beim Arbeitsrecht und bei der sozialen Sicherung zu menschenwürdigen und dem jeweiligen Stand der wirtschaftlichen Leistungsfähigkeit einer Volkswirtschaft angepaßten Mindeststandards zu kommen, ist gegen die Angleichung sozialer Standards auch nichts einzuwenden. Und in diesem Sinne sollte auch die Forderung Michel Rocards verstanden werden, der der Währungsunion quasi als Hausaufgabe aufgibt: »Es gibt ein europäisches Sozialmodell, und es hat sich bewährt. Die Globalisierung droht dieses Modell in Frage zu stellen. Gewiß ist es sinnvoll, nach Verbesserungen zu suchen und Anpassungen vorzunehmen. Aber die Zerstörung des Modells bedeutete das Ende Europas als humanster aller Kontinente.«[4]

Das sind große Worte, und der in ihnen liegende moralische Impetus ist anzuerkennen. Fragwürdig und für Wachstum und Arbeitsplätze sogar schädlich können Bemühungen um das europäische »Sozialmodell« aber dann werden, wenn sie darauf zielen, Arbeitsbedingungen und das Niveau der verschiedenen Sozialleistungen ohne Rücksicht auf Unterschiede bei der Beschäftigung, Produktivität, bei Staatsfinanzen und Abgabenbelastung einander anzugleichen und die Gemeinschaft gegen Konkurrenz von außen abzuschirmen. Das würde nämlich

---

4 M. Rocard: Wir sollten mehr auf die anderen hören, DIE ZEIT vom 6. September 1996.

bedeuten, daß für die meisten EU-Länder Abgabenbelastung und Kosten der sozialen Sicherung deutlich steigen, während gleichzeitig die Wettbewerbsfähigkeit gegenüber dem Weltmarkt sinkt.

Tabelle 22: *Finanzierbarkeit deutscher Sozialstandards EU-weit*

	Ausgaben für soziale Sicherheit 1988*		Kosten deutscher Sozialstandards**	notwendige Erhöhung (+) / mögliche Senkung (-) der Steuern und Abgaben***
	in v.H. des nationalen BIP	pro Kopf in DM-Preisen von 1995		in v.H. des nationalen BIP
Belgien	25,8	8.523	31,7	5,9
Dänemark	26,6	12.219	22,8	- 3,8
Deutschland	24,9	10.475	24,9	0,0
Griechenland	20,7	2.869	75,6	54,9
Spanien	17,3	3.328	54,5	37,2
Frankreich	26,0	9.662	28,2	2,2
Irland	20,4	4.308	49,6	29,2
Italien	23,4	7.501	32,7	9,3
Luxemburg	25,4	10.097	26,4	1,0
Niederlande	26,8	9.101	30,8	4,0
Österreich	25,4	9.189	29,0	3,6
Portugal	16,0	1.680	99,8	83,8
Finnland	25,6	11.638	23,0	- 2,6
Schweden	34,1	15.917	22,4	-11,7
Großbritannien	20,3	6.424	33,1	12,8

* letzte vollständig verfügbare Reihe
** deutscher Sozialstandard definiert als pro Kopf Aufwendungen für soziale Sicherheit in Deutschland
*** bei vollständiger Steuer- und Abgabenfinanzierung

Bereits heute hat die EU im Verhältnis zu Japan oder den USA
- eine besonders niedrige Beschäftigungsquote (gemessen als Anteil der Beschäftigten an der Gesamtbevölkerung),
- ein niedrigeres Wirtschaftswachstum,
- eine deutlich höhere Belastung mit Abgaben zur Renten- und Arbeitslosenversicherung,
- eine höhere Abgabenbelastung insgesamt.

Eine Angleichung an das deutsche Niveau sozialer Standards würde

1. zusätzliche Nachteile der EU im internationalen Wettbewerb bedeuten,
2. die weniger produktiven oder wohlhabenden Mitglieder der EU bzw. des Euro-Raumes eines wesentlichen Teils ihrer komparativen Kostenvorteile gegenüber Deutschland berauben.

Aus dem letzten Grund war die Angleichung sozialer Standards in der EU stets eine vor allem von den Gewerkschaften aufgestellte Forderung, die auch in Teilen der Sozialdemokratie oder der CDU-Sozialausschüsse ein Echo fand. Selbst Wirtschaftsverbände konnten sich teilweise für diese elegante Art erwärmen, der europäischen Konkurrenz Zügel anzulegen. Dieser scheinbare Vorteil für Deutschland würde allerdings erkauft mit

- steigender Arbeitslosigkeit, geringerem Wirtschaftswachstum, höherer Abgabenbelastung und (noch) mehr Staatsverschuldung bei vielen unserer EU-Partner,
- sinkender internationaler Konkurrenzfähigkeit der EU insgesamt.

Insbesondere aber würden unbedachte und wirtschaftlich sowie fiskalisch nicht fundierte »Fortschritte« in Richtung Sozialunion die schon jetzt überproportionalen Finanzprobleme der wirtschaftlich schwächeren EU-Länder weiter verschärfen und zu Forderungen nach verstärkter finanzieller Unterstützung durch die EU bzw. sogar nach einem EU-weiten Finanzausgleich führen.

Ein mahnendes Beispiel sollte hier die deutsche Währungsunion sein. Ursprünglich als reine Wirtschafts- und Währungsunion konzipiert, wurde sie unversehens auch zu einer Sozial- und am Ende sogar Tarifunion. Folge: Die DDR bzw. die neuen Bundesländer starteten in die Währungsunion mit einem für ihre Konkurrenzfähigkeit viel zu hohen und noch dazu unflexiblen Lohnniveau sowie mit dem gesamten Ballast der übermäßig hohen westdeutschen Lohnnebenkosten. Die westdeutschen Gewerkschaften und Arbeitgeber waren darüber sehr zufrieden, wurde ihnen doch auf diese Weise unerwünschte, weil zu billige, innerdeutsche Konkurrenz vom Leibe gehalten. Die neuen Bundesländer hat dies aber – zusätzlich zu dem ohnehin unvermeidlichen Umfang des Beschäftigungseinbruchs – weitere Millionen an Arbeitsplätzen gekostet. Das hohe Lohnniveau beraubt sie heute weitgehend ihres natürlichen Standortvorteils bei der Konkurrenz um Industrieansiedlungen, nämlich besonders günstige Löhne anbieten zu können. Es ist einigermaßen absurd, wenn die neuen Bundesländer mittlerweile ebenso hohe Arbeitskosten pro Stunde haben wie Frankreich, obwohl die französische Produktion pro Kopf etwa 50 % höher liegt. Als weitere Folge müssen die neuen Bundesländer mit unnötig hohen Transferleistungen aus Westdeutschland unterstützt werden, und die steuerlichen Anreize für Industrieansiedlungen müssen ein weit überhöhtes Niveau haben, um überhaupt zu wirken.

Es ist bereits gezeigt worden, daß die Erfolgschancen einer europäischen Währungsunion umso größer sind, je höher die Elastizität in den Produktions-, Arbeits- und Kostenbedingungen ihrer Mitglieder ist. Dies gilt schon für den Kreis der Euro 8, noch mehr aber, wenn später weitere Mitglieder mit deutlich niedrigerem Produktionsniveau oder andersartigen Strukturen hinzutreten.

Das Streben nach einer Sozialunion – gar noch orientiert am deutschen Niveau – könnte das größte Handicap für den Erfolg der Währung als Stabilitäts-, Wachstums- und Beschäftigungsunion werden.[5] Umgekehrt wird vielmehr ein Schuh daraus: Je

---

5   Vgl. N. Berthold: Währungsunion, Sozialunion und Politische Union – Anmerkungen zur Interdependenz von Ordnungen, Deutsche Bundesbank. Auszüge aus Presseartikeln vom 10. November 1995, S. 21 ff.

unabhängiger und autonomer die Mitgliedsländer der Währungsunion bei der Regelung ihrer finanziellen und sozialen Verhältnisse bleiben, umso eher sind sie in der Lage, in einer Währungsunion auf das Instrument der Wechselkursanpassung zu verzichten, ohne daß dies negative Folgen für Wachstum, Beschäftigung und öffentliche Finanzen hätte.

Der mit dem Maastricht-Vertrag neu begründete Kohäsionsfonds hat offenbar den Zweck, gegenüber den Forderungen der ärmeren Länder versöhnend zu wirken. Es wird seinen Zweck nur erfüllen können, wenn die Mittel des Fonds strikt an die Durchführung produktiver öffentlicher Investitionen gebunden sind und auch nicht indirekt – etwa durch anderweitige Umschichtungen – als allgemeine Hilfe für die öffentlichen Finanzen verwendet werden können.

Die Diskussion um die Währungsunion als Sozialunion ist aber auch eine *Stellvertreter-Diskussion*. Dabei sehen jene, die dem weltweiten Freihandel und der umfassenden Mobilität von Kapital und Arbeit skeptisch gegenüber stehen, die Europäische Union auch als Union für eine gemeinsame protektionistische Politik. Auch Oskar Lafontaines Forderung, es müsse endlich Schluß sein mit der »konservativen Irrlehre«, daß Staaten wie Unternehmen zueinander in Konkurrenz stünden, ist in diesem Zusammenhang für Mißverständnisse offen.[6]

In eine ähnliche Richtung gehen gewerkschaftliche Überlegungen, die Währungsunion als Hebel für eine europäische Tarifpolitik zu benutzen und die »Sozialpolitik im Sinne verbindlicher Abstimmungsprozesse« zu europäisieren.[7] Der DGB befürchtet, daß Mitgliedstaaten der Währungsunion durch niedrige Löhne und Sozialstandards Wettbewerbsvorteile er-

---

6 Lafontaine fordert einen politischen Neuanfang. Frankfurter Allgemeine Zeitung vom 4. Juni 1996.

7 Positionspapier des DGB zu den Eckpunkten des Vertrages von Maastricht vom November 1995. Vgl. EWWU als Hebel zur Europäisierung der Tarifpolitik, Handelsblatt vom 20. Dezember 1995.

zielen könnten, die dann durch Wechselkursänderungen nicht mehr ausgeglichen werden können. Die hier implizierten Befürchtungen sind allerdings hinsichtlich des Lohn*niveaus* unbegründet. Internationale Vergleiche zeigen nämlich, daß es zwischen dem durchschnittlichen Reallohnanstieg und dem organisatorischen Rahmen für die Lohnfindung keinen Zusammenhang gibt[8] (für die Lohnstruktur allerdings zeigen sich in der Tat unterschiedliche Ergebnisse je nach Zentralisierungs- und Flexibilisierungsgrad der Lohnfindung).

Es geht aber beim Standortwettbewerb gar nicht um Konkurrenz zwischen Staaten, das wäre in der Tat veraltetes Denken.[9] Es geht um die Konkurrenz zwischen Produktionsstandorten, und die findet objektiv immer statt und hat sich wesentlich verschärft – ganz unabhängig davon, was die politischen Klassen denken oder tun. Natürlich werden Standortfaktoren im weitesten Sinne, einschließlich der Lohnkosten, abgewogen, wenn ein Unternehmen sich bei einer Ansiedlung oder Stillegung zwischen Saarbrücken und München entscheiden muß. Und nicht anders geht es zu bei der Abwägung zwischen Saarbrücken und Nancy, Glasgow oder Kiew.

Selbst wenn es gelänge, wie es offenbar manchem vorschwebt, zwischen den Teilnehmern der Europäischen Währungsunion eine Art *»Konditionenkartell«* hinsichtlich Lohnko-

---

8 Vgl. Institut der Deutschen Wirtschaft: Lohnpolitik in der Europäischen Währungsunion. Gutachten im Auftrag der Europäischen Kommission, Köln 1994.

9 Vgl. R.B. Reich: Die neue Weltwirtschaft. Das Ende der nationalen Ökonomie, Frankfurt 1993. Reich arbeitet einerseits heraus, daß es die abgrenzbaren nationalen Volkswirtschaften immer weniger gibt, andererseits betont er die Notwendigkeit, daß ein Land in der Lage sein muß, das weltweit nach der höchsten Rendite suchende Kapital in hinreichendem Umfang in seine Grenzen zu ziehen. Er arbeitet klar heraus, daß der größere Teil der Arbeitsplätze weltweit und unvermeidlich unter einen gnadenlosen Kostenwettbewerb gerät, und er betont die Notwendigkeit, zur Stärkung des Standorts in die »nicht-transportablen Teile der Volkswirtschaft, nämlich Qualifikation und Wissen einerseits, Infrastruktur andererseits zu investieren, s. insb. S. 294 ff.

sten und übriger Standortbedingungen zu schließen, um innereuropäische Standortkonkurrenz zu verhindern – selbst in diesem Falle würde die Konkurrenz aus Tschechien, Thailand oder China ungehemmt weiter wirken, es sei denn, man zöge ein Art chinesische Mauer um die Europäische Währungsunion. Aber das kann niemand wollen. Allerdings gibt es in diesem Punkte auch unterschwellig unterschiedliche Grundeinstellungen zwischen Frankreich und Deutschland.[10]

Man würde jedoch der Währungsunion einen Bärendienst erweisen, sähe man sie als Vereinigung zur Verteidigung bequemer europäischer Verhältnisse gegen den Rest der Welt. Sie sollte eher als Chance begriffen werden, durch Verschärfung des innereuropäischen Wettbewerbs feste Strukturen aufzubrechen und den Standort Europa im Vergleich zu den großen Konkurrenten wieder wettbewerbsfähiger zu machen.

---

10 K. Handschuch, F. Thelen: Erleuchtung zu Pfingsten, Wirtschaftswoche vom 4. Juli 1996.

12. Finanzpolitik in der Währungsunion

Die Diskussion der Konvergenzkriterien in Kapitel 6 hatte mit der Feststellung geendet, daß die dritte Stufe der Währungsunion voraussichtlich mit Deutschland, Frankreich, den Benelux-Ländern, Österreich, Dänemark und Irland beginnen werde. Dieser hier als Euro 8 bezeichnete Währungsraum läge – mit Ausnahme des belgischen Schuldenstandskriteriums – bei den fiskalischen Konvergenzkriterien relativ dicht beieinander. Für weitere Mitglieder des Euro-Raumes zu einem späteren Zeitpunkt wird unterstellt, daß sie bis zum Eintritt in die Währungsunion die Bedingungen fiskalischer Konvergenz in etwa erfüllt haben.

Der Ausschluß aus der Währungsunion bis zur Erreichung eines befriedigenden fiskalischen Konvergenzgrades wirkt zweifelsohne als mächtige Sanktion und als starker Antrieb für solides finanzpolitisches Verhalten. Mit der Aufnahme in die Währungsunion entfallen allerdings sowohl Sanktionsmöglichkeiten als auch der weitere Stabilitätsantrieb, denn die Beteiligung an der Währungsunion ist grundsätzlich unkündbar und unwiderruflich.[1]

Dafür beginnt mit Einführung der einheitlichen Währung ein anderer mächtiger Sanktionsmechanismus, den Olaf Sievert, Präsident der Landeszentralbank von Sachsen und Thüringen, plastisch beschrieben hat, nämlich, »daß in Europa künftig gelten wird: Ein Staat verschuldet sich in einem Geld, das er selbst nicht herstellen kann. Der Staat kann nicht mehr die Notenpresse anwerfen, Inflation auslösen und sich auf diese

---

1 Die vom Bundesverfassungsgericht gesehene Austrittsmöglichkeit bezieht sich auf den Fall eines grundsätzlichen Scheiterns der Währungsunion in bezug auf das Stabilitätsziel (vgl. Kapitel 8).

Weise praktisch real entschulden.«[2] Wer immer Schulden macht, kann sie künftig nicht mehr über die Geldentwertung auf die Allgemeinheit abladen. Sievert sieht deshalb eine möglicherweise unsolide Finanzpolitik einzelner Mitgliedstaaten nicht als für die Währungsunion besonders einschneidendes Problem.

Tabelle 23: *Voraussichtlicher Erfüllungsgrad der fiskalischen Konvergenzkriterien*

Erfüllungsgrad = Schwellenwert / erreichten Wert	Finanzierungssaldo - in v.H. des BIP- 1996		Schuldenstandsquote - in v.H. des BIP- 1996	
	Wert	Erfüllungsgrad	Wert	Erfüllungsgrad
WWU-Schwellenwert	-3	100	60	100
INs				
Belgien	-3,2	93,8	133,7	44,9
Dänemark	-0,9	erfüllt	71,9	83,4
Deutschland	-3,9	76,9	58,1	erfüllt
Frankreich	-4,2	71,4	52,4	erfüllt
Irland	-2,0	erfüllt	85,5	70,2
Luxemburg	0,7	erfüllt	5,9	erfüllt
Niederlande	-3,5	85,7	79,0	75,9
Österreich	-4,6	65,2	69,4	86,5
gewichteter Durchschnitt der angenommenen Teilnehmerländer	-3,8	78,6	63,2	94,9
OUTs				
Großbritannien	-4,4	68,2	54,0	erfüllt
Finnland	-3,3	90,9	59,6	erfüllt
Griechenland	-8,1	37,0	111,5	53,8
Italien	-6,3	47,6	124,8	48,1
Portugal	-4,4	68,2	71,6	83,8
Schweden	-5,2	57,7	79,9	75,1
Spanien	-4,8	62,5	65,7	91,3
gewichteter Durchschnitt der angenommenen Nicht-Teilnehmerländer	-5,2	57,5	83,2	72,1

Quellen: BIZ, Europäische Kommission, EWI, OECD und nationale Statistiken; eigene Berechnungen

---

2 Sächsische Zeitung vom 25./26. Mai 1996.

Ganz anders urteilt sein Kollege Otmar Issing im Bundesbankdirektorium, wie Sievert ein eher konservativer Ökonom und ehemaliger Professor der Volkswirtschaftslehre. Er fordert bei unsolider Haushaltspolitik einzelner Mitgliedsländer »automatische, spürbare und deshalb präventiv wirkende Sanktionen.«[3] Mit seiner Warnung vor den finanzpolitischen Risiken der Währungsunion ohne spezielle Sanktionsmechanismen vertritt er die Mehrheitsmeinung der deutschen Finanzwissenschaftler, daß »sowohl automatisch über Märkte ablaufende Anpassungen als auch eine freiwillige Kooperation unter den autonomen Ländern der Währungsunion skeptisch zu beurteilen sind.«[4] Etwas ernüchternd ist es da, daß die Wirtschaftstheorie große Schwierigkeiten hat, die Auswirkungen unterschiedlicher Fiskalpolitik in einer Währungsunion überhaupt theoretisch abzubilden.[5]

Zur Wirkung automatischer Stabilisatoren auf das Verschuldungsverhalten

In der Wirtschaftsgeschichte waren Staatsbankrott und Währungsverfall fast immer eng miteinander verbunden. Der klassische Ablauf: Ein Staat, der sein Ausgabeverhalten nicht mehr beherrscht oder dessen Einnahmequellen verfallen, nutzt sein Währungsmonopol, um durch Geldvermehrung seinen Ausgabebedarf zu decken. Dies endet dann irgendwann in der Ent-

---

3 Chaos oder Glückseligkeit, Interview mit der Wirtschaftswoche vom 15. August 1996.
4 A. Radü: Fiskalpolitik in einer EG-Währungsunion, Frankfurt 1994, S. 268 sowie die dort zitierte Literatur.
5 Schon im einfachen Zwei-Länder-Modell liefern theoretische Untersuchungen bei realitätsgerechten Annahmen keine eindeutigen Ergebnisse mehr. Vgl. S. Feuerstein, J. Siebke: Wechselkursunion und Stabilitätspolitik, Zeitschrift für Wirtschafts- und Sozialwissenschaften 1990, S. 359 ff. Vgl. auch H.-J. Jarchow: Fiskalpolitik in einer Währungsunion, Finanzarchiv, N.F., 1994, S. 187 ff.

schuldung des Staates und der Enteignung der Geldvermögens-besitzer durch Hyperinflation sowie in einer Währungsreform. Ob es sich um die Ausgabe schlechter Münzen in der Spätphase des Römischen Reiches, um die Assignaten nach der französischen Revolution, um die Kriegsfinanzierung im 1. oder 2. Weltkrieg oder um die Rubelvermehrung nach dem Ende der Sowjetunion handelt: Stets ging es um einen grundsätzlich ähnlichen Ablauf.

Deshalb stehen – völlig zu Recht – institutionelle Regeln zur sinnvollen Begrenzung und Steuerung der staatlichen Geld-schöpfung im Mittelpunkt der meisten Grundsatzüberlegungen im Schnittpunkt zwischen Geldpolitik und Staatsverschuldung.

Vor dem 1. Weltkrieg lag diese institutionelle Sicherung im Goldstandard, heutzutage liegt sie in der Unabhängigkeit der Notenbanken, verbunden mit der Verpflichtung auf das Ziel der Geldwertstabilität. Die gegenwärtig häufigste Ausprägung dieser Sicherung ist die Orientierung der Notenbankpolitik an einer potentialorientierten Geldmengensteuerung.

Sofern eine Notenbank an einer potentialorientierten Geld-mengenpolitik festhält, kann sich übermäßige Staatsverschul-dung – so die Theorie – »nur« in steigenden Zinsen, Verdrän-gung privater Investitionen, steigender Spareigung bzw. fal-lenden privaten Investitionen niederschlagen, nicht aber in einer geldschöpfungsbedingt steigenden Inflation.

Als »Stabilisatoren« und korrektive Elemente des staatli-chen Ausgabeverhaltens wirken im zitierten Denkmodell der durch die steigenden Zinsen bewirkte Druck auf Wirtschaftsla-ge und Staatseinnahmen einerseits sowie der durch die wach-sende Zinsausgabenquote verstärkte »Leidensdruck« auf der Ausgabenseite des Staatshaushalts andererseits.

Theoretisch begünstigen diese Stabilisatoren eine »weiche Landung« des in eine finanzielle Schieflage geratenen öffentli-chen Haushalts, falls die politisch Handelnden die von Kapi-talmarkt, Haushaltsstruktur und Wirtschaftslage erhaltenen

Signale richtig interpretieren und in Richtung Konsolidierung umsteuern. Zu fragen ist nur:

(1) Löst übermäßige Staatsverschuldung bei potentialorientierter Geldpolitik stets zuverlässig die Signale Zinsanstieg und Rezession aus?

(2) Wenn ja, werden hierdurch genügend Handlungskräfte freigesetzt?

(3) Falls die Fragen (1) und/oder (2) verneint werden, gibt die durch die übermäßige Verschuldung bewirkte Verschlechterung der Haushaltsstruktur einen hinreichenden Anstoß zur finanzpolitischen Umkehr?

Zu (1):

Das Problem beginnt bereits bei der Diagnose, wann eine Staatsverschuldung als übermäßig anzusehen ist. Es besteht heute weitgehende Einigkeit, daß angesichts der Ergiebigkeit des Weltkapitalmarktes kapitalmarktbedingte Engpässe die Verschuldung eines halbwegs kreditfähigen Staatswesens kaum noch begrenzen. Die Finanzpolitik der achtziger Jahre in den USA, Belgien, Italien oder Schweden mag hier als Beispiel dienen. Notfalls nimmt man zu etwas höheren Zinsen Fremdwährungsanleihen auf.

Wenn die Bundesbank die deutsche Finanzpolitik als unsolide empfand, hat sie folglich in ihrer Geldpolitik stets in sehr pointierter Weise reagiert und die Zinswirkung quasi administrativ – über die unmittelbaren geldpolitischen Notwendigkeiten hinaus – hergestellt. Die zügelnde Wirkung auf die Finanzpolitik entstand aber gleichwohl in Deutschland mehr dadurch, daß die geldpolitischen Maßnahmen als moralische Maßregelung der Politik empfunden wurden denn durch das Zinsniveau selber. Dies wird in einer europäischen Währungsunion ähnlich sein, was aber auch bedeutet, daß die Geldpolitik der EZB *einzelne* Fiskalsünder nicht durch höhere Zinsen »bestrafen« kann.

Auch auf die Rezessionsbremse ist nur bedingt Verlaß, denn der Zusammenhang zwischen Verschuldung, Zinsniveau und Konjunktur wirkt bereits auf der bisherigen Ebene nationaler Geldpolitik im wesentlichen im weltwirtschaftlichen Maßstab. Es gibt keine für den üblichen zeitlichen Horizont der Politik hinreichend kurzfristige Rückmeldung zwischen nationalem haushaltspolitischem Fehlverhalten, europäischer Geldpolitik und nationaler Konjunkturlage. Bisher schon hatte die ständige kommentierende Begleitung der nationalen Finanzpolitik durch internationale Organisationen, aber auch durch als neutral angesehene Wirtschaftsforschungsinstitute oder durch den Sachverständigenrat eine nicht zu unterschätzende Disziplinierungswirkung. Die Bedeutung solcher Disziplinierungsfaktoren wird in einer europäischen Währungsunion noch steigen.

Für ein föderativ aufgebautes Staatswesen galt bisher schon, daß die Zins- und Rezessionswirkung übermäßiger Staatsverschuldung, sofern sie überhaupt feststellbar ist, im Sinne eines nachvollziehbaren feed back zum eigenen stabilitätswidrigen Verhalten nur auf der nationalen Ebene fühlbar ist, nicht aber auf der Ebene der Gliedstaaten oder Gemeinden. Das wird in ähnlicher Weise in einer Europäischen Währungsunion der Fall sein

Konkretes Beispiel: Der Landeshaushalt des Bundeslandes Rheinland-Pfalz hat an den gesamten Staatsausgaben der Bundesrepublik Deutschland einen Anteil von 2 Prozent. Von daher ist klar, daß die Haushaltspolitik z.B. dieses Bundeslandes isoliert betrachtet keine meßbaren Auswirkungen auf Zinsniveau und Wirtschaftsentwicklung des Gesamtstaates haben kann.

Auf EU-Ebene wiederum hat z.B. der italienische Staatshaushalt lediglich einen Anteil von 13,6 Prozent an den gesamten Staatsausgaben in der EU. Stabilitätswidriges Ausgabeverhalten der italienischen Regierung wirkt sich deshalb, solange es nicht exorbitante Formen annimmt, kaum durchschla-

gend auf die gesamten Kredit-, Kapitalmarkt- und Zinsverhält-
nisse in einer Europäischen Währungsunion aus.

Zu (2):
Wenn also die Zins- und Rezessionswirkungen übermäßiger
Staatsverschuldung keineswegs zuverlässig eintreten, so wird
die Sensibilität der Entscheidungsträger für solche Wirkungen
umso wichtiger. Die Erfahrung sagt jedoch leider, daß solche
Sensibilität keineswegs als sicher vorausgesetzt werden kann
bzw. im entscheidenden Moment hinter andere Überlegungen
zurücktritt.

Das Wesen des politischen Prozesses besteht in der Defini-
tion der Entscheidungsnotwendigkeiten und in der zeitlichen
und sachlichen Strukturierung der Entscheidungsabläufe. Dabei
geht es stets auch um die Produktion von Konsens – nicht nur
im Kreis der an der Entscheidung Beteiligten, sondern auch in
Blickrichtung auf die sozialen Gruppen, Wähler und Interes-
senten, denen sich die Entscheidenden verpflichtet fühlen. Der
Wunsch nach Zustimmung, Kompromiß, Befriedung und zumindest zeitweiliger Befreiung vom Problemdruck führt regelmäßig dazu, daß man versucht, »entweder/oder-Entscheidun-
gen« zu vermeiden und stattdessen »sowohl/als auch-Ent-
scheidungen« zu treffen.

Dies wird immer dann zum Problem, wenn es um die Verteilung knapper Ressourcen, insbesondere also um Finanzfragen geht. Das Arsenal der Verschleierungs-Instrumente zur
Herstellung eines sowohl/als auch-Konsenses, wenn eine ent-
weder/oder-Entscheidung angebracht wäre, ist riesengroß:
- Unterveranschlagung,
- fehlende oder unvollständige Folgekostenberechnungen,
- Teilgenehmigungen, die eine nicht offenbarte Entscheidung
  in der Hauptsache bedeuten,
- Grundsatzentscheidungen, die erst einige Jahre später ko-
  stenwirksam werden,

250

- Globaleinsparungen, die wegen fehlender Entscheidung in der Sache nicht umsetzbar sind,
- überhöhte Einnahmeschätzungen etc.

Es ist ein entscheidendes Indiz für die Handlungsfähigkeit von Politik, ob es ihr gelingt, diesen Versuchungen zumindest teilweise zu entgehen.

Eine besondere finanzpolitische Brisanz erhält jedoch *die der Politik immanente Tendenz zur Problemverdrängung* aus dem Umstand, daß es keine allgemeine Theorie des Staatsdefizits gibt, aus der sich hinreichend konkrete Handlungsanweisungen ableiten ließen. Mit etwas Formulierungskunst und ökonomischer Halbbildung läßt sich auch in der tiefsten Defizitkrise noch immer eine »keynesianische Situation« entdecken, die ein »entschlossenes Gegensteuern« des Staates im Sinne von mehr Ausgaben oder der Verhinderung weiterer Einsparungen zum Wohle des Ganzen notwendig macht, zumindest aber Argumente zur Bekämpfung der vorgeschlagenen »falschen« Einsparungen liefert.

Weil die Volkswirtschaftslehre im strengen Sinne keine exakte Wissenschaft ist, findet nahezu jeder denkbare finanzpolitische Kurs notfalls auch Unterstützung durch einige Stimmen, die im Expertenrufe stehen.

Man kann sich also keineswegs darauf verlassen, daß die Zins- und Rezessionswirkungen übermäßiger Staatsverschuldung, sofern sie eintreten, genügend Kräfte zum finanzpolitischen Gegensteuern freisetzen. Unter den OECD-Staaten haben für die fehlende Kraft zum Gegensteuern die USA – in den achtziger Jahren – und Italien – seit Beginn der OECD – die anschaulichsten Beispiele geliefert. Beide Länder sind aber auch Beispiele dafür, daß letztlich nicht objektive Zwänge, sondern der Gegenwind der öffentlichen Meinung zu einer merklichen Verstärkung der Konsolidierungsbemühungen geführt haben.

Zu (3):
Es verbleibt also als Bremse gegenüber einer übermäßigen Staatsverschuldung neben der Furcht vor der öffentlichen Meinung im wesentlichen die Furcht vor der hierdurch bewirkten Verschlechterung der Haushaltsstruktur. Das ist nicht nur die einzige halbwegs sicher zu beurteilende, sondern auch die am ehesten vermittelbare Wirkung. Diese Wirkung soll an zwei Beispielen – der Haushalt eines deutschen Bundeslandes und der Haushalt eines EU-Mitgliedslandes – näher untersucht werden.

Rechenexempel Rheinland-Pfalz

1970 gab Rheinland-Pfalz 2,9 Prozent seiner Ausgaben für den Zinsendienst aus. 1995 waren es 8,5 Prozent. Die Zinsausgabenquote des Jahres 1970 hätte dem Land 1995 einen zusätzlichen Spielraum von knapp 1,1 Mrd. DM gebracht – kein Pappenstiel, wenn man bedenkt, daß die Gesamtausgaben für die Hochschulen des Landes 1995 ebenfalls 1,1 Mrd. DM betrugen.

Für die Finanzlage deutscher Bundesländer gilt: Da der bundesstaatliche Finanzausgleich auf der Einnahmeseite die Finanzkraftunterschiede zwischen den Bundesländern (ohne Gemeinden) weitestgehend beseitigt, ist die Zinsbelastung heute zum entscheidenden Unterscheidungsmerkmal zwischen »reichen« und »armen« Länderhaushalten geworden. Beispielsweise liegt die pro Kopf der Einwohner gerechnete Verschuldung des bayerischen Landeshaushalts und damit auch seine relative Zinsbelastung lediglich bei der Hälfte des rheinland-pfälzischen Niveaus.

Allerdings gilt auch: Wäre in Rheinland-Pfalz die Zinsausgabenquote des Jahres 1970 stabil gehalten worden, so hätte der Zuwachs des Schuldenbestandes im Durchschnitt der 23 Jahre von 1970 bis 1993 niemals höher sein dürfen als der Zuwachs der Ausgaben insgesamt. Bezogen auf den Schuldenumfang, der mit 2,9 Prozent Zinsausgabenquote finanzierbar ist, bedeutet diese Entscheidungsregel, daß der Finanzierungssaldo im Jahre 1993 lediglich 300 Mio. DM hätte betragen dürfen statt der tatsächlich eingetretenen 1,3 Mrd. DM.

Bei einer Finanzpolitik in Rheinland-Pfalz, die seit 1970 eine Konstanz der Zinsausgabenquote zur Richtgröße ihrer Politik gemacht hätte, wären einerseits 1993 die Zinsausgaben im Vergleich zur tatsächlich betriebenen Politik um knapp 1,2 Mrd. DM niedriger gewesen, andererseits hätte auch das Ausgabenniveau des Jahres 1993 um rd. 1 Mrd. DM niedriger liegen müssen.

Beide Ausgabenpfade hätten also für 1993 nach Abzug der Zinsausgaben in etwa die gleichen Ausgabemöglichkeiten ergeben. Im Verlauf der 23 Jahre aber hat natürlich der expansivere Ausgabenpfad durch die Verschuldung zusätzliche Ausgabemöglichkeiten gebracht. Der Preis dafür ist die aus der höheren vergangenen Verschuldung zu tragende höhere künftige Zinsbelastung.

Rechenexempel Italien

Was also, so wird immer wieder gefragt, geschieht denn, wenn sich öffentliche Haushalte in der Europäischen Währungsunion finanziell unsolide verhalten.

Dies soll am konkreten Beispiel des italienischen Staatshaushalts durchgespielt werden. (Nur) zu diesem Zwecke wird unterstellt, daß Italien

- mit den fiskalischen Eckwerten des Jahres 1995 in die Währungsunion aufgenommen wird,
- auf neue oder umgeschuldete Schulden entsprechend dem angenommenen Zinsniveau im Euro-Raum nur noch Zinsen von 7 % zahlt,
- daß die italienischen Steuereinnahmen entsprechend dem bei stabilitätsorientierter europäischer Geldpolitik niedrige-

ren Wachstum des nominalen Sozialprodukts nur noch um 5 % pro Jahr wachsen,

- die italienischen Staatsausgaben aber entsprechend den alten Gewohnheiten um jährlich 8 % zunehmen.

Schaubild 26: *Auswirkungen solider und unsolider Finanzpolitik in der Währungsunion am Beispiel Italiens Zinsausgaben des Staates im Verhältnis zum Bruttoinlandsprodukt*

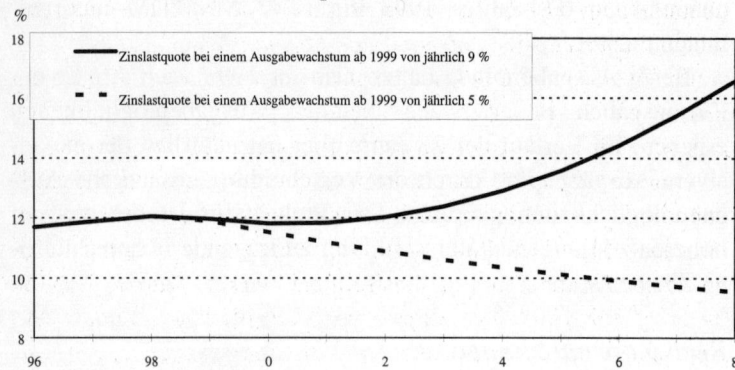

Annahmen: Einnahmewachstum ab 1999 p.a. 5 %, Ausgabewachstum ab 1999 p.a. 5 % bzw. 9 %, Zinsniveau ab 1999: 7 %
1999-2008: jährlich Umschuldung eines Zehntels der Staatsschuld von 1998 auf das neue niedrigere Zinsniveau
1996-1998 Forschreibung der Daten der Stützungsperiode 1990-1995
Quelle: Europäische Wirtschaft 60; eigene Berechnungen

Ergebnis: Die Zinslastquote – hier gemessen als Anteil der staatlichen Zinsausgaben am Bruttoinlandsprodukt – unterliegt zwei unterschiedlichen Einflüssen. Einerseits ist das Zinsniveau in der Währungsunion deutlich niedriger, andererseits steigen die italienischen Staatsschulden weitaus stärker als das Sozialprodukt. Bei fortgesetzt unsolider Politik entsprechend dem beschriebenen Ausgabenpfad hätte der Effekt steigender Staatsverschuldung die Wirkung des in der Währungsunion

254

niedrigeren Zinsniveaus bereits sehr schnell überkompensiert. Bei gleichwohl unverändertem Ausgabenkurs würde italienische Finanzpolitik im Verlauf eines Jahrzehnts in eine finanzielle Katastrophe bisher unbekannten Ausmaßes geraten, weil der Inflationsmechanismus zur Milderung der Folgen hoher Staatsverschuldung nicht mehr zur Verfügung steht.

Es steht aber nicht zu erwarten, daß ein solches Ausgabe- und Verschuldungsverhalten des italienischen Staates an den Kapitalmärkten ohne Folgen bliebe. Insbesondere dann, wenn überstaatliche Hilfen für einen in die Krise geratenen italienischen Staatshaushalt ausgeschlossen werden können (siehe weiter unten), würden Anzeichen, daß Italien seine staatlichen Finanzprobleme nicht meistert, relativ schnell zu einem Risiko-Zuschlag für Euro-Anleihen des italienischen Staates führen.[6]

Dagegen ist nicht zu erwarten, daß eine übermäßige Schuldenpolitik des italienischen Staatshaushalts oder eines anderen einzelnen Mitgliedslandes – für sich genommen – in der europäischen Währungsunion zinstreibend wirken würde. Tabelle 24 zeigt für 1995 die Anteile der verschiedenen Länder am gesamten Schuldenstand und der Neuverschuldung des öffentlichen Sektors in der EU. Danach könnte kein einzelnes Land, nicht einmal Deutschland, für sich genommen durch sein Verschuldungsverhalten einen entscheidenden Einfluß auf den Kapitalmarkt im EU-Währungsraum ausüben. So betrug selbst das hohe italienische Defizit 1995 lediglich 22 % des gesamtstaatlichen Defizits in der EU.

Da schon auf nationaler Ebene der Zusammenhang zwischen Zinsniveau und Inflationsrate einerseits und dem Staatsdefizit andererseits keineswegs immer eindeutig und stabil ist, wären die Kausalitäten im größeren EU-Währungsraum noch

---

6 Dies zeigt schon das sehr unterschiedliche Rating öffentlicher Schuldner in der EU. Vgl. Die besten Noten für Deutschland und Frankreich. Eine Bonitätsumfrage der BIZ für die Währungsunion, Frankfurter Allgemeine Zeitung vom 26. August 1996.

ungewisser. Im Falle Italiens kommt hinzu, daß das Land eine traditionell hohe Sparquote aufweist und im Unterschied etwa zu den USA oder England seine Defizite in der letzten Zeit stets aus dem internen Sparaufkommen finanzieren konnte.

Tabelle 24: *Anteile an der Neuverschuldung und Schuldenstand des öffentlichen Sektors in der Europäischen Gemeinschaft 1995*

| | Anteil an | |
| | der Neuverschuldung | der konsolidierten Bruttostaatsschuld |
	der EU in v.H.	
Belgien	3,0	6,2
Dänemark	0,9	2,2
DEUTSCHLAND	13,5	23,9
Griechenland	3,3	2,1
Spanien	8,7	6,0
Frankreich	19,8	13,2
Irland	0,5	0,9
Italien	21,9	22,2
Luxemburg	0,0	0,0
Niederlande	3,3	5,2
Österreich	2,8	2,6
Portugal	1,6	1,3
Finnland	1,7	1,4
Schweden	5,2	3,1
Großbritannien	14,0	9,6
Europa der 15	100,0	100,0

Quelle: Europäische Wirtschaft 60; eigene Berechnungen

Grundsätzlich gilt:
- Einerseits beeinflußt jeder Partner am Kapitalmarkt durch sein Verhalten indirekt das gesamtwirtschaftliche Zinsniveau sowohl im eigenen Währungsraum als auch darüber hinaus.

256

- Andererseits findet die Disziplinierung des einzelnen Schuldners durch die Differenzierung des speziell von ihm je nach Risikolage geforderten Zinssatzes statt.[7]

Damit diese Differenzierung und damit Disziplinierung aber auch wirksam erfolgt, muß völlig klar sein, daß ein Mitgliedstaat der Währungsunion bei der Bedienung seiner Schulden nicht zu höheren Mächten – sprich der Solidarität der EU oder der EU-Länder – Zuflucht nehmen kann.

Der italienische Staat stünde demnach in einer Währungsunion wie alle potentiell finanziell unsoliden Mitgliedsländer vor der Notwendigkeit umfassender Verhaltensänderungen, um zu vermeiden, daß die nationalen Anleihen gegenüber dem durchschnittlichen Zinsniveau in der Währungsunion mit Risikozuschlägen gehandelt werden. Unterschiedlich hohe Zinsniveaus für Staatsanleihen können in der Währungsunion sehr schnell auch zu einem Prestigefaktor für die Regierungen werden, wenn Risikozuschläge für Staatsanleihen von der eigenen Bevölkerung als negatives Urteil über die Finanzpolitik der Regierung gewertet werden. Keine Regierung setzt sich dem gerne aus. Die fehlende Möglichkeit, die Lasten der Verschuldung durch eine entsprechend lockere Geldpolitik mit etwas Inflation zu erleichtern, kommt erschwerend hinzu.

Gleichzeitig beschränkt der Konkurrenzdruck in einer Währungsunion, der aufgrund der Vergleichbarkeit der Kostenstrukturen deutlich zunimmt, die Möglichkeiten finanziell unsolider Staaten, ihre Probleme durch eine höhere Steuerbelastung zu lösen.

Wenn also eine staatliche Finanzkrise nicht zu einer dauerhaften und erheblichen Beeinträchtigung der staatlichen Handlungsmöglichkeiten und damit zu einer Gefährdung der jeweils

---

7 Vgl. C. Fuest: Budgetdefizite in einer Europäischen Währungsunion: Bedarf es gemeinsamer Verschuldungsregeln? Zeitschrift für Wirtschaftspolitik, Jg. 42 (1993), S. 128, sowie die dort zitierte Literatur.

amtierenden Regierung führen soll, ist eine hinreichend solide Finanzpolitik relativ zwingend. Voraussetzung ist allerdings, daß nicht die geringste Hoffnung auf ein »bailing out« durch die EU oder die Partnerstaaten besteht.

Bedeutung des »no bailout«

Es gibt solidarische und weniger solidarische föderative Finanzverfassungen. Entscheidend für ihre Funktionsfähigkeit ist stets, daß die finanzielle Letztverantwortung und die finanzpolitische Entscheidungskompetenz nicht auseinanderfallen dürfen.

So ergibt sich aus der finanziellen Letztverantwortung der deutschen Bundesländer für die Finanzen der kommunalen Selbstverwaltungskörperschaften zwingend die Möglichkeit – ja auch die Pflicht –, durch bindende Vorgaben der Kommunalaufsicht die Verschuldungsmöglichkeit der Kommunen auf ein tragbares Ausmaß zu begrenzen.

Dagegen sind die deutschen Bundesländer, wie es ihrem Staatscharakter entspricht, nach Art. 109 Abs. 1 GG in ihrer Haushaltsführung grundsätzlich frei. Gewisse sehr allgemeine Vorgaben enthält das Haushaltsgrundsätzegesetz des Bundes von 1969, z.B. daß das Defizit nicht höher sein soll als die Investitionen. Aber auch dies ist letztlich eine Gummi-Klausel. Auch die Beschlüsse des Finanzplanungsrates zur Entwicklung der öffentlichen Haushalte haben lediglich empfehlenden Charakter.

Das Beispiel Deutschland

Tabelle 25 zeigt, daß die Schulden der deutschen Bundesländer seit 1970 erheblich angestiegen sind, und daß sich zudem im Vergleich der verschiedenen Bundesländer eine erhebliche Auseinanderentwicklung der Haushaltseckwerte gegeben hat.

Tabelle 25: *Schuldenstand der Flächenländer (West) in*
Deutschland 1980 und 1995
– in v.H. der Steuereinnahmen –

	1980 Mrd. DM	Abweichung in v.H. des Länderdurchschnitts	1995 Mrd. DM	Abweichung in v.H. des Länderdurchschnitts
Baden-Württemberg	82,9	- 12,5	124,0	- 22,6
Bayern	59,7	- 37,0	64,1	- 60,0
Hessen	107,6	+ 13,5	158,5	- 1,0
Niedersachsen	130,6	+ 37,9	219,5	+ 37,1
Nordrhein-Westfalen	84,9	- 10,4	184,8	+ 15,4
Rheinland-Pfalz	126,8	+ 33,8	212,0	+ 32,4
Saarland	177,6	+ 87,4	405,3	+ 153,2
Schleswig-Holstein	164,8	+ 73,9	261,8	+ 63,5
Durchschnitt	94,8		160,1	

Quelle: Finanzberichte NRW 1993 bis 1996; eigene Berechnungen

Diese besorgniserregende Auseinanderentwicklung hat im wesentlichen zwei Ursachen:

1. Die Bundesländer haben aufgrund der Bundeskompetenz für die Steuergesetzgebung und der bundeseinheitlichen gesetzlichen Leistungsstandards auf den meisten Gebieten staatlicher Tätigkeit nur relativ bescheidene Möglichkeiten zur eigenverantwortlichen Gestaltung ihrer Haushalte, so daß es schwierig ist, eine einmal aufgelaufene Mehrbelastung durch Einsparungen oder Mehreinnahmen wieder auszugleichen.

2. Die Bundesländer haben relativ geringe Anreize für unpopuläre fiskalische Anstrengungen. Einerseits führt der bundesstaatliche Finanzausgleich im Ergebnis zu einer weitgehenden Gleichverteilung der Steuereinnahmen zwischen reichen und armen Ländern. Andererseits hat es für trotzdem in eine finanzielle Schieflage geratene Länder letztlich immer noch ein »bailing out« durch entsprechende Hilfen des Bundes gegeben, sei es durch die allgemeinen Regelungen für den bundesstaatlichen Finanzausgleich, sei es durch

Sondermaßnahmen, wie seit 1993 für das Saarland und Bremen.

Das Beispiel USA

Ganz anders dagegen die Verhältnisse in den USA[8]:
- Es gibt keinen allgemeinen bundesstaatlichen Finanzausgleich.
- Für etwa in Finanznot geratene Bundesstaaten gibt es kein »bailing out« durch die Bundesregierung. In der amerikanischen Verfassung fehlt selbst eine allgemeine Solidaritätsklausel wie in Artikel A des Vertrages über die Europäische Union.[9]
- Es gibt für die Bundesstaaten wesentlich mehr Gestaltungsfreiheiten auf der Einnahmen- und Ausgabenseite.

Ergebnis: Wie Tabelle 26 zeigt, liegt das gesamtstaatliche Defizit in den USA ausschließlich beim Bundeshaushalt. Bundesstaaten, Gemeinden und Sozialversicherung haben dagegen Überschüsse und sogar beträchtliche Nettozinseinnahmen.

Die US-Bundesstaaten und die Gemeinden wissen aus 200jähriger Erfahrung, daß sie für ihre Schulden selbst verantwortlich sind, und die Wähler wissen das auch. Außerdem akzeptieren alle, daß es im einheitlichen Währungsraum USA sehr große Unterschiede der finanziellen Leistungsfähigkeit der Bundesstaaten und deshalb auch des staatlichen Leistungsniveaus gibt. Schließlich wissen alle, daß der einzelne Bundesstaat Zinsniveau oder Inflationsrate weder direkt noch indirekt beeinflussen kann. Im Endergebnis entspricht deshalb das Verschuldungsverhalten der amerikanischen Gebietskörperschaften unterhalb der Bundesebene dem von Privatleuten oder

---

8 Vgl. J. von Hagen: Monetäre, fiskalische und politische Integration: Das Beispiel der USA, Deutsche Bundesbank, Auszüge aus Presseartikeln vom 10. November 1995, S. 13 ff.

9 Vgl. Ebenda, S. 17.

privatwirtschaftlichen Unternehmen: Man weiß, daß man für die eigenen Schulden aufzukommen hat und richtet sich entsprechend ein.

Tabelle 26: *Haushaltseckwerte der USA 1995*

	Gesamthaushalt	Bundeshaushalt	Bundesstaaten, Gemeinden und Sozialversicherungen
Ausgaben			
in v.H. des BIP	33,3	21,7	11,6
in Mrd. US-$	2.243,5	1.462,0	781,5
Defizit (-) / Überschuß (+)			
in v.H. des BIP	-2,0	-2,3	0,3
in Mrd. US-$	-134,7	-155,0	20,2
in v.H. des Haushaltsvolumens	-6	-11	3
Nettozinsausgaben (+); Nettozinseinnahmen (-)			
in v.H. des BIP	2,3	3,3	-1,0
in Mrd. US-$	155,0	222,3	-67,4
in v.H. des Haushaltsvolumens	7	15	-9

Quelle: OECD Economic Outlook 59; OECD Economic Survey Nov. 1995; eigene Berechnungen

Für die Finanzpolitik im Euro-Raum läßt sich hieraus als Lehre ziehen. Die Mitgliedsländer werden umso eher eine selbstverantwortliche und damit stabilitätsgerechte Finanzpolitik treiben,

- je klarer ihnen ist, daß sie auf Zinsniveau und Inflationsrate keinen Einfluß nehmen können,
- je geringer der Einfluß der EU auf die Einnahmeseite, insbesondere auf das nationale Steuerrecht und auf Leistungstatbestände der Ausgabenseite ist,
- je eindeutiger jedwede Hoffnung auf direkte oder indirekte Hilfen der EU bei finanziellen Notlagen ausgeschlossen werden kann.

Sie werden andererseits umso eher ihrem unterschiedlich ausgeprägten Hang zu nationaler Defizitwirtschaft nachgeben,

- je mehr sie auf eine am Ende nachgiebige Geldpolitik hoffen können,
- je mehr ihre Einnahmen und Ausgaben durch EU-Vorschriften beeinflußt und sie insoweit der Selbstverantwortung enthoben sind,
- je mehr sie auf Hilfen unmittelbar durch die EU oder durch zwischenstaatliches Finanzausgleichssystem in der EU hoffen können.

Um es anders auszudrücken: Alle Vorstellungen für mehr finanzielle Solidarität in der EU – in Gestalt der Forderung nach einer Sozialunion, nach einem EU-weiten Finanzausgleich oder nach mehr finanziellen Mitteln für die Fonds der Gemeinschaft – bringen Risiken für die finanzielle Selbstverantwortung und damit für die Solidität der Finanzwirtschaft der Mitgliedstaaten mit sich.

Deshalb sollte gerade der Schritt in die einheitliche Währung mit solchen Elementen nicht belastet werden.

Sicherung solider Staatshaushalte durch verbindliche Vorgaben und Sanktionen?

Die im Maastricht-Vertrag enthaltenen Sanktionsmöglichkeiten gegen Mitgliedsländer (Art. 104 c Abs. 11) mit einem übermäßigen Defizit sind – wie bereits dargestellt – nicht nur inhaltlich schwach, sondern auch für das betroffene Land wenig bedrohlich. Außerdem ist das vorgesehene 10stufige Verfahren sehr zeitaufwendig und kann ohne weiteres 3 bis 4 Jahre in Anspruch nehmen.[10] Angesichts der üblichen politischen Abläufe und diplomatischen Rücksichtnahmen ist es zudem kaum wahrscheinlich, daß sich eine qualifizierte Mehrheit des Europäi-

---

10 R. Nahrendorf: Der Stabilitätspakt wird Biß haben, Handelsblatt vom 17. Juni 1996.

schen Rates jemals bei einer Haushaltsschieflage zu wirksamen Sanktionen gegen das betreffende Land durchringen wird (vgl. Kapitel 5).

Die wachsende öffentliche Kritik in Deutschland an den »zu weichen« Sanktionsregeln des Maastricht-Vertrages[11] hat zu Bestrebungen geführt, *vor* Eintritt in die dritte Stufe konkrete Sanktionsmechanismen für die Länder zu vereinbaren, die in der dritten Stufe übermäßige Defizite haben.

Deshalb schlug die Bundesregierung im Herbst 1995 vor, den Maastricht-Vertrag um einen »Stabilitätspakt«[12] zu ergänzen:

- Danach sollen alle Teilnehmer an der 3. Stufe der Währungsunion durch einen automatischen Sanktionsmechanismus verpflichtet sein, pro angefangenen Prozentpunkt der Überschreitung der Defizitgrenze eine unverzinsliche »Stabilitätseinlage« in Höhe von 0,25 % des BIP zu hinterlegen. Dies soll gelten für Haushaltsplanung und Haushaltsvollzug. Wenn also das öffentliche Defizit in Deutschland 4,2 % des BIP betrüge, so würde eine unverzinsliche Einlage von 16 Mrd. DM fällig.

- Die Einlage soll zurückgezahlt werden, wenn der Referenzwert nicht mehr überschritten ist, und in eine Geldbuße umgewandelt werden, wenn die Obergrenze nach zwei Jahren immer noch verfehlt ist.

Auch das hartnäckige Insistieren der Bundesregierung im weiteren Jahresverlauf 1996 brachte in bezug auf den angestrebten »Stabilitätspakt« lediglich Scheinerfolge. So soll das komplizierte Abstimmungsverfahren, das nach Art. 104 c des EG-Vertrages der Verhängung von Sanktionen gegenüber Mitgliedern mit übermäßigem Defizit vorangehen muß, zeitlich ge-

---

11 Vgl. z.B. Institut der Deutschen Wirtschaft: Stand des Konvergenzprozesses in Europa, in: IW-Trends 4/1995, S. 55.

12 Bundesministerium der Finanzen: Stabilitätspakt für Europa – Finanzpolitik in der dritten Stufe der WWU vom 10. November 1995.

strafft werden. Es hat aber bisher keine Einigung über eine Sanktions-Automatik gegeben, auch bleiben Ausnahmen weiterhin möglich.[13] Da der EU-Ministerrat die letzte Entscheidung trifft, bleib es auch dabei, daß, wie Hans Barbier schreibt, »Sünder über Sünder richten«, wobei »in aller Regel eine Absolution ohne Buße herauskommt.«[14]

Zwar fordert die Bundesregierung weiterhin eine vertragliche Verpflichtung mit automatischen Sanktionen für die Teilnehmer der dritten Stufe[15], aber es ist nicht erkennbar, welcher Hebel zur Umsetzung ihr nach der Zustimmung zum Maastricht-Vertrag noch zur Verfügung stehen könnte. *Jetzt* haben die Partner-Länder keinen Anlaß mehr, auf wirklich strikte Vorstellungen einzugehen. Am Ende wird man zwar der Bundesregierung durch eine Zusatzvereinbarung über einen »Stabilitätspakt« einen gesichtswahrenden Kompromiß ermöglichen. Zu einer Vereinbarung über wirklich fühlbare und deshalb Lenkungswirkung entfaltende automatische Sanktionen wird es jedoch nicht kommen.

Nicht sehr hilfreich für die Position der Bundesregierung sind auch die im September 1996 veröffentlichten recht freimütigen Äußerungen des ehemaligen Bundesbankpräsidenten Schlesinger, der 1990 den Maastricht-Vertrag mit ausgehandelt hatte. Mit der Unabhängigkeit des Pensionärs, der die Last der öffentlichen Ämter abgeschüttelt hat, schreibt der frühere Chef-Volkswirt der Deutschen Bundesbank: »Bei aller Beachtung der finanzpolitischen Solidität sollte nicht übersehen werden, daß beiden fiskalischen Kriterien in ihrer quantitativen Form – also die Grenze 3 Prozent und 60 Prozent des BIP – eine über-

---

13 EU will durch Stabilitätspakt Haushaltsdisziplin dauerhaft sichern, Süddeutsche Zeitung vom 17. Oktober 1996.

14 H. Barbier: Sünder über Sünder, Frankfurter Allgemeine Zeitung vom 17. Oktober 1996.

15 Bundesministerium der Finanzen: Innerstaatliche Umsetzung von EG-rechtlichen Vorgaben zur Vermeidung übermäßiger öffentlicher Defizite vom 13. Juni 1996.

zeugende Begründung fehlt, daß sie insbesondere nicht wirklich konkruent sind.« Er verweist auf das Beispiel Belgien, das trotz einer Schuldenstandsquote von weit über 60 % seit längerem zu den preisstabilsten Ländern der EU gehört, und kritisiert, daß insbesondere die Schuldenstandsquote von 60 % erst relativ spät und ohne fundierte Begründung in die Vertragsverhandlungen eingebracht wurde. Er bedauert, daß eine Vertragskorrektur nicht mehr mehr möglich ist und meint abschließend: »Aber eine Auslegung des Textes im Sinne der ökonomischen Logik wäre angebracht. Es darf nicht der Eindruck entstehen, daß die Politik von Maastricht so angelegt ist, daß es gar nicht möglich ist, die Kriterien zu erfüllen.«[16]

Schlesinger hält also die fiskalischen Maastricht-Kriterien erstens für ökonomisch fragwürdig und zweitens in ihrer Kombination für undurchführbar. Während er den Maastricht-Vertrag an dieser Stelle am liebsten entschärfen würde, fordern seine beiden Nachfolger im Amt – Hans Tietmeyer als Bundesbankpräsident und Otmar Issing als Chef-Volkswirt – eine Verschärfung des Vertrages an eben dieser Stelle: Durch automatische Sanktionen (eben den »Stabilitätspakt«) soll das Defizit-Kriterium für alle Zukunft verbindlich gemacht werden. Beide setzen dabei die Bundesregierung in starkem Maße auch öffentlich unter Druck.[17] Wegen des die Politik weit überstrahlenden großen Prestiges der Bundesbank in der deutschen Öffentlichkeit muß sich der Bund diesem Druck scheinbar beugen und bei den Partnern Nachbesserungen zum Maastricht-Vertrag fordern. Damit sitzt die Bundesregierung in einer Begründungfalle, aus der der Ausweg immer schwerer wird. Sie läuft 1998 Gefahr, daß die deutsche Öffentlichkeit eine prag-

---

16 H. Schlesinger: Vom Europäischen Währungssystem zur Europäischen Währungsunion, in: Th. Waigel (Hrsg.): Unsere Zukunft heißt Europa. Der Weg zur Wirtschafts- und Währungsunion, Düsseldorf 1996.
17 Vgl. z.B. Th.Hanke: In den Rücken gefallen. Notenbankchef Tietmeyer will die deutschen Partner stärker unter Druck setzen, in: DIE ZEIT vom 11. Oktober 1996.

matische und ökonomisch vernünftige Entscheidung über die Zulassungskriterien zur Währungsunion als Stabilitätsverzicht interpretiert, weil die Lücke zwischen den gesetzten Normen und den Tatsachen zu groß geworden ist.

Im Ausland, insbesondere in Frankreich, werden die deutschen Nachforderungen zum »Stabilitätspakt« als der letzte Kampf der Bundesbank um die Eigenständigkeit der D-Mark und damit um ihre eigene Machtstellung interpretiert. Man bemüht sich, der deutschen Seite zu einer optimalen Gesichtswahrung zu verhelfen, mehr aber auch nicht.

Als nicht gering zu schätzender Rest aus den Bemühungen um den »Stabilitätspakt« wird allerdings der Umstand verbleiben, daß der Europäische Rat gehalten ist, überhaupt ein Urteil über die Haushaltspolitik einzelner Mitgliedsländer abzugeben. Dies hat moralische Wirkungen. Ansonsten aber ist die Idee verbindlicher Defizit-Obergrenzen mit der Tatsache nicht vereinbar, daß es sich bei den Mitgliedern der Währungsunion nach wie vor um souveräne Staaten handelt.

Verbindliche Defizit-Obergrenzen auf EU-Ebene würden die Staaten der EU unter engere Haushaltsvorgaben stellen als die deutschen Bundesländer! Das erscheint wohl kaum denkbar. Aus diesem Grund fehlt es bei näherer Betrachtung der Idee verbindlicher Vorgaben für die Haushaltsdefizite der EU-Länder an gedanklicher Stringenz und pragmatischem Realismus. Damit wäre die finanzpolitische Souveränität der Teilnehmer der Währungsunion in höherem Maße eingeschränkt als die Souveränität der deutschen Bundesländer. Dies kann niemand in Deutschland ernsthaft von den europäischen Partnerländern erwarten.

Derartige Überlegungen bringen zwar politischen Ertrag als Entlastung in der politischen Diskussion. Und es wird auch sicherlich nützlich sein, wenn man Verfahren findet, die Länder der Währungsunion mit schuldhaft übermäßigem Defizit in geeigneter Form vor der nationalen und europäischen Öffentlichkeit moralisch an den Pranger stellen.

Eine gemeinschaftliche »Schuldenaufsicht« kann in der Summe stabilitätsgerechtes Verhalten der staatlichen Haushalte nicht erzwingen, sie kann vielmehr sogar das no-bailout-Prinzip in Frage stellen – dann nämlich, wenn die Schuldenaufsicht unter gewissen Umständen einer »unverschuldeten« Notlage zu finanziellen Hilfen für die Gemeinschaft führt.[18]

Erfahrungen mit verbindlichen Schuldenobergrenzen in verschiedenen Staaten der USA haben zudem gezeigt, daß sie das tatsächliche Verschuldungsverhalten nicht maßgeblich beeinflussen, weil z.B. die Möglichkeit des Ausweichens in Schattenhaushalte gar nicht vernünftig in den Griff zu bekommen ist.[19] Dieselbe Erfahrung zeichnet sich jetzt in Europa ab: Mehrere Staaten versuchen, die fiskalischen Maastricht-Kriterien unter Zuhilfenahme von Buchungstricks zu erfüllen[20], indem sie Ausgaben zeitlich aus dem kritischen Jahr 1997 wegschieben, einmalige Privatisierungserlöse auf das Jahr 1997 verlegen, oder durch Verrechnungsvorgänge Scheineinnahmen entstehen lassen, denen später entsprechend höhere Ausgaben gegenüberstehen.[21]

Es gibt am Ende – jenseits des moralischen Drucks über die Öffentlichkeit – nur zwei wirksame Sanktionsmechanismen für Ausgabensünder:

- die Verpflichtung, übermäßige Schulden in wertstabilem Geld verzinsen und zurückzahlen zu müssen, ohne daß der Ausgabensünder Hilfe von anderen staatlichen Ebenen oder

---

18 Vgl. C. Fuest: Budgetdefizite in einer Europäischen Währungsunion, a.a.O., S. 146.
19 Vgl. J. von Hagen: Monetäre, fiskalische und politische Integration, a.a.O., S. 17.
20 Vgl. z.B. „Frankreich will die Schuldenrechnung schönen", Frankfurter Allgemeine Zeitung vom 14. September 1996.
21 Vgl. z.B. K. Handschuch, C.Potthoff, U.Sauer: Ein paar Tricks zeigen, in: Wirtschaftswoche vom 10. Oktober 1996, oder: Kreative Buchführung, in: Der Spiegel 41/1996.

Gebietskörperschaften erfährt – das erfordert eine striktes Durchhalten des »no-bailout-Prinzips« – und

- den ganzen oder teilweisen Ausschluß des »Sünders« von finanziellen Hilfen aus dem EU-Haushalt.

Die Rolle des EU-Haushalts

Tabelle 27 zeigt die Bruttozahlungen der EU an die Mitgliedsländer 1995. Davon sind die Zahlungen, welche auf einem Individualanspruch von Wirtschaftssubjekten beruhen, also die gesamten Zahlungen an die Landwirte in der EU, bereits von ihrer Zweckbestimmung her für Sanktionen gegenüber den Regierungen nicht zugänglich. Die übrigen Zahlungen aber haben – sowohl in ihrer absoluten Höhe als auch gemessen am Bruttoinlandsprodukt der betreffenden Länder – nicht gerade einen eindrucksvollen Umfang, und sie könnten wohl auch kaum in voller Höhe zum Gegenstand von Sanktionen gemacht werden. Der »goldene Zügel«, an dem die EU insoweit die Mehrheit der Mitgliedsländer führen könnte, ist also nicht sehr stark.

In bezug auf die Währungsunion wirft der EU-Haushalt aber zwei weitere Fragen auf:

1. Reichen die Mittel der Strukturfonds aus, um zu einer allmählichen Angleichung der wirtschaftlichen Unterschiede in der EU beizutragen und so den Zusammenhalt – die Kohäsion – in der EU zu fördern?
2. Welche Rolle muß in einer Währungsunion ein Zentralhaushalt bzw. müssen zentral festgelegte, den gesamten Währungsraum umfassende Finanzierungs- und Finanzausgleichsmechanismen spielen, um unerwünschte Fliehkräfte und Destabilisierungen zu vermeiden?

Tabelle 27: *Bruttozahlungen aus dem EU-Haushalt an die Mitgliedstaaten 1994 – in Mrd. DM –*

	Preisstützung und Einkommenstransfers für die Landwirtschaft	Struktur- und Kohäsionsfonds	Sonstige Zahlungen	Summe der Zahlungen	Nettoposition
Belgien	2,3	0,4	2,2	4,8	- 0,6
Dänemark	2,5	0,2	0,2	2,9	0,4
DEUTSCHLAND	10,1	3,5	1,2	14,9	-26,2
Frankreich	15,5	2,5	1,1	19,1	- 5,1
Griechenland	5,2	3,2	0,8	9,3	7,4
Großbritannien	5,8	3,1	1,3	10,1	- 2,2
Irland	2,9	1,3	0,3	4,6	3,4
Italien	6,7	2,7	0,7	10,0	- 4,9
Luxemburg	0,0	0,0	0,9	1,0	0,7
Niederlande	3,7	0,5	0,4	4,6	- 3,5
Portugal	1,4	3,5	1,0	5,9	3,5
Spanien	8,5	4,9	1,6	15,1	6,0
Summe	64,6	25,9	11,7	102,4	-21,2
in v.H. aller Zahlungen	63,2	25,3	11,5	100,0	

Nettoposition = Bruttozahlungen der EU an die Mitgliedstaaten minus Beiträge der Mitglieder an die EU

Quelle: Bericht der Arbeitsgruppe der EU-Referenten der Länderfinanzressorts vom 14. Sept. 1995; eigene Berechnungen

Kohäsion

Im Rahmen der gesamten EU-Finanzierung haben die Ausgaben für die Strukturfonds einschließlich des 1993 aufgrund des Maastricht-Vertrages neu eingerichteten Kohäsionsfonds deutlich stärker zugenommen als EU-Ausgaben insgesamt oder das Bruttoinlandsprodukt. Mit einem Anteil von jährlich etwa 0,45 % am BIP der EU sind diese Mittel nur scheinbar unbedeutend. Für Infrastrukturmaßnahmen oder die regionale Wirtschaftsförderung in der Gemeinschaft spielen sie eine ständig wachsende Rolle. Im Zusammenhang mit dem Abschluß des Maastricht-Vertrages gab es eine intensive Diskussion über die künftige Entwicklung dieser Mittel, wobei Deutschland als größtes Geberland in der EU eine stark bremsende Rolle spielte.

Diese vor allem vom fiskalischen Eigeninteresse motivierte deutsche Position läßt sich auch ökonomisch begründen:

- Die Ausgaben der EU haben sich nicht nur in den letzten 15 Jahren verfünffacht, sie sind auch in vielfältiger Weise von Verschwendung, Mitnahmeeffekten und mangelhafter Effizienzkontrolle geprägt[22].

- Die EU-Leistungen spielen für die Wirtschaft kleinerer und ärmerer EU-Länder schon heute eine erhebliche Rolle. Sie betragen z.B. in Portugal 4,1 % und in Griechenland 6 % des BIP.

- Zwar hat das Regionalgefälle in der Gemeinschaft seit 1980 leicht zugenommen, die Wohlstandsunterschiede zwischen den EU-Staaten haben aber deutlich abgenommen. Die Zunahme der Unterschiede ist also bedingt durch ein wachsendes Gefälle *innerhalb* der Nationalstaaten. Dessen Ausgleich sollte aber – im Sinne der Subsidiarität – nicht die primäre Aufgabe der EU sein.

- Es ist offen, ob die verstärkte Integration in der Währungsunion vorhandene Disparitäten zwischen den Staaten verstärkt oder abmildert. Es spricht mehr für die Hypothese, daß weniger entwickelte Länder – richtiges lohnpolitisches Verhalten vorausgesetzt – von einer durch den Fortfall der Währungshemmnisse intensivierten Arbeitsteilung überproportional profitieren würden. Nur wenn man das Gegenteil annähme, ließe sich aber aus der Entscheidung für die Währungsunion die Forderung nach weiterer überproportionaler Erhöhung der Strukturfondsmittel ableiten.

---

22 Siehe beispielhaft M. Dunkel, P. Reichert: Völlig daneben. Ohne eine Reform ihrer Finanzen kann die EU ihre Zukunftsprobleme nicht mehr meistern, Wirtschaftswoche vom 21. März 1996.

Neben dem Hinweis auf den fehlenden staatlichen Überbau (vgl. Kapitel 8) und die finanzpolitischen Risiken wird als dritthäufigstes Argument gegen die Funktionsfähigkeit der Währungsunion die Befürchtung geäußert, das Fehlen eines hinreichend großen Zentralhaushalts oder entsprechender Finanzausgleichsmechanismen bzw. »automatischer Stabilisatoren« werde bei wirtschaftlichen Verwerfungen zu übermäßigen Spannungen innerhalb der Währungsunion führen, bis hin zu Gefährdung ihrer Funktionsfähigkeit.[23]

Dies ist ein Aspekt der Diskussion um die Abgrenzung eines optimalen Währungsraumes. Richtig ist, daß bei unveränderlichen Wechselkursen oder einheitlicher Währung die Standards staatlicher Leistungen und die Lohnkosten zwischen den Teilnehmern der Währungsunion so abgestuft sein müssen, wie es der unterschiedlichen Produktionsleistung und Produktivität der Staaten entspricht. Sonst wachsen Arbeitslosigkeit und öffentliche Defizite in den weniger leistungsfähigen Ländern übermäßig an. Deshalb bedarf die große Angleichung des Lebensstandards zwischen Ost- und Westdeutschland der »Gegenbuchung« durch die gewaltigen Transferzahlungen von West nach Ost.

Bei den Mitgliedsländern der Währungsunion muß also hinreichende Flexibilität bei der Lohnfindung und der Steuerung der öffentlichen Haushalte bestehen. Dies vorausgesetzt, gibt es überhaupt keinen Grund, zwischen der Währungsunion und dem Umfang des Zentralhaushalts einen Zusammenhang herzustellen.

---

23 Selbst der Chefvolkswirt der Bundesbank, Otmar Issing, äußert diese Befürchtung und bringt des Fehlen großer zentraler Ausgleichsmechanismen in Verbindung mit der fehlenden Staatlichkeit der EU, vgl. Chaos oder Glückseligkeit, Wirtschaftswoche vom 15. August 1996.

Empirische Untersuchungen führen zum Ergebnis, daß die Einnahme- und Ausgabewirkungen von Zentralhaushalten einschließlich Sozialversicherung regional unterschiedliche Auswirkungen von Konjunktureinbrüchen etc. zu etwa 20 bis 30 % stabilisieren. Für die Vereinigten Staaten wurde dabei ein Wert von 15-20 %, für Kanada 25 %, für Frankreich und Deutschland von 35 und 40 % ermittelt.[24]

Diese zentralstaatlichen Ausgleichsmechanismen wurden aber nicht etwa eingeführt, um eine einheitliche Währung zu ermöglichen, sondern sie ergaben sich erst lange nach einer einheitlichen Währung der betreffenden Länder und ihrer staatlichen Einheit, und zwar aus den allmählich wachsenden Ausgaben des modernen Staates in Hinblick auf Infrastruktur, Sozialversicherung, Verteidigung usw.

Deshalb ist es historisch falsch und ökonomisch unsinnig, zwischen den heute üblicherweise hohen Anteilen der Zentralstaaten an der Verwendung des Bruttoinlandsprodukts und der Tatsache einer einheitlichen Währung in diesen Staaten einen Zusammenhang herzustellen (siehe auch den Vergleich zwischen EU und Deutschem Reich in Kapitel 8).

Auch bei der EU ist es der richtige Weg, ihr unabhängig von der Entscheidung über die einheitliche Währung jeweils jene Finanzierungsmittel zu geben, die sie zur Erfüllung der ihr auf der Grundlage der Subsidiarität konkret zugewiesenen Ausgaben benötigt. Die Funktionsfähigkeit der einheitlichen Währung wird bei richtigem Verhalten der Tarifpartner und der öffentlichen Haushalte vom »Staatsanteil« des EU-Haushalts weder positiv noch negativ beeinflußt.

Man muß bei den Finanzfragen der EU allerdings gerade im deutschen Interesse strikt funktional und ökonomisch denken. Zwar wird fiskalische Striktheit der »reichen« Deutschen von

24 Vgl. Kommission der Europäischen Gemeinschaft, Europäische Wirtschaft Nr. 53 – Stabiles Geld – Solide Finanzen, 1993, S. 49 f.

vielen, nicht zuletzt aus Deutschland selbst, als herzlos, arrogant und letztlich der europäischen Idee feindlich betrachtet.

Aber unabhängig davon, daß eine finanzielle Stärkung der EU oder ein größerer finanzieller Ausgleich zwischen den EU-Ländern für die Funktionsfähigkeit der Währungsunion nicht erforderlich ist, wäre Deutschland gegenwärtig und auf absehbar längere Zeit zu größeren finanziellen Leistungen gar nicht in der Lage:

- Die im Verlauf von nur fünf Jahren eingetretene Verdoppelung der deutschen Staatsschulden als Folge der deutschen Einheit auf über 2 Billionen D-Mark und der fortgesetzte Nettotransfer in die neuen Bundesländer von 135 Mrd. D-Mark jährlich blockieren in Deutschland die staatlichen finanziellen Handlungsreserven für mehrere Jahrzehnte. Die Konsequenzen daraus sind vielen – auch politisch Handelnden – nur immer noch nicht klar.

- Während gegenwärtig lediglich 14,5 % der finanziellen Leistungen der EU nach Deutschland fließen, trägt Deutschland über 60 % der Nettozahlungen an den EU-Haushalt und zahlt jährlich 26 Mrd. D-Mark mehr an die EU, als aus EU-Töpfen nach Deutschland zurückfließen (vgl. Tabelle 27). Diese Lastenverteilung ist schon aus eigenem Recht revisionsbedürftig, und die Bundesregierung strebt eine entsprechende Revision auch an.[25]

Trotzdem taucht immer wieder die Vorstellung auf, in einer europäischen Währungsunion müsse ein dem Nationalstaat vergleichbarer solidarischer Finanzverbund hinzutreten. Was dies konkret bedeuten würde, zeigen die in Tabelle 28 wiedergegebene Ergebnisse einer entsprechenden Modellrechnung. Dabei wurde unterstellt, daß in der EU ein horizontaler Finanz-

25 Vgl. Nachdenken über gerechte Lastenverteilung in der Europäischen Union, Frankfurter Allgemeine Zeitung vom 29. August 1996, sowie H.-E. Harrer: Zu viel Geld für die EU, Wirtschaftsdienst 1996/VIII, S. 384.

ausgleich nach deutschem Muster eingeführt wird. Es wurde angenommen, daß die Steuereinnahmen der ärmeren EU-Länder auf 95 % des EU-Durchschnitts pro Kopf aufgefüllt werden, wobei zum Zwecke der Vergleichbarkeit mit einer einheitlichen Steuerquote von 27 % gerechnet wurde.

Tabelle 28: *Zahlmeister und Kostgänger in einem Europa mit Finanzausgleich*

	Finanzausgleichsbeträge der Zahler (-) und der Empfänger (+)	
	in Mrd. DM	in v.H. der ursprünglichen Steuereinnahmen
DEUTSCHLAND	-129	-17
Frankreich	-64	-13
Dänemark	-12	-11
Österreich	-12	-13
Niederlande	-11	-7
Belgien	-9	-9
Schweden	-9	-8
Luxemburg	-1	-23
Finnland	3	6
Irland	6	26
Italien	12	2
Großbritannien	37	9
Portugal	40	123
Griechenland	50	150
Spanien	99	57

Finanzausgleich durch Anhebung der Finanzkraft der ärmeren Länder auf 95 % des pro-Kopf-EU-Durchschnitts der auf 27 % Steuerquote normierten Steuerkraft auf der Datenbasis 1993. Belastungsanteil der Zahlerländer entsprechend ihrer 95 % des EU-Durchschnitts übersteigenden Steuerkraft. Quelle: Revenue Statistics of OECD member countries 1965-1994; eigene Berechnungen

Nach dieser Modellrechnung hätten Deutschland 1993 129 Mrd. DM und Frankreich 84 Mrd. D-Mark in einen EU-weiten horizontalen Finanzausgleich nach deutschem Muster einzahlen müssen, Großbritannien hätte 37, Portugal 40, Griechenland 50 und Spanien 99 Mrd. D-Mark bekommen. Dies zeigt – jenseits der schieren Unvernunft eines solchen Denkansatzes – den utopischen Charakter derartiger Vorstellungen.

Finanzielle Konsequenzen künftiger EU-Erweiterungen

Alle Überlegungen zur künftigen Ausgestaltung der finanziellen Beziehungen in der EU bzw. in der europäischen Währungsunion müssen darüber hinaus die absehbaren Folgen künftiger EU-Erweiterungen gedanklich einschließen. Bei den künftig absehbaren Erweiterungen geht es aus gegenwärtiger Sicht um drei Stufen

1. Tschechien, Polen, Ungarn, Slowakei,
2. Baltische Staaten und Balkanländer,
3. Weißrußland, Ukraine, Moldawien.

Würden diese Erweiterungen bei den gegenwärtig in der EU herrschenden institutionellen Regeln und finanziellen Rahmenbedingungen vorgenommen, so wäre eine Explosion des EU-Haushalts und insbesondere der deutschen Zahlungen die Folge. Die Modellrechnung in Tabelle 29 zeigt, daß die damit verbundenen – sehr zurückhaltend gerechneten – finanziellen Konsequenzen unrealistisch sind.

Der deutsche Finanzierungsbeitrag und der EU-Haushalt insgesamt würden sich mehr als verdoppeln. Die meisten bisherigen EU-Mitglieder würden in eine Nettozahlerposition rutschen. Daraus folgt, daß vor der nächsten EU-Erweiterung eine grundlegende Finanzreform der EU stehen muß. Diese ist aber nicht möglich ohne eine grundlegende Reform der Stützungs- und Subventionsmechanismen am Gemeinsamen Agrarmarkt. Dann – und erst dann – ist auch die Zeit, etwaige Konsequenzen der Währungsunion für die finanzielle Organisation der EU zu bedenken.

Würden die beiden in den Tabellen 28 und 29 dargestellten Szenarien auch nur ansatzweise verwirklicht, so triebe dies den schon jetzt prekär überlasteten öffentlichen Gesamthaushalt in

Deutschland in den vollständigen Ruin. Bereits mit der Finanzierung der deutschen Einheit und seiner gegenwärtigen Rolle als hauptsächlicher Nettozahler ist Deutschland finanziell überfordert.

Tabelle 29: *Modellrechnung zu einer Ost-Erweiterung der EU 1999 – in Mrd. DM –*

Gebietsstand	zusätzliche Transfers	EU-Haushalt	deutscher Finanzierungs- beitrag
ohne Erweiterung	0	150	56
bei einer Erweiterung um:			
Polen, Ungarn, Tschechien, Slowakei	49	199	74
und Balkanländer sowie baltische Staaten	101	251	93
und sonst. europ. Republiken der ehemaligen Sowietunion	160	311	115

Annahmen: Ost-Erweiterung 1999 zu den finanziellen Bedingungen der gegenwärtigen EU; Transferbedarf 400 ECU/Einwohner
EU-Finanzierungsbeitrag Deutschlands: 1995: 42 Mrd. DM; 1996: 45 Mrd. DM; 1997: 49 Mrd. DM; 1998: 52 Mrd. DM; 1999: 56 Mrd. DM
Quelle: Eigene Berechnungen

Zöge eine europäische Währungsunion wesentliche weitere Finanzlasten für Deutschland nach sich, so wäre sie in der Tat nicht verantwortbar. Dies gilt umso mehr, als die deutsche Abgabenbelastung in der verschärften Konkurrenzlage eines europäischen Währungsraumes eher wird sinken müssen, keinesfalls aber steigen kann.

Schlußbetrachtung

1. Allen öffentlich vorgebrachten Bedenken und Diskussionen zum Trotz wird die dritte Stufe der Währungsunion pünktlich am 1. Januar 1999 beginnen. Zu einem Aufschub wird es nach Überzeugung des Verfassers selbst dann nicht kommen, wenn einige Konvergenzkriterien von einigen oder den meisten Teilnehmern ganz oder teilweise nicht eingehalten werden. Die Staatsmänner, die Großbanken, die Großunternehmen und die Gewerkschaften wollen den Euro um jeden Preis. Deshalb wird er auch zum 1. Januar 1999 kommen.

2. Aus heutiger Sicht ist anzunehmen, daß dann die Konvergenz der Inflationsraten und der langfristigen Zinsen in hohem Maße erfüllt ist. Beim Wechselkurskriterium ist dies weniger sicher. Es kann nicht ausgeschlossen werden, daß die Stabilität der Wechselkurse vor der endgültigen Festsetzung zu Beginn der dritten Stufe durch Spekulationen an den Devisenmärkten getestet wird. Angesichts der erreichten Zins- und Inflationskonvergenz sind aber bei den wahrscheinlichen Teilnehmern an der Währungsunion fundamentale Wechselkursspannungen unwahrscheinlich.

3. Die beiden finanziellen Konvergenzkriterien – öffentliches Defizit und öffentlicher Schuldenstand in Prozent des Bruttoinlandsprodukts – werden aus heutiger Sicht von den meisten Teilnehmern nicht eingehalten werden können. Dies gilt mit einiger Sicherheit für das Schuldenstandskriterium und mit einer gewissen Wahrscheinlichkeit auch für das Defizitkriterium. Geldpolitisch sind beide Kriterien angesichts des ansonsten erreichten Konvergenzgrades sowieso ohne rechte Relevanz: Wenn – wie dies im Augenblick der Fall ist – Deutschland und Frankreich sowohl Preisstabilität als auch niedrige Zinsen haben, aber beide in ähnlichem Umfang die finanziellen Konvergenzkriterien verfehlen, dann erwachsen daraus für eine gemeinsame Währung keine größeren Gefahren als jetzt einzeln für D-Mark oder Franc.

4. Das Risiko einer Verfehlung der finanziellen Konvergenzkriterien im jetzt absehbaren Umfang liegt nicht in irgendwelchen negativen Folgen für die tatsächliche Stabilität der gemeinsamen Währung, sondern in ihrer durch die öffentliche Diskussion hochgeschaukelten politischen Bedeutung. Für die Disziplinierung der staatlichen Finanzpolitik durch die öffentliche Meinung haben die finanziellen Konvergenzkriterien eine sehr positiv einzuschätzende Wirkung. Ihre Nichterfüllung beim Eintritt in die Währungsunion könnte einen Vertrauensschaden für Handlungsfähigkeit staatlicher Politik insgesamt bedeuten und die Akzeptanz der einheitlichen Währung in der öffentlichen Meinung belasten.

5. Die schwierigste Aufgabe der staatlichen Politik bis zum Beginn der dritten Stufe besteht deshalb darin, einerseits die öffentliche Meinung und die politischen Kräfte für eine wirksame Konsolidierung der öffentlichen Finanzen zu mobilisieren, andererseits aber die öffentliche Meinung rechtzeitig darauf vorzubereiten, daß die Interpretation der finanziellen Konvergenzkriterien bei der endgültigen Entscheidung der Staats- und Regierungschefs im Frühjahr 1998 – um das Mindeste zu sagen – sehr elastisch sein wird. Die Gefahr eines der Konjunktur schädlichen Übereifers bei der Konsolidierung öffentlicher Haushalte sieht der Verfasser nicht. Bisher ist noch jede staatliche Konsolidierungsbemühung der letzten dreißig Jahre zuverlässig zu kurz gesprungen.

6. Der Teilnehmerkreis zum 1. Januar 1999 wird nach Einschätzung des Verfassers mindestens umfassen: Deutschland, Frankreich, die Benelux-Länder, Österreich, Dänemark und Irland. Eine etwa fünfzigprozentige Wahrscheinlichkeit besteht dafür, daß sich auch Großbritannien kurzfristig zur Teilnahme entschließt, um die Interessen des Finanzplatzes London zu

wahren. Auch die Teilnahme von Italien und Portugal ist noch nicht ausgeschlossen.

7. Die übrigen EU-Mitglieder werden sich ab 1999 in ihrer Währungspolitik voraussichtlich an der Ankerwährung Euro ausrichten und innerhalb von drei bis vier Jahren ebenfalls beitreten.

8. Eine stabilitätsgerechte Geldversorgung wird im einheitlichen Währungsraum von Anfang an recht reibungslos gelingen. Die EZB besitzt dafür sowohl das notwendige technische Instrumentarium als auch die notwendige institutionelle Unabhängigkeit. Dabei wird ihre tatsächliche Unabhängigkeit noch dadurch gesteigert, daß der europäischen Notenbank keine der nationalen Öffentlichkeit vergleichbare organisierte und homogene europäische Öffentlichkeit gegenübersteht.

9. Es kann sein, daß zu Beginn des Jahres 1999 je nach dem Grade des öffentlichen Vertrauens das langfristige Zinsniveau zunächst leicht ansteigt, es dürfte sich jedoch recht schnell auf dem vorherigen Niveau der deutschen und französischen Zinsen einpendeln. Für eine auch nur vorübergehende Beschleunigung des Preisanstiegs lassen sich bei stabilitätsgerechter Geldversorgung keine Ansatzpunkte finden.

10. Über den völkerverbindenden Charakter des Euro sollte man sich keine Illusionen machen. So wie deutschsprachige und frankophone Schweizer trotz einer teilweise 1000jährigen staatlichen Einheit (Kanton Wallis) und trotz eines gemeinsamen Staatswesens letztlich Rücken an Rücken leben, und so wie die D-Mark die Freundschaft von »Ossis« und »Wessis« nicht erhöht hat, so werden sich auch etwaige gefühlsmäßige Auswirkungen des Euro schnell abnutzen.

11. Die politische Chance des Euro liegt in der Stärkung des soliden Bandes gemeinsamer Interessen in der Europäischen Union. Die einheitliche Währung wird grenzüberschreitende Investitionen sowie langfristig orientierte Produktions- und Lieferverbünde begünstigen, weil das Wechselkursrisiko auf

279

Dauer ausgeschaltet ist und weil betriebliche Planungen auch nicht mehr durch Unterschiede in den Inflationsraten gestört werden können. Der stärkere Zusammenhalt des Euro-Raumes verhindert außerdem, daß von der Ost-Erweiterung der EU übermäßige zentrifugale Tendenzen ausgehen können.

12. Nicht absehbar ist gegenwärtig, ob die einheitliche Währung die Tendenz zu einer politischen Union stärkt. Notwendig ist eine politische Union für die Funktionsfähigkeit der einheitlichen Währung nicht. Dahingehende Behauptungen erweisen sich bei näherer Betrachtung als nicht schlüssig, weil die für die Funktionsfähigkeit einer gemeinsamen Währung notwendigen Staatsfunktionen sämtlich bei der EZB bzw. beim ESZB vorhanden sind. Auch sind Inhalt und Begriff einer »politischen Union« unscharf. Bei den denkbaren Kompetenzverteilungen zwischen staatlichen und überstaatlichen Ebenen handelt es sich vielmehr um ein gleitendes Kontinuum mit ganz unterschiedlich denkbaren Zuständigkeitsverteilungen. Notwendig wäre der konkrete Nachweis, welche staatliche Eigenschaft der EU noch fehlt, um das Funktionieren der einheitlichen Währung sicherzustellen. Ein solcher Nachweis ist bisher nirgends erbracht worden.

13. Der größere Wirtschaftsraum mit einheitlicher Währung und die vermutlich auch im Verhältnis zur übrigen Welt geringeren Schwankungen des Euro im Vergleich zur D-Mark bringen Chancen für Wachstum und Beschäftigung mit sich. Insbesondere die (lohn)kostengünstigen Produktionsstandorte im Euro-Raum werden für Auslandsinvestitionen attraktiver. Bei grenzüberschreitenden Investitionen im Euro-Raum reduziert der Fortfall des Inflations- und Wechselkursrisikos die von den Investoren erwartete Risikoprämie und senkt auf diese Art die Rentabilitätsschwelle von Investitionen.

14. Es ist jedoch unsicher, ob sich dies in meßbaren Wachstums- und Beschäftigungsgewinnen niederschlägt. Die weltweite Öffnung der Märkte und der weltweite Übergang zu

marktwirtschaftlichen Produktionsformen werden zu einer weiteren starken Beschleunigung des auf den entwickelten Industriestaaten lastenden Wettbewerbsdrucks führen. Die Entwicklungen in der Verkehrs-, Nachrichten- und Informationstechnik tun ein Übriges. Die positiven Effekte der einheitlichen Währung könnten also leicht in der Fülle neuartiger ungelöster Wettbewerbs- und Beschäftigungsprobleme untergehen.

15. Vor diesem Hintergrund wird es von entscheidender Wichtigkeit sein, welche Art von Ordnungs- und Wettbewerbspolitik im gemeinsamen Währungsraum betrieben wird. Die im Gedanken einer »Sozialunion« unterschwellig zum Ausdruck kommende Idee einer »Festung Europa«, in der beliebige Standards gegen einen ständig stärker werdenden Wettbewerbsdruck aus sich erstmals industrialisierenden bzw. flexibleren Ländern verteidigt werden könnten, wird nicht tragen. Wenn Europa diesen Weg geht, wird die heute schon entstandene Beschäftigungslücke gegenüber flexibleren Volkswirtschaften mit vergleichbarem Entwicklungsstand und erst recht gegenüber den aufstrebenden Industriestaaten weiter zunehmen, und auch im Wirtschaftswachstum wird die EU zurückbleiben. Ordnungspolitische Revolutionen, wie sie in den letzten Jahren in Neuseeland, teilweise auch in den USA, Großbritannien oder Schweden durchgeführt wurden, stehen in den Kernländern der EU noch aus. Sie sind aber für die Zukunft von Wachstum und Beschäftigung noch viel wichtiger als die ebenfalls wichtige gemeinsame Währung.

16. In der Währungsunion wächst die Versuchung, vorhandene regionale Lohndifferenzierungen übermäßig abzubauen. Sowohl die Begehrlichkeit in den ärmeren Regionen als auch der Wunsch in den reicheren Regionen, sich lästige Lohnkostenkonkurrenz vom Halse zu schaffen, könnten hierfür Anlaß sein. Dies wäre für Wachstum und Beschäftigung schädlich. Insbesondere die ärmeren Regionen können nicht mehr darauf bauen, daß ihnen Abwertungen der nationalen Währung von Zeit zu Zeit eine Verbesserung der Konkurrenzfähigkeit quasi »frei Haus« liefern und damit vergangene lohnpolitische Irrtümer elegant ausgleichen. Umgekehrt wird vielmehr ein Schuh daraus: Für Wachstum und Beschäftigung werden die Chancen der einheitlichen Währung am besten genutzt, wenn bei den direkten und indirekten Arbeitskosten maximale regionale und sektorale Flexibilität bis hinab auf die betriebliche Ebene herrscht.

17. Im Gebiet mit einheitlicher Währung wird andererseits der interregionale Qualitäts- und Kostenwettbewerb transparenter und damit potentiell härter. Seine relativen Vorteile bei der Infrastruktur hat Deutschland heute bereits weitgehend verloren, sein Verkehrsnetz ragt im europäischen Vergleich nicht mehr heraus, in der Telekommunikation haben die anderen EU-Länder in den letzten Jahren erheblich aufgeholt, und der Engpaß bei Forschung und Entwicklung sind heute zunehmend nicht mehr die qualifizierten Hochschulabsolventen, sondern die Firmen, die Forschungskapazitäten abbauen. Damit wächst bei Standortentscheidungen die Bedeutung der unmittelbar zurechenbaren Kosten. Für jeden einzelnen Betrieb am Standort Deutschland werden im einheitlichen Währungsraum die tragbaren Kosten neu auszutarieren sein. Darin liegt ein Risiko, wenn man sich bemüht, überkommene Lohnvorsprünge etwa gegenüber spanischen oder französischen Standorten fortzuschreiben. Darin liegt aber auch eine Chance, wenn man in Deutschland den Wegfall stets erneuter Aufwertungen der D-Mark dazu nutzt, daß sich Arbeitskostenunterschiede zu Wettbewerbern in der EU auf ein für deutsche Standorte und Arbeitsplätze verträgliches Maß reduzieren. In diesem Falle wird Deutschland auch für die mittlerweile fast gänzlich ausbleibenden Auslandsinvestitionen wieder attraktiver. Kein Investor muß mehr fürchten, daß dabei sein Kalkül durch unvermutete innereuropäische Paritätsverschiebungen über den Haufen geworfen wird.

18. Die einheitliche Währung wird für Länder mit traditionell relativ hohen Inflationsraten, Zinsen und hoher Staatsverschuldung, wie etwa Italien und Spanien, eine fühlbare Entlastung bei den Zinskosten der Staatsverschuldung mit sich bringen. Das gibt ihnen eine zusätzliche Konsolidierungschance. Unsolide Staatsfinanzen werden für die entsprechenden staatlichen Schuldner an den Kapitalmärkten überdurchschnittliche Zinssätze und damit verbunden unangenehme öffentliche Diskussionen mit sich bringen. Da sich niemand mehr mit einer Politik des leichten Geldes selbst entschulden kann – sei es durch niedrige Zinsen, sei es durch Inflation – wird die Tendenz zur Haushaltsdisziplin im einheitlichen Währungsraum eher wachsen. Aber auch »Fehltritte« einzelner Länder werden eine auf den ganzen Währungsraum abgestellte stabilitätsorientierte Geldpolitik nicht aus dem Gleichgewicht bringen. Dazu sind die Gewichte selbst großer Einzelstaaten zu gering. Ihre disziplinierende Wirkung auf die Finanzpolitik kann die Geldpolitik aber nur entfalten, wenn finanziell unsolide Staaten nicht auf ein »bailing out« aus der Gemeinschaftskasse oder durch Mechanismen des horizontalen Finanzausgleichs hoffen können. Diesen Webfehler des deutschen Föderalismus sollte man auf europäischer Ebene nicht wiederholen.

19. In der Summe ist der Übergang zur einheitlichen europäischen Währung nach Meinung des Verfassers eher Chance als Risiko. Aber die Erwartungen sollten nicht zu hoch sein. Der Übergang zur einheitlichen Währung ist wie der Umzug in ein neues Haus: Es ist geräumiger als das alte, die Installationen sind moderner, möglicherweise ist das Dach auch dichter und der Energieverbrauch geringer. Aber ob die Familie dort zufriedener und glücklicher ist, sich weniger auf den Füßen steht, ob der einzelne sich besser entfalten kann, das hängt nicht ab vom Haus, sondern von den Familienmitgliedern – ihrer Disziplin, ihrer Tatkraft, ihrer Kooperationsbereitschaft.

Anhang

Weiterführende Literatur

Borell, R.: Zur Europäischen Währungsunion – Analysen und Folgerungen, hrsg. vom Karl-Bräuer-Institut des Bundes der Steuerzahler e.V., Speyer 1996.

Bund der Deutschen Industrie: Der Euro: Chance für die deutsche Industrie. Report des Industrieforums EWU, Köln 1996.

Busch, K.: Europäische Integration und Tarifpolitik – Lohnpolitische Konsequenzen der Wirtschafts- und Währungsunion, Köln 1994.

Emerson, M., Huhne, C.: Der ECU-Report, Bonn, Heidelberg, Brüssel 1991.

Ernst & Young et. al.: Strategien für den Ecu – Die Währung für den Binnenmarkt, Landsberg 1991.

Europäische Kommission: Grünbuch zu den praktischen Fragen des Übergangs zur einheitlichen Währung, KOM-Nr. (95) 333 endg., Brüssel 1995.

Europäische Kommission: Stärkung der politischen Union und Vorbereitung der Erweiterung, Luxemburg, Februar 1996.

Europäische Kommission: Vorbereitung der WWU: Gegenwärtiger Stand. Arbeitsdokument für den Gipfel in Florenz.

Europäisches Währungsinstitut: Jahresbericht 1995, Frankfurt a.M. April 1996.

Europäisches Währungsinstitut: Der Übergang zur einheitlichen Währung, Frankfurt a.M. November 1995.

Friedrich-Ebert-Stiftung (Hrsg.): Auf dem Wege zur Europäischen Union, Bonn 1996.

Hahn, H.J. (Hrsg.): Das Währungswesen in der Europäischen Integration, Baden-Baden 1996.

Institut der Deutschen Wirtschaft: Lohnpolitik in der Europäischen Währungsunion. Gutachten im Auftrag der Europäischen Kommission, Köln 1994.

Jochimsen, R.: Perspektiven der Europäischen Wirtschafts- und Währungsunion, Köln 1994.

Jordan, Th.: Seignorage, Defizit, Verschuldung und Europäische Währungsunion, Bern, Stuttgart, Wien 1994.

Kopper, H., Seebacher-Brandt, B., Walter, N. (Hrsg.): Europa wohin?, Stuttgart 1996.

Kortz, H.: Die Entscheidung über den Übergang in die Endstufe der Wirtschafts- und Währungsunion, Baden-Baden 1996.

Läufer, Th. (Hrsg.): Europäische Union. Europäische Gemeinschaft. Die Vertragstexte von Maastricht mit den deutschen Begleitgesetzen, Bonn 1995.

Lesch, H.: Konvergenzkriterien einer Europäischen Währungsunion: Zur Logik der Bestimmungen von Maastricht, Bonn 1993.

Lesch, H.: Strategische Lohnpolitik in einer Europäischen Währungsunion, Bonn 1995.

Marquardt, R.-M., Vom Europäischen Währungssystem zur Europäischen Währungsunion, Frankfurt a.M. 1994.

Radü, A.: Fiskalpolitik in einer EG-Währungsunion, Frankfurt a.M. u.a. 1994.

Schuster, J.: EG am Scheideweg – Perspektiven der europäischen Wirtschafts- und Währungsunion, Frankfurt a.M. u.a. 1994.

Waigel, Th., (Hrsg.): Unsere Zukunft heißt Europa – Der Weg zur Wirtschafts- und Währungsunion, Düsseldorf 1996.

Wissenschaftlicher Beirat beim Bundesministerium der Finanzen: Die Bedeutung der Maastricht-Kriterien für die Verschuldungsgrenzen von Bund und Ländern, Schriftenreihe des Bundesministeriums der Finanzen, Heft 54, Bonn 1994.

Verzeichnis der Schaubilder

Verzeichnis der Tabellen

Zum Autor

Thilo Sarrazin, geb. 1945, Dr.rer.pol., studierte 1967-1971 Volkswirtschaft an der Universität Bonn, wo er 1972-1973 wissenschaftlicher Mitarbeiter war. 1974 wechselte er zum Forschungsinstitut der Friedrich-Ebert-Stiftung. 1975-1978 arbeitete er im Bundesministerium der Finanzen, 1978-1981 im Bundesministerium für Arbeit und Sozialordnung und 1981-1991 erneut im Bundesfinanzministerium. Hier war er zunächst Leiter des Ministerbüros (bis 1982), dann Leiter des Referates »Finanzfragen des Verkehrs, Bundesbahn, Bundespost« (1982-1989). 1989 übernahm er das Referat »Nationale Währungsfragen«. Anfang 1990 wurde er federführend zuständig für die Vorbereitung der deutsch-deutschen Währungsunion. Anschließend baute er die Rechts- und Fachaufsicht über die neugegründete Treuhandanstalt auf. Von 1991-1997 war er Staatssekretär des Ministeriums der Finanzen in Rheinland-Pfalz. Seit März 1997 ist er Vorsitzender der Geschäftsführung der TLG Treuhand Liegenschaftsgesellschaft mbH, Berlin. Zahlreiche Veröffentlichungen, darunter: »Die Entstehung und Umsetzung des Konzepts der deutschen Wirtschafts- und Währungsunion«, in: Theo Waigel, Manfred Schnell: »Tage, die Deutschland und die Welt veränderten. Vom Mauerfall zum Kaukasus. Die deutsche Währungsunion«, München 1994.